JIYU XIAOFEIZHE XINGWEI DE
XINMEITI YINGXIAO MOSHI
JI CELÜE YANJIU

基于消费者行为的
新媒体营销模式
及策略研究

常玉苗 ◎ 著

中国财经出版传媒集团
经济科学出版社
Economic Science Press

图书在版编目（CIP）数据

基于消费者行为的新媒体营销模式及策略研究/常
玉苗著.—北京：经济科学出版社，2021.12
ISBN 978 - 7 - 5218 - 3291 - 4

Ⅰ.①基…　Ⅱ.①常…　Ⅲ.①网络营销 - 关系 - 消费
者 - 行为分析　Ⅳ.①F713.365.2

中国版本图书馆 CIP 数据核字（2021）第 253937 号

责任编辑：刘怡斐
责任校对：杨　海
责任印制：王世伟

基于消费者行为的新媒体营销模式及策略研究
常玉苗　著
经济科学出版社出版、发行　新华书店经销
社址：北京市海淀区阜成路甲 28 号　邮编：100142
编辑部电话：010 - 88191318　发行部电话：010 - 88191522
网址：www.esp.com.cn
电子邮箱：esp@esp.com.cn
天猫网店：经济科学出版社旗舰店
网址：http://jjkxcbs.tmall.com
北京财经印刷厂印装
710×1000　16 开　15 印张　350000 字
2021 年 12 月第 1 版　2021 年 12 月第 1 次印刷
ISBN 978 - 7 - 5218 - 3291 - 4　定价：68.00 元
（图书出现印装问题，本社负责调换。电话：010 - 88191510）
（版权所有　侵权必究　打击盗版　举报热线：010 - 88191661
QQ：2242791300　营销中心电话：010 - 88191537
电子邮箱：dbts@esp.com.cn）

前　言

　　随着移动智能终端不断整合移动互联网、新媒体、移动定位、人体识别和大数据等越来越多的功能，强化"万物皆媒"的理念，催生了新媒体迅速发展，也彻底改变了人们的消费行为和生活习惯。由于新媒体营销模式以视频、文字、图片等形式，具有交互性、及时性、直观性、全面性等特点，使营销内容更具感染力，更容易满足消费者个性日益变化的需求，同时，使企业营销方式更新时间逐渐缩短，营销效果更佳，继而提高了营销成功的概率，因此，受到更多行业、企业及产品青睐，成为了新时代产品营销的主要方式。

　　本书从消费者行为入手，以不同的新媒体方式精选不同的典型案例进行深入研究，提出有针对性的措施、策略建议及启示。全书共分为上、下两篇，其中上篇主要是新媒体营销模式的投放策略研究，包括完美日记金字塔形 KOL 分层投放策略、天猫网店精准内容营销、瑞幸咖啡的裂变营销、雅诗兰黛微信订阅号软文营销等；下篇主要是新媒体营销模式的消费者行为研究，包括直播带货的互动仪式链与用户粘性、直播电商场景下消费者购买意愿、微信公众号内容营销对用户粘性的影响、微博营销对用户参与意愿的影响、微淘内容营销的用户粘性等。

　　通过多种新媒体营销方式与消费者行为的研究，希望可以为从事新媒体营销行业的从业者或者进行新媒体营销的企业提供借鉴参考。编写本书的团队成员有朱影、葛俐、朱美琴、茆倩男、李学英、高倩、林思瑶、喻红红、白莲、蒯晨晓、顾艳香、周赛烨、吕丽蓉、张亮等，感谢团队成员的辛苦付出！同时，写作本书由于时间紧、任务重，书中可能存在缺点和错误，敬请广大读者批评指正！

目 录

下篇　新媒体营销模式的消费者行为研究

上　篇

新媒体营销模式的投放策略研究

第一章 完美日记品牌传播的关键意见领袖分层投放策略

第一节 引　　言

　　我国社会经济发展迅猛，技术进步、物质丰富、社会环境和平使得各大产品品牌蓬勃发展。随着人们消费能力的不断提升，愈发趋向对生活中"美"的追求，"美丽消费"的迅速比例扩大，化妆品行业成为了"风口"。近年来，大批新鲜国货品牌的崛起，人们对国货美妆品的关注度越来越多，随着科学技术和研发力量的提升，国货美妆品的质量越来越好，消费者的注意力和购买力也越来越多地聚集在国货上。而网络的便捷、社交媒体的互动性、信息的碎片化，让消费者可以轻而易举地购买到个性化的优质产品。

　　但由于国货美妆品发展的时间较短，品牌与品牌之间的定位、理念等存在许多雷同，产品缺乏创新和个性化。不仅如此，品牌的传播主体不够明确，各主体传播的内容有所交叉，分工不明确，这些都不利于国货美妆品的发展。本章主要研究完美日记品牌传播的关键意见领袖（key opinion leader，KOL）分层投放策略，其多样化的品牌传播方式可以为国货美妆品的长远发展提供有力的帮助。

第二节 文 献 综 述

一、品牌传播研究综述

20 世纪 50 年代，"广告教父"大卫·奥格威（David Ogilvy）最先提出品牌的概念，"品牌是一种错综复杂的象征，是品牌属性、名称、包装、历史声誉、广告方式等无形资产的总和。"随后品牌相关研究逐渐发展起来。

凯文·凯勒（Kevin Keller，1993）提出了品牌资产的概念，构建了品牌资产"金字塔"模型，他认为消费者对品牌资产有相当大的影响。① 西马·帕塔克（Xema Pathak）、马尼沙帕萨克 - 谢拉特（Manisha Pathak - Shelat，2017）研究用特定受众的共同兴趣制定针对他们的品牌传播策略，强调品牌受众对品牌传播的重要性。② 学者熊彩（2018）从"场景"出发，阐述"场景"在移动互联时代品牌传播中不单单是一种工具，还逐渐变为一种思维正在影响品牌传播。③ 陈浦秋杭（2019）从社交媒体视角分析品牌传播策略，提出传统媒介的劣势和社交媒介的优势，并阐明社交媒体时代如何运用社交渠道才能更好地传播。④ 徐磊（2020）研究文化品牌传播的优化路径，提出文化品牌传播要把握定位、内容、主体和媒介等四个要素，将核心理念传达给大众。⑤

二、KOL 分层投放策略研究综述

社交媒体的发展使得 KOL 营销模式受到更多的认可。陈优嫚（2018）分析新媒体环境下母婴类 KOL 的营销策略，从发展现状、面临的问题、创新升级等三个方面阐述。⑥ 陈茜（2019）对 KOL 带来的"直播带货浪潮"进行相关研究，她认为 KOL 的出现是直播带货的前提，KOL 是未来电子商务（以下简称电商）发展的新兴力量。⑦ 刘俊廷（2020）对 KOL 的传播效果进行分析，从 KOL 的广告价值方面阐述 KOL 通过各种社交渠道进行广告宣传，其中垂直领域的 KOL 有更加明显的标签化特征，传播效果的差异化特征愈演愈烈。⑧

王江莉（2021）研究将 KOL 与思想教育相结合，指出互联网时代 KOL 抛弃

---

① Keller Kevin Lane. Conceptualizing Measuring, and Managing Customer - Based Brand Equity［J］. Journal of Marketing，1993，57（1）：1 - 29.

② Xema Pathak，Manisha Pathak - Shelat. Sentiment analysis of virtual brand communities for effective tribal marketing［J］. Journal of Research in Interactive Marketing，2017，11（1）.

③ 熊彩. "场景"在移动互联时代品牌传播中的应用研究［D］. 苏州：苏州大学，2018.

④ 陈浦秋杭. 社交媒体时代下的品牌传播策略研究［J］. 传媒观察，2019（12）：90 - 94.

⑤ 徐磊. 论文旅品牌传播策略的优化路径——以西安大唐不夜城为例［J］. 人文天下，2020（22）：49 - 55.

⑥ 陈优嫚. 从新媒体环境下母婴 KOL 涌现看传统母婴媒体如何创新升级［J］. 新闻研究导刊，2018，9（20）：226 - 227.

⑦ 陈茜. KOL 的"带货新浪潮"［J］. 商学院，2019（9）：90 - 92.

⑧ 刘峻廷. KOL 营销的传播效果分析——以美妆行业为例［J］. 新闻研究导刊，2020，11（21）：94 - 95.

传统教育模式，改用新型的 KOL 模式嵌入教育中。[1] 史婷婷（2021）用 AISAS
理论研究 KOL 营销模式对消费者购买意愿的影响，消费者通常由于对 KOL 的信
任而产生购买行为，但 KOL 有时会过度营销影响消费者的判断，所以消费者也
需具备基本的甄别能力。[2] 总之，在社交媒体泛滥的时代，KOL 营销无疑是推动
品牌发展的有力"武器"，也是一把"双刃剑"有利、有弊，品牌方需要把握住
力度，使利大于弊。

三、5W 理论模式研究综述

美国政治学家哈罗德·拉斯韦尔（Harold Lasswell）于 1948 年首次提出了构
成传播过程的五种基本要素，人们称为"5W 理论模式"。5W 分别指谁（Who）?
说什么（Says what）? 通过什么渠道（In which channel）? 向谁说（To whom）?
有什么效果（With what effect）?

任青青（2019）用 5W 理论模式研究网剧中创意广告的传播策略，分析中插创
意广告的定义、传播特征、传播模式等方面的特点。[3] 陈悦君（2020）在"双妹"
品牌传播研究中，用 5W 理论模式将品牌传播的构成要素进行系统探讨，从而提出
品牌要实现精准营销，才能戳中目标受众。[4] 黄继新（2021）用 5W 理论模式研究
地域文化传播。[5] 武怡华（2021）在 5W 视角下对时政新闻的栏目创新进行剖析，
说明在这个充满创新思维的年代里，老一套是行不通的，各方面都要有特色。[6]

第三节　完美日记品牌传播构成要素分析

一、完美日记品牌传播的主体

时代多元化发展，传播主体也逐渐变得复杂起来，完美日记品牌（以下简称

---

① Jiangli Wang. New Practice of Network Ideology Education Based on KOL Model [J]. Frontiers in Educational Research, 2021, 4 (1).

② 史婷婷. KOL 营销模式对消费者购买决策的影响——基于 AISAS 理论 [J]. 市场周刊, 2021, 34 (3): 97 - 99.

③ 任青青. 基于 5W 模式对网剧中创意中插广告的传播策略研究 [D]. 开封: 河南大学, 2019.

④ 陈悦君. 基于 5W 理论的"双妹"品牌传播策略研究 [D]. 厦门: 华侨大学, 2020.

⑤ Jixin Huang. Translation and Spread of Guizhou Batik From the Perspective of 5W Mode of Communication—A Case Study of Splendid China · Guizhou Batik [J]. Theory and Practice in Language Studies, 2021, 11 (5).

⑥ 武怡华. 5W 视角下时政新闻《V 观》栏目的创新表达 [J]. 传媒, 2021 (3): 68 - 70.

完美日记）之所以能蓬勃发展，离不开对传播主体的选择（见图1-1），完美日记的传播主体有以下三个，分别是品牌主、KOL、消费者。

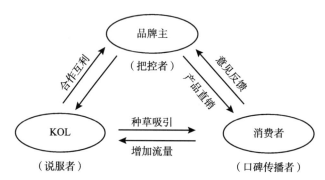

图1-1 品牌传播主体关系

资料来源：笔者整理。

1. 品牌主是把控者

品牌主是品牌的主要传播者，不仅负责产品制作和研发，还需预设品牌信息，将通过不同的渠道、不同的方式传播给消费者。品牌主也是品牌的把控者，需要明确产品的所有营销点，定期性为品牌产品做营销热点。他们对市场变化有很强的敏感性，及时了解消费者需求，调整品牌传播模式，再根据自身的需要寻找合适的KOL为品牌做宣传。

2. KOL是说服者

KOL通常拥有更多、更准确的产品信息，极强的社交能力和人际沟通技巧，使得他们的言行更容易被消费者接受或信任。他们不断地刺激消费者的购买欲望，使其购物行为增加。KOL大到明星网红，小到粉丝量只有几百人次或几千人次的初级KOL，他们都是品牌方自主选择的对象。KOL在为品牌提升知名度的同时也为自己带来更多流量，因此，KOL是国货美妆品的有力传播主体之一。

3. 消费者是口碑传播者

消费者指为了达到个人消费使用目的而购买各种产品与服务的个人或最终产品的使用者。消费者是最普通的群体，与品牌主没有利益捆绑，他们会主动扩散产品信息，实现口碑营销，对产品意见会通过多种渠道进行反馈，品牌主会实时关注消费者的反馈意见，及时改进产品。

二、完美日记品牌传播的内容

品牌传播内容是品牌传播过程中重要的组成部分，完美日记的品牌传播内容主要体现在品牌创意和理念方面。

1. 多种元素融合迸发品牌创意

创意即打破常规、叛逆传统。品牌创意要求产品新颖有创新，能给消费者带来焕然一新的效果。完美日记的品牌创意离不开艺术美学，运用美学的色彩搭配，从不同视角提取不同的时尚元素，将产品与自然、与多元世界相结合，塑造别出一格的品牌形象。

2. 锁定目标市场明确品牌理念

品牌理念被大众普遍认可，反映一个品牌的突出特征，使品牌能够长远发展下去的价值体系，是品牌成立之初的目的。完美日记明确品牌理念是找准目标市场，迎合目标受众的年龄、喜好、经济实力、风格特征等，牢记使命，提供价低物美的优质产品。

三、完美日记品牌传播的社交媒体渠道

社交媒体时代，多种多样的传播平台不断涌现。如图1-2所示，完美日记的社交媒体传播渠道主要有小红书网、微博、微信等。

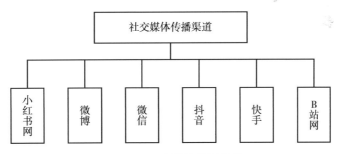

图1-2　社交媒体传播渠道

资料来源：笔者整理。

1. 小红书网传播

小红书网是一种虚拟社区，用户超95%是女性，用户通过发布笔记的方式分享自己的生活。不同于其他互联网社区，小红书网的商品内容分享属性强且用户都是真实人的分享，并不是虚拟身份，完美日记将美妆产品在这样的平台上率先投入KOL无疑是正确选择。

2. 微博传播

微博是用户信息交互的社交平台，发布的内容能第一时间传达给粉丝，最大

的特点是明星聚集，能获得更多的品牌曝光和关注，"买热搜"是习以为常的一种手段，明星热搜话题几乎都是通过微博向大众传播。完美日记利用微博平台进行明星 KOL 投放可以为品牌传播收割一批年轻追星粉。

3. 微信公众号传播

微信公众号主要通过文字、图片、语音、视频等进行信息交流，用户能通过朋友圈等形式传播内容。用户通过添加品牌公众号，随时了解品牌的实时动态及优惠信息，同时微信公众号拥有私域流量池，可以将客户培养成忠诚的粉丝。

4. 短视频平台传播

短视频平台更趋向于泛娱乐化，容易在用户之间形成记忆点，同时，也是网红成长的平台之一。流量经济和粉丝经济让网红 KOL 逐渐走向直播带货的道路，完美日记在短视频平台上选择合适的 KOL 进行品牌宣传、为产品带货，促成双方合作互利。

四、完美日记品牌传播的受众

1. 完美日记品牌受众整体特征

从地域、年龄、性别三个方面来分析完美日记的品牌受众整体特征，如图 1 - 3、图 1 - 4、图 1 - 5 所示。

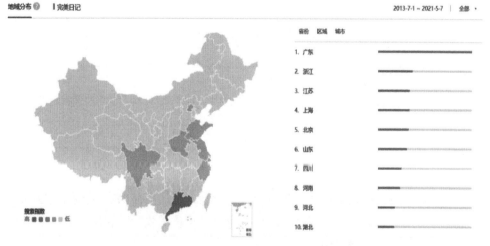

图 1 - 3　完美日记品牌受众的地域分布

资料来源：百度指数 index. baidu. com。

从图 1 - 3 可以看出，完美日记的产品使用者在广东、江苏、浙江、上海等经济发达地区居多，虽然身居发达城市但对国货美妆品的认同度比较高，完美日记在这些地区增加线下专卖店，为受众提供更好的服务。

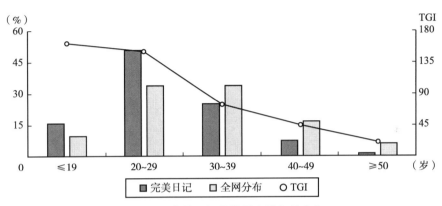

图 1 - 4　完美日记品牌受众的年龄分布

资料来源：百度指数：index. baidu. com。

图 1 - 4 展示的是完美日记的年龄分布，消费者主要是"90 后""00 后"的小年轻，他们的趣味很多很杂，完美日记充满个性的产品系列直击他们的消费痛点，尤其是百元就能到手的优惠价，年轻人在众多美妆品牌中更愿意为其买单。

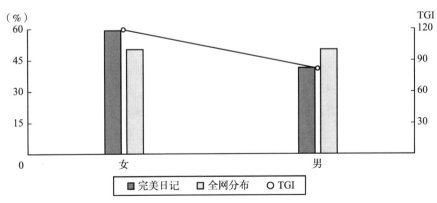

图 1 - 5　完美日记品牌受众的性别分布

资料来源：百度指数：index. baidu. com。

图 1-5 表明在时代进步的今天，"男颜经济"逐渐发展起来，越来越多的男性对美妆产品的使用率也在增加。完美日记的女性受众接近 60%，男性受众接近 40%，可见完美日记不仅仅适合女性，男性也应该成为其目标受众。

2. 完美日记品牌受众类型细分

完美日记的受众主要包含以下六类：尝新党、生活家、潮流家、真爱粉、品质控、跟随者，如图 1-6 所示。

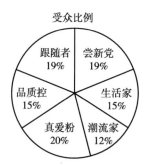

受众比例

图 1-6 完美日记受众比例

资料来源：笔者根据《国货美妆品 2019 洞察报告》整理。

对于喜欢尝试新鲜事物的尝新党来说，他们没有生活负担，愿意做最新一批尝试国货的群体；生活家是消费水平中等的轻熟女，她们有向上的个人追求，但受限于经济状况，倾向于选择国货美妆品作为国际美妆的效果"大牌平替"；潮流家是一群高收入、高消费的年轻"颜值党"，在美妆层面他们更在意国货产品的热门度及创新度，尤其在彩妆领域；真爱粉对国货一直拥有强烈的认同感，支持国货不仅代表他们的爱国情怀，更加坚定他们的国家自豪感；品质控的受众群体是相信国货品质的低线城市消费群体，他们的收入水平不高且大多是中年群体，所以在化妆品选择上更倾向于质量；跟随者容易受环境和身边人影响，通常是人云亦云的状态，对这类群体去进行 KOL "种草" 再合适不过。

五、完美日记品牌传播的效果

与品牌相关的任何营销手段和渠道都是为了达到最佳的营销效果，使品牌形象和效益获得最优化。完美日记品牌传播策略对品牌知名度、品牌满意度、品牌忠诚度都有不同程度的提升。

1. 增加品牌知名度

品牌知名度分三个层次：最低层次是品牌识别，即给消费者一系列产品或者品牌图标将其识别出来；其次是品牌回想，即购买产品时，第一选择的品牌就是品牌回想；最高层次是品牌知名度，即在众多相似品牌中认可度最高。

如表 1-1 所示，2019 年完美日记在天猫网淘宝网销量榜上排名第二，打败了百雀羚、自然堂等国民老品牌，可以看出完美日记的品牌知名度很高。

表 1-1　　　　　　2019 年国妆品牌天猫网淘宝网美妆销量榜（TOP5）

排名	品牌名	年销量（万件）	年 GMV（亿元）
1	莱贝	2381.4	43.43
2	完美日记	5008.1	29.02
3	自然堂	1505.8	18.04
4	百雀羚	1769.7	17.57
5	欧丽源	118.5	16.04

资料来源：用户说指数：www.199it.com。

2. 提高品牌满意度

品牌满意度是消费者在感受一个品牌的产品或服务后产生感觉的好坏、高满意度能获得高复购率。

如表 1-2 所示，完美日记的综合美誉度和人气指数在用户说指数榜单排在前六名，说明完美日记的品牌满意度较为可观。

表 1-2　　　　　　2019 年国货美妆品牌用户说指数排行榜（TOP6）

排名	品牌名	用户说指数	声量指数	互动指数	综合美誉度（%）	人气指数
1	HFP	12267	4882	4031749	18.8	2495
2	佰草集	7056	8546	795637	18.1	23169
3	薇诺娜	6787	13331	822103	20.1	23434
4	相宜本草	3181	36425	833193	22.4	11189
5	欧珀莱	3105	5329	1170783	18.6	148
6	完美日记	2777	75814	5363840	17.9	7304

资料来源：用户说指数：www.199it.com。

3. 增强品牌忠诚度

品牌忠诚度是消费者因长期反复购买某一品牌产品，从而对该品牌产生一定信赖。完美日记抓住直播电商热潮，大力投放宣传，先吸引流量推动知名度增加，让消费者尝试，再将品牌做好、做强，赢得更大的市场。消费者通常认可一个品牌的产品质量就会一直选用，完美日记正是抓住这一点将品牌忠诚度不断地提高。

第四节　完美日记金字塔形 KOL 分层投放策略分析

一、KOL 各层主体投放分析

KOL 营销是将粉丝与 KOL 之间建立信任及情感依托，最终使得商业价值变现的一种新形态营销模式。完美日记是以 KOL "种草" 进行品牌传播，不同于其他品牌的 KOL 传播，完美日记采取金字塔形 KOL 投放策略，从塔顶开始分别是明星、头部 KOL、腰部 KOL、初级 KOL，如图 1-7 所示。

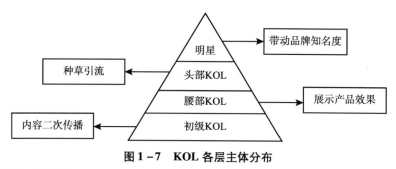

图 1-7　KOL 各层主体分布

资料来源：笔者整理。

1. 塔尖明星带动品牌知名度

完美日记邀请明星为产品造势、获得关注。在 2018 年，完美日记选择超模于路平作为品牌时尚大使，《创造 101》的李子璇作为七夕特邀品牌大使，由于这两位名气稍显逊色，为品牌带来的知名度微不足道。随后完美日记相继邀请一些粉丝群体以 "95 后" "00 后" 为主，且由粉丝粘性较高的明星为其代言，同时根据当下热点节目选择话题讨论度较高的明星，如 2021 年火爆的《创造营》选手刘宇被选定作为完美日记小细跟口红皮箱礼盒的代言人。

2. 头部 KOL 负责 "种草" 引流

头部 KOL 是粉丝量大于 50 万人次的直播达人，他们负责给粉丝 "安利" 并

"种草"。截至2020年9月30日，完美日记已与800多个粉丝百万的KOL进行合作。完美日记首先选择与李佳琦、薇娅两个知名网红合作，为后续营销打下基础，他们的粉丝量高达上千万，将产品融入短视频和直播中无疑吸引一大波目标消费群体。完美日记对头部KOL的选择不局限于美妆博主，如情景剧博主、母婴博主等都有涉及，不同领域KOL粉丝受众不同，进一步扩大了消费群体。

3. 腰部KOL测评展示产品效果

完美日记还通过腰部KOL测评产品，增强受众的信任度。腰部KOL是粉丝量在5万～50万人次的直播达人，商家将产品给他们免费试用，让其在视频中亲自测评产品的使用效果，在眼见为实的视觉效果下，消费对产品的认可度更高。

4. 初级KOL内容二次传播更具说服力

初级KOL的粉丝量大多在0.5万～5万人次，这类群体更加贴近普通消费者，他们使用完美日记产品后在媒体平台上晒出使用心得，如在小红书网上发布笔记，通过详细地叙述让消费者的选择有理有据。

完美日记通过这种金字塔形的KOL投放方式让品牌循序渐进地走进大众视野，在消费者心中种下一粒"小种子"，经过不停地灌溉、施肥，使之在消费者心中"生根发芽"。

二、KOL传播内容分析

金字塔形分布的KOL通过选择和策划与KOL合作，不断地给消费者传播产品的个性、产品的质量和产品的性价比，使完美日记的品牌形象逐渐深入消费者心中。

1. 联名打造丰富的产品个性

靠近"金字塔"顶端的明星和头部KOL主要是凭借粉丝流量优势将完美日记的品牌创意传播到位，其创意体现在产品个性方面。表1-3列举了完美日记近年来的联名产品，遵循了现代的年轻人追求个性和时尚的特点，通过品牌联名的方式赋予每件产品独特而又丰富的个性。

表1-3 完美日记品牌联名

品牌	联名对象	联名产品	创意/个性来源
完美日记	大英博物馆	眼影	Majolica陶器元素
	大都会艺术博物馆	皇家口红系列	经典画作

续表

品牌	联名对象	联名产品	创意/个性来源
完美 日记	探索频道	创作 12 色眼影盘	野生动物的眼神
	中国国家地理	幻想家十六色眼影	中国景观地貌
	岩井俊二导演	浮光系列香水"白日梦"	光的治愈感
	never	小狗眼影盘	never 的可爱俏皮

资料来源：笔者根据百度百科：baike. baidu. com 整理。

2. 与大牌合作提升产品质量

完美日记的品牌理念即"大牌平替"，既要质量好又要价格低。腰部 KOL 重点放在给大众测评产品的质量上，通过销售或者赠送小样让消费者试用，充分地调动他们的自由与创造力，展现产品的优质。完美日记的产品质量绝非低质，它与全球顶尖的供应商合作，如意大利的莹特丽、韩国的科丝美诗、蔻斯恩等，同时他们也是迪奥、圣罗兰、雅诗兰黛的长期合作方。

3. 追求极致产品性价比

对于初级 KOL 来说，他们的消费水平不高，则宣传点就与完美日记的产品性价比相匹配。与同质大牌相比，完美日记的产品平均售价只有大牌的 1/3，在保证产品品质的同时，用实惠的价格，直击消费者痛点。从图 1 - 8 的口红销售量最高单品来看，完美日记的价格远低于同质国际品牌。

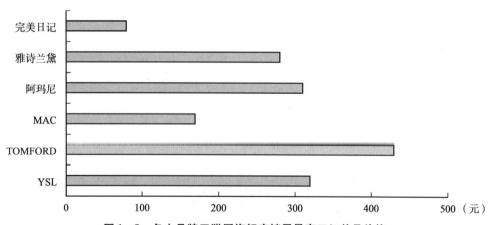

图 1-8　各大品牌天猫网旗舰店销量最高口红单品价格

资料来源：艾媒数据中心：data. iimedia. cn。

三、KOL 传播渠道的形式多样性分析

完美日记的官方网站、社交媒体、购物平台等传播渠道各有特点，KOL 依据这些渠道的优势进行不同方式的传播，图 1-9 是完美日记的主要传播形式，其中小红书网笔记式"种草"和短视频直播带货最为主要。

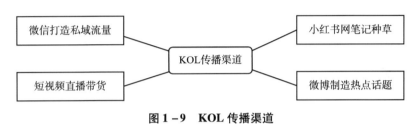

图 1-9　KOL 传播渠道

资料来源：笔者整理。

1. 小红书网笔记"种草"式吸粉

完美日记是靠小红书网起家，他的金字塔形 KOL 投放策略就是在小红书网平台上率先形成。完美日记品牌方首先选择给美妆博主做测评，再将他们的视频放到自己的账号里借势推广，形成金字塔形 KOL 投放吸引粉丝关注。再将自己的粉丝作为品牌传播点，让素人自主购买晒货，形成二次转发到小红书网账号吸粉，互惠共利，裂变传播。

2. 微博制造热点话题

完美日记热衷于邀请粉丝量比较大的明星或者话题讨论度比较热的小鲜肉为品牌代言。品牌和广告是相辅相成的，利用"金字塔尖"的明星为品牌做广告会获得更多的曝光率；另外，明星同款产品会受粉丝追捧，这样就能将粉丝经济转化为实际的营业利润。

3. 微信打造私域流量

让消费者加微信有两种方式，一是消费者在线下实体店体验时，工作人员让其加微信为好友；二是消费者在线上购买完美日记产品时会收到一张红包卡，通过这张卡添加微信好评返现。当消费者添加微信后，完美日记会在公众号上发布美妆视频教学、新品推荐以及大量优惠券等吸引消费者，提高目标受众的复购率。

4. 短视频直播带货

在当前短视频盛行的时代，B 站网、抖音、微博都是品牌传播的渠道，并且完美日记在这些社交平台声量都位列前三。拍视频、开直播、带货，完美日记与

短视频相结合，碰出激烈的"火花"。完美日记选择头部 KOL 和腰部 KOL 进行直播带货，流量变现能力更强。

另外，直播数据显示，完美日记直播间观看人数超过 14 万人次，占据淘宝网巅峰美妆榜榜首。据了解，完美日记每天的直播多达 3 ~ 4 场，由不同博主从上午 9 点一直播到晚上 12 点，不仅直播带货场数和时间增加，优惠力度也相应增加。

从图 1 – 10 可知，完美日记在抖音平台的 KOL 投放以腰部 KOL 和初级 KOL 为主，因此，短视频带货主要靠底层腰部 KOL 和初级 KOL 发力。

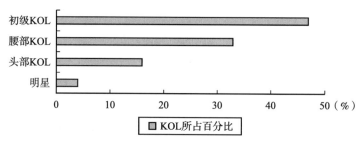

图 1 – 10　完美日记抖音带货 KOL 分布

资料来源：艾媒数据中心：data. iimedia. cn。

四、KOL 分层投放的受众利益分析

完美日记传递的品牌价值观与年轻一代追求的个性突出、新鲜有趣、敢玩敢试的生活态度相一致，极易得到青年消费者的情感认同。通过"金字塔"上级影响下级的连环式反应，最终影响最大的是素人消费群体。完美日记满足了这一群体的顾客需求、顾客成本、顾客沟通、顾客便利。

1. 多样化产品满足顾客需求

完美日记的一系列产品结合国人肌肤特点研发出来，既有欧美妆的国际范，又有国内年轻人的小清新，口红、粉底、眼影、化妆刷、卸妆水等基本的彩妆用品完美日记都有涉及，基本满足消费者的化妆需求。

2. 售价考虑顾客成本

考虑消费者的花费成本，完美日记的产品价格大部分在 70 ~ 80 元，价格平价，普通学生也能消费得起。表 1 – 4 将完美日记与花西子产品单价进行对比，可以发现完美日记的产品价格更为优惠。

表 1 - 4　　　　　　　　**完美日记与花西子平均产品单价比较**　　　　　单位：元

时间	完美日记平均产品单价	花西子平均产品单价
2020 年 10 月	63. 86	144. 60
2020 年 11 月	78. 61	146. 81
2020 年 12 月	72. 00	178. 77

资料来源：根据淘数据：www. taosj. com 整理。

表 1 - 5 则列举了完美日记的新品口红价格，就从口红单品来看，平均参考价格在 59 元/3. 2 克，都是普通大学生也能接受的价格。

表 1 - 5　　　　　　　　　　　**完美日记口红系列售价**

序号	品名	色号	参考价格（元）
1	星动臻色金钻唇膏（小金钻口红）	18 种搭配	99. 9
2	缎色柔光粉钻唇膏（小粉钻口红）	9 种搭配	99. 9
3	倾色慕光唇膏（小黑钻口红）	34 种搭配	59. 9
4	倾色慕光唇膏 3 支装	10 种搭配	139
5	完美日记小粉钻口红 2 支装	8 种搭配	149

资料来源：笔者整理。

3. 线下开店方便顾客沟通

2019 年，完美日记在广州开设第一家线下实体店，让消费者真实体验产品，给产品提建议。并且每样产品在研发出来，第一时间给特定的群体去试验，随后将顾客的想法和建议记录下来进行改进，即做到产品好不好必须顾客说了算，这无疑是在顾客沟通方面作出最大的尝试。

4. 私域流量池为顾客提供便利

购买完美日记产品后，消费者通过扫码加到人设为"小丸子"的微信，"小丸子"是真真实实的人，她会定期在朋友圈发布美妆分享。如果消费者有疑惑可以通过微信咨询，这种私域流量经营模式为消费者提供了便利性。不仅如此，完美日记在开发新产品时都会向合作的 KOL，甚至用户询问意见，细致到包装封口方式都会与目标群体进行沟通，秉持顾客至上的理念。

五、KOL 分层投放传播效果分析

1. 美妆热卖品牌位列榜首体现品牌知名度

知名度主要依靠"塔尖明星"率先带动起来。从表 1－6 可以看出，在 2020 年天猫网"6·18"热卖美妆品牌中，完美日记排名第一，凭借专业化的明星 KOL 传播和渠道传播的多样化，完美日记品牌知名度的增加使其在各大购物节中把握契机，获得收益。

表 1－6   2020 年天猫网"6·18"热卖化妆品品牌 TOP5 榜单

排名	品牌
1	完美日记
2	美宝莲
3	兰蔻
4	3CE
5	花西子

资料来源：中商情报网。

在 2020 年"双十一"前夕，完美日记的美妆销量已经在其他国货美妆品中成为佼佼者，发展势头迅猛。

2. 产品内容好感只增不减体现品牌满意度

完美日记通过腰部 KOL 和初级 KOL 的测评"种草"提升消费者的满意度。从图 1－11 的数据看出，完美日记的正面内容持续上升，虽然负面内容在 2021 年上半年上升了 1%，但远远低于正面内容。正面评价的稳步上升表明完美日记的品牌传播策略起到正向作用，达到理想的传播效果，品牌满意度也在逐渐增长。

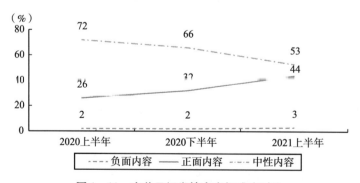

图 1－11   完美日记舆情内容好感度对比

资料来源：千瓜数据：www.qiangua.com。

3. 营业收入和复购率持续增长体现品牌忠诚度

初级 KOL 的内容二次传播和微信私域流量的经营使得消费者的复购率越来越高。从图 1 - 12 的数据看，完美日记崛起很快，2018 年到 2019 年 9 月不足一年的时间收入就翻了近 3 倍。2020 年初受疫情影响，营业收入虽出现下滑，但下滑幅度较小。

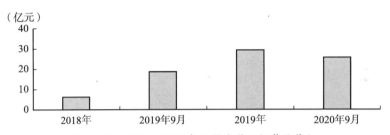

图 1 - 12　2018 ~ 2020 年 9 月完美日记营业收入

资料来源：艾媒数据中心：data. media. cn。

图 1 - 13 展示的是完美日记近三年的复购率，呈现直线增长状态，说明完美日记的品牌传播对消费者的复购率起积极作用，使得品牌忠诚度增加。

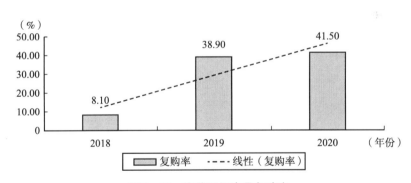

图 1 - 13　完美日记产品复购率

资料来源：根据百度：www. donews. com 整理。

第五节　完美日记品牌传播策略的启示

一、多层主体合力传播，发挥不同传播主体优势

KOL "种草" 是大多数国货美妆品都在运用的一种品牌传播模式，这些 KOL

的圈子更广、传播渠道更加多样、拥有的美妆知识更加专业。但大部分美妆品牌的 KOL 投放比较杂乱，在做营销时，既要制造话题、又要测评、还要分享美妆知识，在时间精力付出和回报方面往往出现不对等现象。

完美日记采用金字塔形的 KOL 投放策略，通过明星制造热点、头部 KOL "种草"、腰部 KOL 测评分享美妆经验、初级 KOL 再评论进行二次传播等分层投放策略，尤其在二次传播时配上自己的美照分享或者产品的试色效果图，图片能让消费者直观看到整体或局部的使用效果，从视觉上抓住消费者，进而刺激购买行为。通过实施 KOL 分层投放，每层 KOL 有自己的负责板块，并且循序渐进，使得品牌传播不仅省时省力，而且效果更好。

二、打造品牌独特个性，形成有力竞争

品牌特点不突出、产品过于同质化是许多国货小品牌的弊端，因此产品个性对品牌传播必不可少。完美日记一个月就能推出 4~5 款新品，其中 1~2 款打造成爆款，之所以能成为爆款正是因为品牌具有独特的个性。完美日记从产品配色、色系、包装、质感等都展示出细节和个性，如 12 色眼影盘内部的第一个格子，都压印了动物的脚印契合主题，不仅符合目标消费群体年轻的个性，而且与其他品牌相似、沉闷的包装设计形成鲜明对比，更能吸引受众的眼球。

要打造有品牌自我个性的爆款，一方面可以借助联名，另一方面要善于利用明星和网红的粉丝能量。明星硬核的口播能力，以及真实、有趣的互动都是在拉近与消费者的距离，也是这样的营销方式，使一个个爆款应运而生。

三、多渠道合力营销，加强品牌传播

当代年轻人每天较多的时间在社交媒体上，年轻的国货品牌想要进行品牌传播，必然选择年轻人活跃的社交媒体平台，如小红书网、微博、B 站、抖音、快手等，品牌传播首先要了解每个平台的传播特点，制定适合的传播方式。当前短视频营销更契合用户消费习惯，受到热捧，其中 KOL 营销成为短视频营销最为重要的一种形式。从 2020 年中国网民对短视频的满意度看，大众活跃最频繁、最满意的是抖音短视频平台，国货美妆品要抓住"短视频 + 直播带货"热潮，将品牌产品在各大短视频或直播带货平台投放，集中资源不断吸引流量，扩大品牌影响力。

此外，利用微信将公域流量转变为私域流量尤为重要，在私域流量池，新用户已经不是目标客户，维系老客户能提升复购率，使之成为品牌的精准可控用户。

四、明确受众，实现精准营销

国货品牌的目标受众越细分越精准，完美日记的目标受众是 18～25 岁的年轻女性群体，针对这类群体要调查分析她们的喜好、特点、化妆品的使用频率等，才能做到精准投放。如果目标受众太过广泛，会导致产品的优势不够集中，因此，目标受众要做精做准才更有利于品牌的传播。

五、多方面提升品牌效果

品牌需要依据各美妆 KOL 的个性化特征，制定相应的营销内容，进行多平台、多角度的展示，进行合理、有效的营销传播。美妆 KOL 通过社交平台、直播平台、电商平台等多方建立粉丝联动，维持活跃度以及扩大影响力。

此外，品牌效果离不开与消费者的实时互动和沟通，只有了解消费者的喜好，才能快速、有效、及时地将产品完善到最佳的理想效果。总之，品牌效果的提升需要品牌从各方面不断地提升完善产品。

第六节　本章总结

品牌传播的概念发展得益于消费者对品牌意识逐步觉醒，而品牌传播是沟通品牌和消费者之间的桥梁，因此，品牌传播至关重要。国货美妆品市场的高端化愈发明显，当前国内高端化妆品市场正迎来发展的"井喷期"，各种各样的国货品牌如雨后春笋般崭露头角，要想在品牌竞争中脱颖而出，必须将品牌传播策略做到极致。

完美日记凭借自己独特的 KOL 品牌传播方式打下了属于自己的战场，最大程度的运用小红书网平台、短视频平台等多种个性化的渠道进行品牌的建设与传播，获得了大批粉丝。其"走红"只是众多国货美妆品牌中的典型案例，凭借其强大的创新能力，未来的国货美妆品定会带着中国特色与国际美妆形成强有力的竞争，从而走上国际舞台。

第二章 基于用户漏斗模型天猫网店精准内容营销策略

第一节 引 言

大数据时代的变革加速了人们消费行为的转变，也促进了新经济形态的出现。进入大数据时代，数据的重要性越来越凸现，成为企业盈利、降低营销成本的有力工具。尤其电子商务快速发展，数据分析在电商精准营销策略中运用的越来越广泛。企业通过大数据挖掘、采集、分析和处理客户的大量信息，精准地找出最适合的目标客户群体，再根据目标客户群体信息进行个性化的营销策略，给予客户精准性的商品推荐，带来良好的服务体验。精准性的营销降低企业的营销成本，提高营销的投入产出比。那么电商企业如何通过内容营销，将内容营销做得更精准化，在内容为王的时代走稳发展道路是值得深思的问题。

第二节 文 献 综 述

一、内容营销综述

1. 内容营销的概念

"内容营销"由奔腾传媒（Penton Custom Media）公司在 2001 年提出，当时"内容营销"是指大型企业利用出版杂志和纸质新闻通讯等传达企业价值理念的营销策略，如今"内容营销"已经有很大变化。"现代营销学之父"菲利普·科特勒（PhiliPs Kotler）① 在通过整合服务营销等相关知识体系后提出了全方位营销（holistic marketing concept）的概念，将企业资本、客户人脉资源、供应商资源等各种资源整合到一起，用整体力量在变化多端的市场上赢得更大的胜利。由于学术研究与实践在不断地探索，内容营销的相关概念也在不断地丰富和完善。克劳斯·福格（Klaus Fog, 2010）指出，内容营销在本质上就是"给客户讲故事"。② 企业利用故事化的内容吸引消费者关注，将具有吸引力的故事情节与企业品牌文化和他们想要传达的价值观结合到一起，从而达到提高品牌知名度和影响力的目的。安·汉德力（Ann Handley, 2010）认为，内容营销在各种渠道上利用多种形式发布个性化的内容博得顾客的关注，用具有高价值的内容挽留住顾客。③ 乔·普利兹（2011）指出，内容营销不是像商贩一样直截了当地售卖产品，更多的是通过向消费者传达品牌的理念和价值，从而间接、婉约地与消费者进行沟通、交流的艺术。④ 杨力（2014）则认为，企业可以通过内容营销激发消费者与品牌进行互动交流，从而帮助企业或者品牌能够更贴近消费者需求，增强消费者参与品牌建设、企业发展的积极性。⑤ 美国内容营销协会（2017）定义的内容营销是一个具有先进性有优势的品牌营销策略，通过制作、传播和分享优质且与品牌相一致的内容，目的是吸引和留存目标消费者，最终促成消费者的购买转化。

2. 内容营销的方式

乔·普利兹和诺埃尔·巴雷特（2009）指出，内容营销是企业在充分了解消费者的各项需求后，听取采纳消费者的意见从而完善产品和服务并且获得消费者信任的一种营销策略。他们认为，内容营销的主体包括品牌的内涵精神和有故事的产品，如网页的内容、电子通信、报纸、杂志等。⑥ 洛伦兹·格利茨（Lorenz Gritz, 2011）认为，内容营销在将多种市场营销策略与传播手段进行整合，为消费者提供各个方面具有高价值有意义的信息，让消费者能够做到信息的筛选和鉴别，从而帮助消费者做出更睿智的决定。内容营销传播的信息要对消费者具有较

---

① ［美］菲利普·科特勒. 营销管理——分析、计划、执行和控制［M］. 梅汝和，等译. 上海：上海人民出版社，2000：415.

② Klaus Fog. Storytelling：Branding in Practice［M］. Berlin：Springer, 2010.

③ Content rules. How to create killer blogs, Podcasts, videos, ebooks, webinars（and more）that en-gage customers and ignite your business. Ann Handley, C C C. John Wiley and Sons. 2010.

④⑥ Pulizzi J. Content marketing has arrived. Should Publishers be worried［J］. Folie：The Magazine for Magazine Management 2011, 40（10）：43.

⑤ 杨力. 自媒体环境中商家内容营销对顾客网络互动意愿的影响研究［D］. 厦门：厦门大学，2014.

强的吸引力和价值性。张雪（2013）认为，内容营销是建立在多种形式媒体内容的基础上进行信息整合的营销策略，不是依赖广告性质的推销，可以轻松地让消费者获取信息、了解信息、并且促进消费者与品牌互动、交流，主要的方式有企业白皮书、企业微信、新浪微博、微信公众号、在线视频、直播等多种渠道和形式为消费者提供需要的信息。①

二、精准营销综述

菲利普·科特勒（Philips Kotler）首先提出了"精准营销"的概念，即在精准定位基础上，依靠现代快速发展的大数据等信息技术，对企业的营销策略实施可以衡量控制、回报率高的精准性营销策略，从而降低企业的营销成本，增强企业的市场竞争力。②

甄友（Zhen You，2015）等人认为，在经济全球化和激烈的市场竞争下，很多企业都在采用精准营销降低营销成本，精准营销已经成为提升利润的重要策略。通过精准营销，企业能够在合适的时间将合适的产品销售给合适的顾客。③邓洁（2019）研究亚马逊网站时指出，顾客在亚马逊商城留下了大量用户数据，网站对这些数据进行清洗和分析，然后建立模型，就能够为用户进行偏好匹配的产品推荐，推荐的产品更加具有精准性。④ 亚马逊也因此成为全世界最大的互联网零售商。精准营销实质上就是利用现代化的技术与顾客进行直接沟通交流，从而帮助企业收集大量的用户行为、偏好数据，再进行加工成为有效信息，最终利用这些信息为顾客推荐个性化的产品，大大地提升了顾客的支付率。精准营销缩短了营销的渠道，让顾客能够便利、快捷地购买到自己想要的产品，享受到专业的服务。在大数据时代，分析数据库中的顾客特征建立"顾客画像"进行精准营销，这并不是颠覆传统的营销理论，而是在对顾客画像数据深入理解分析的基础上，从新角度理解消费者，精细划分顾客群体，挖掘潜在精准的消费需求。

――――――――――

① 张雪. 纸质媒体在微博平台上的内容营销研究 [D]. 上海：上海外国语大学，2014.

② 赵浩兴. 菲利普·科特勒营销管理理论演进脉络及其发展探讨——菲利普·科特勒《营销管理》（中文版）各个版本的比较研究 [J]. 管理世界，2011（6）：176 – 177.

③ Zhen You, Yain – WharSi, Defu Zhang, XiangXiang Zeng, Stephen C. H. Leung. A decision – making framework for Precision marketing [J]. Expert Systems with Applications, 2015, 42（7）：3357 – 3367.

④ 邓洁. 浅谈 B2C 电子商务精准营销模式中大数据技术的应用 [J]. 轻工科技，2019，35（9）：76 – 77.

三、用户漏斗（AARRR）模型相关综述

用户漏斗（AARRR）模型由硅谷知名创业孵化中心 500 Startups 的创办人戴夫·麦克卢尔（Dave McClure）于 2007 年提出，包括用户获取（acquisition）、用户激活（activation）、用户留存（retention）、盈利（revenue）和用户推荐（referral）五项内容，分别对应用户决策心理地图中的不同增长阶段，对应关系如表 2 – 1 所示，也称为用户漏斗转化模型。通过该模型可以有针对性地对重要节点进行问题研究和解决优化，达到提升投入产出比的目的。在国内的相关理论成果包括：王凯（2019）从技术角度阐述营销的新方法，可应用于互联网营销广告和营销分析等领域。[①] 中国电信股份有限公司广州研究院（2013）对用户漏斗模型有初步性认识，根据移动互联网用户发展的阶段分析，提出"有人来—喜欢用—愿意买"阶段，并且以 AARRR 模型为基础，分析运营商在不同阶段中暴露的问题并且提出相关的应对策略。

表 2 – 1 用户决策与 AARRR 五阶段模型

AARRR 模型	用户增长阶段	用户决策
acquisition	获取	产品的价值是否值得关注和尝试
activation	激活	产品、服务是否满足自身需求
retention	留存	是否继续使用、回购
revenue	变现	是否愿意为产品、服务支付费用
referral	推荐	是否愿意将产品推荐给他人、推荐给他人是否能够获得好处

资料来源：笔者整理。

AARRR 模型与用户转化、运营阶段和指标体系等内容都涵盖到，拥有一整套的用户分析方法和运营体系，在产品运营、服务营销和运营策略等优化等方面拥有明显的优势。廖娟（Liao Juan，2021）认为，该模型不仅可以应用于对互联网使用情况进行分析，而且在 APP 应用软件的用户增长营销策略分析中也起到重要作用。[②] 凡是一切可以获取用户并且提高用户留存的行为皆可视为用户增长的行为。用户的增长不仅仅是数量上的增长，还包括有效的用户量增长、用户成

---

① 王凯. X 家具公司武汉市场营销策略研究［D］. 武汉：华中师范大学，2019.

② Liao Juan，RuanYunfei. Research on APP Intelligent Promotion Decision Aiding System Based on Python Data Analysis and AARRR Model［J］. Journal of Physics：Conference Series，2021，1856（1）.

长、用户变现、用户自传播、降低用户流失等一整套的增长流程。这是一个系统性的完整体系。

第三节　天猫网澄果旗舰店经营现状

一、店铺简介

澄果旗舰店是阿里巴巴集团旗下电商平台的企业店铺，于 2017 年注册成立，主营家庭个人清洁类目。主营产品是高端家居清洁产品、懒人一次性家居产品，热卖的产品包括智能感应垃圾桶、分类垃圾桶、可降解垃圾袋、一次抹布等。澄果旗舰店的经营理念是"生活无小事，好物需严选"为消费者提高具有创意的高端家居用品。在国家倡导垃圾分类的形式下，北京、上海、广州等43 个城市已逐步实行强制垃圾分类，未来垃圾分类势必成为城市环保硬性要求，产品市场广阔，尤其是垃圾桶、可降解垃圾袋拥有良好的发展前景。在新冠肺炎疫情之下，懒人一次性用品需求量增大。目前店铺粉丝为 40616 人，日均访客约为 4500 人。

二、店铺访客渠道数据

店铺流量以手淘搜索路径居多，消费者在搜索关键词时会依据产品综合分数排列出所有包含该关键词的产品，只有主图足够具有吸引力，消费者才会在众多排列的商品中点开店铺的产品，继续了解产品性能和详解介绍。当主图点击率高时，直通车的点击付费便可以降低，才可以用更少的钱获得更多的点击。付费渠道直通车的流量在澄果旗舰店的访客中有着较高的占比，如表 2 - 2 所示。

表 2 - 2　　　　　店铺流量具体渠道（30 天内）

排名	采源名称	访客（人）	支付转化率（%）
1	手淘搜索	20774	2.92
2	手淘推荐	19359	1.18
3	直通车	16927	1.31

续表

排名	来源名称	访客（人）	支付转化率（%）
4	购物车	4659	20.87
5	达人制作及其他短视频	3526	1.58
6	我的淘宝网	3112	9.93

资料来源：根据店铺后台数据整理。

三、内容营销现状

1. 内容营销渠道

店铺目前的内容营销渠道主要有淘宝网短视频、淘宝网直播、商品买家秀网、逛逛网、微淘网等。图文推广店铺内包含产品主图、详情和产品视频。店铺中涉及参与的内容营销渠道很多，但是推广度较低，具有很大的发展空间和发展潜力。

2. 内容营销各渠道效果数据

澄果旗舰店目前的内容营销渠道包括：短视频渠道每天上传一个产品相关的宣传介绍视频，目前 30 天内短视频的浏览人数是所有内容营销渠道中浏览人数最多的。每天发布两则微淘网和买家秀网内容，内容大多是产品上新和买家的好评精选展示。逛逛网渠道上传的内容较少，不定期地会上传产品精剪的视频。店铺整体对内容运营不够重视，每日机械性地上传产品视频的串减和买家秀的精剪。缺乏对市场和店铺风格的分析，如表 2-3 所示。

表 2-3　　　　　内容营销各渠道效果数据（30 天内）

内容营销渠道	浏览人数（人）	互动人数（人）	点击商品数（个）	成交金额（元）	收藏人数（人）	加购人数（人）
淘宝网短视频	4248	98	1462	19307	67	112
详情视频	3630	—	1087	23456.99	134	485
图文推广	430	—	232	1574.31	34	55
淘宝网直播	1537	123	415	6973	96	145
逛逛网	253	22	68	767	5	12

资料来源：根据店铺后台数据整理。

第四节　用户漏斗模型下澄果旗舰店精准内容营销问题

一、用户获取（acquisition）

1. 内容营销地区不精准

如表 2-4 所示，观察店铺近 30 天访客地域分布发现，其中访客来源最多的是广东省有 3260 人，支付转化度最高的买家也来自广东省。此外，店铺访客大多分布在浙江、上海、江苏、北京等这些经济较为发达地区，其他地区的访客较少。因此，店铺应该重视对这些重要访客来源地区进行重点推广运营，从而达到提升店铺流量访客和支付转化率。从澄果旗舰店的后台数据显示内容运营中没有基本的重点运营地区设置，只是部分剔除了我国香港、澳门、台湾、新疆、西藏等物流不便利的地区。如付费推广渠道直通车可以选择投放区域、投放时间的设置，但目前店铺没有进行重点地区和非重点地区的营销划分。

表 2-4　　　　　　店铺访客人群地域分布情况（30 天内）

地域	广东	浙江	上海	江苏	北京	山东	福建
访客（人）	3260	2381	2072	2041	1343	1035	922
支付转化率（%）	3.79	3.36	3.86	3.43	3.73	2.91	3.26

资料来源：根据店铺后台数据整理。

2. 内容营销人群不精准

从消费层级分析。店铺访客人群淘气值大多分布在 600+ 以上。淘气值是天猫网平台官方通过综合评价消费者的购买能力、与商家的互动指数和账户购物信誉等核心指标计算出的分值。层级在 600 以上的消费者占比 76.37%，如图 2-1 所示。在澄果旗舰店近 30 天的消费者数据中可以总结出，店铺的顾客大多为中高端消费水平素质较高的顾客，追求品质与高端产品。所以在产品内容规划时主打的宣传基调便不是性价比与低价。然而在澄果旗舰店部分产品主图中卖点主打的是经济实惠、物美价廉，这个产品营销定位与店铺人群标签不同。澄果店铺更适合走轻奢、高端和质感的推广路线。

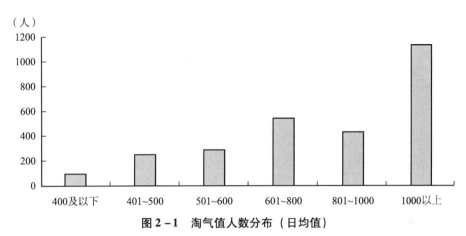

（人）

图 2 - 1　淘气值人数分布（日均值）

资料来源：根据店铺后台数据整理。

从用户性别分析。根据 7 天内的店铺访客数据，访客中女性多于男性，女性访客占比 54.30%，男性占比 37.38%。性别分布没有过大差距，店铺产品没有单一的性别属性，可以覆盖的人群比较广泛。从下单转化率看男性下单转化率是 1.73%，女性下单转化率是 2.45%，女性下单转化率高于男性。女性访客占比高于男性，并且转化率明显高于男性。因此，女性是店铺的重要访客，也是需要大力运营推广的群体。店铺在付费推广时没有建立女性标签的溢价，也没有在内容创作中注重女性偏好发布相关的内容。

从用户搜索行为分析。店铺的主要搜索关键词是垃圾桶、自动打包垃圾桶、厨房垃圾桶、分类垃圾桶、自动换袋垃圾桶等。可以从访客的进店词分析出店铺主要流量词是垃圾桶、自动打包垃圾桶，因此可以在产品的标题、店铺的视频推广、创意推广中主推这些关键词，如表 2 - 5 所示。澄果旗舰店内的产品标题设置是依据产品的功能、材质、应用场景的词语进行排列组合。没有选择店铺流量来源的主要关键词。

表 2 - 5　　　　　　　　　　　店铺用户搜索行为情况　　　　　　　　　　单位：%

来源关键词	垃圾桶	自动打包垃圾桶	厨房垃圾桶	分类垃圾桶	自动换袋垃圾桶
数量占比	40.48	16.67	15.87	14.29	12.70
下单转化率	3.92	4.76	5.00	5.56	6.25

资料来源：根据店铺后台数据整理。

二、用户激活（activation）

1. 产品主图详情单一

店铺内产品的主图呈现简约风格。产品的摆放角度、文案的布局与设计大同小异。同类目垃圾桶不同客单价的设计风格是一样的，同一类目不同产品间的宣传缺乏差异化。不同价位的垃圾桶实质面对的是不同的人群，营销定位和方式应该是不同的营销内容。高客单价应该传达高品质、高价值，低客单价应该传达高性价比。不同类目产品主图和详情都是按照产品外观展示和功能细节展示为主。风格过于统一不能更好地展示各个产品特性和调性。

2. 访客跳失率过高

澄果旗舰店近 30 天的店铺流失率是 66.61%。店铺流失率是指在统计时间内，访客中没有发生点击的人数/访客数，其中点击行为包括收藏、加购、咨询、点击评价、点击超链接等，即 1 - 点击人数/访客数，该值越低表示流量的质量越好。店铺的跳失率过高，虽然店铺已经获得访客，但由于店铺的装修、产品的主图详情或者买家评论等不够吸引消费者点击、收藏和加购，从而使得访客没有对店铺产品进行更深层次的了解。

用户激活是引导用户发现这个产品的价值并且能够坚持使用这个产品或者功能的一种激励过程，本质上是一种新用户的留存，在某种程度上说这是最重要的一环。新用户留存作为新用户的获取和老用户维护之间的中间环节，如果该环节没有做好，会导致用户的断流，新用户不断地流失，老用户积累不成功，那么店铺整体销售额就不会持续增长。用户进入详情了解产品，多方比较后下单购买，如果体验良好，消费者认同产品的价值，就会进行回购，最终成为长期活跃的忠诚用户。

三、用户留存（retention）

1. 老客户回购率低

图 2 - 2 所示，根据店铺新、老顾客占比分析，店铺的访客以新客为主，占比 87.18%；老客占比为 12.82%。数据显示老顾客的支付转化率为 3.76%，新顾客的支付转化率为 1.41%，可以看出，老顾客下单转化率明显高于新访客，维护一个老顾客的营销成本是远远低于获取一个新客户营销成本的。其中，老顾客占比 12.82% 在店铺的整体数据中是比较低的，因此，老顾客的维护是澄果旗舰店可以着手提高的方面。

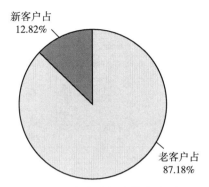

新客户占
12.82%

老客户占
87.18%

图 2 - 2　新、老客户支付人数占比（30 天内）

资料来源：根据店铺后台数据整理。

2. 老客户关怀机制缺失

澄果旗舰店没有回馈老顾客的关怀机制，如针对老顾客特定的折扣优惠、老顾客专属赠品等。因此，老顾客没有对店铺产生依赖感和归属感，与店铺间的黏性较低。失去一个老顾客并不仅仅是失去这一个顾客，而是失去了顾客周围潜在顾客的不断累加。用户留存不仅是单纯的次日留存，而是在交易完成后依旧通过某些机制与顾客一直保持积极的互动交流。在完成交易与服务一段时间后，还能经常回购的顾客是店铺所需要的高价值用户群体。用户留存的时间越长，给商家带来的价值就越高。店铺提高用户留存率的直接目的是防止用户的流失，而用户对商品或者服务体验感差、商家无计划地频繁营销推广是造成用户留存率低的重要因素，这就要求商家在优化产品和服务质量的同时不断地引导顾客增加对店铺的粘性。

四、商业变现（revenue）

1. 支付转化率较低

当前期的内容营销"种草"到位时，买家在经过多方挑选和对比后，会选择下单购买。天猫网店铺的商业变现是最直接的就是用户下单购买。澄果旗舰店目前促进商业变现提高店铺转化率的内容营销策略主要是在产品详情中链接商品优惠券，营造优惠让利的气氛促进消费者下单。但是店铺中优惠券的品种比较单一，只有特定的商品有优惠券，没有全店通用的优惠券。消费者不能依照需要进行组合下单后获得满减优惠。并且在已经建立的商品券中，使用率普遍偏低，即消费者领取后，没有使用。数据说明消费者对于设置优惠券的力度抱有迟疑，还在观望和考虑中，如图 2 - 6 所示。

表 2 - 6 店铺商品券发行使用情况 （30 天内）

商品优惠券	发行量（个）	领取量（个）	使用量（个）	使用率（%）
1 号商品	1000	407	276	67.81
2 号商品	1000	335	201	60.00
3 号商品	1000	115	59	51.30
4 号商品	1000	71	33	46.48

资料来源：根据店铺后台数据整理。

2. 活动策划不足

为了促进顾客转化，专属优惠活动内容策划是消费者下单的有力推手，如店铺周年庆典活动、会员福利日活动等。如今还有一种重要的形式就是在直播间发放直播间专属优惠，在主播不断地详细介绍、紧促感氛围创造很容易调动消费者下单的高昂情绪。而澄果店铺目前只参与"6·18""双十一""双十二""年货节"等大型平台活动，店铺内很少策划自己的专属优惠活动。给消费者带来的消费刺激不够强烈，影响消费者直接转化。

五、推荐传播（referral）

1. 与消费者互动缺乏

澄果旗舰店缺乏与消费者互动。店铺除了客服与消费者讲解产品疑问点外，没有其他的沟通互动行为，与消费者交流严重缺乏。店铺在大促销活动期间会给老客户群发店铺满减优惠信息，是单向的信息传递，作用较低。没有与消费者进行沟通交流，深入了解消费者的需求，收不到消费者对产品和服务的反馈，内容营销就不够精准。消费者得不到更加满意的服务，也进一步失去推荐传播的可能。

2. 评价维护数量过少

店铺主卖产品的最新评价虽然都是好评，但是优质评价的数量还是较少，店铺爆款最多的带有文字和图片的评价只有 100 多条，过少的优质评价量会让消费者信任感降低，甚至会被误以为是商家操作的好评。只有大量数据才会让消费者更具有信服力。消费者发布的买家秀也是一种内容生产行为，在网购中，买家的评价会更加直观地反馈出商品的真实外观与功能，这可以让观望中了解产品的消费者不但能在视觉上感受到商品的外观造型，还可以从其他买家的体验感中获得该商品真实使用体验感反馈，而澄果旗舰店在买家秀的运营方面也缺少营销策略。

第五节　改进建议

一、精准访客获取构建用户画像

为了精准获取访客，建立人群画像构建用户模型是必不可少的。经过地域、时间、性别、年龄、淘气值等方面数据的分析。澄果店铺主要人群是一、二线城市高消费的女性，地域大多为广东、江浙沪、北上广等客户，单价在400元以上的群体。细分店铺主要人群后，可以专门针对这类群体进行定向的短视频、直播、图文推广，人群定位精准，付费推广的投入产出比就会更高，店铺的支付转化率也会相应提高。在内容营销时撰写文案和主图详情设计时，定位人群所喜欢的是轻奢高端风格，从而能够做到访客的精准化获取，尽量避开不精准人群，打好提升店铺转化率的基础。

二、精准内容触达产品详情差异化

市场上不会缺少好的产品，但是会缺乏"优质的内容产品"。社会各界呼吁商家、媒体创作高质量的原创内容。给产品树立形象，就像给产品贴上不同的个性化标签，标签更容易给人带来深刻的印象。如果想要给消费者留下深刻的印象，需要做到充分了解消费者的各项需求，了解消费者到底需要什么产品和服务，听取他们的意见，然后将内容输出和消费者的需求相结合。企业最好能够做到保证内容输出有意义，同时要让消费者能够在众多信息轰炸中有着耳目一新的感觉，差异化的内容能够让消费者对店铺的产品和服务有深刻的印象，从而促使消费者主动搜索店铺产品、了解店铺产品，并且有这个需求，促成消费者的购买行为。

要针对消费者的切身需求宣传产品的特性与功能，紧紧地抓住消费者心理。提高产品页面的差异化，增强消费者进一步了解的欲望，降低店铺跳失率，从而能够为转化率的提高做铺垫，培育竞争优势。

三、精准服务体系构建会员等级制

会员制作为传统实体商业领域中较为成熟的营销策略，刺激顾客不断回购、提升用户黏性、推进顾客与店铺的关系、增强购买意愿度等方面都有积极性的作用。现在的购物体验中，消费者不仅注重产品的质量、功能属性等方面，也在追求情感方面的满足，消费者可以与志趣相投的朋友进行购物的交流与分享，如怎样挑选最适合的产品，一起探讨商家的服务体验感，一起给商家提出合理的建议等，这些都可以大大地提高消费者与店铺的参与度，增强店铺和消费者间的黏性，召回老客户进行复购。店铺也能依据会员等级为客户提供更加完善、精准的服务，如图 2 - 3 所示。

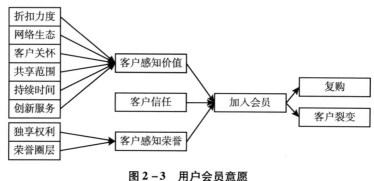

图 2 - 3　用户会员意愿

资料来源：笔者整理。

　　澄果旗舰店的老顾客 30 天内回购的占比 12.82%。建立老顾客召回的会员机制增强用户黏性，目前也是澄果旗舰店迫切需要完善的。利用会员制，为会员建立不同的等级分配不同的福利，让老客户对店铺更有依赖性、认同感增强用户黏性。不同等级的会员制度也会给顾客带来不同的亲切感与归属感。不仅可以降低老顾客的流失，更是完善了店铺的服务体系。

四、利用官方优惠工具精准用户转化

　　优惠券在人们日常消费中有强烈的存在感。在天猫网店铺中，不仅仅是单一商品券的使用，更要多种优惠券组合营销。天猫网店铺优惠券可以让有意向购买的顾客不受商品种类的限制，将店内的产品进行自由组合，从而达到"满减门槛"，使用优惠券获得最大折扣，才能提高优惠券的使用率。

　　优惠券是在商业交易中广泛应用的一种促销方式和营销手段，它不仅帮助消费者能够用自己预期的合理价格买到心仪的产品，帮助商家提高消费者的购买积极性，抓住消费者追求性价比的心理。优惠券实质上就是给人一种"价格歧视"的感觉，给价格敏感的人群以更大的价格优惠。优惠券营销不是简单的降价，而是让更多的消费者可以支付他们心中能够接受的价格，让买卖双方都能获得好

处。专属节日活动策划也是如此，帮助有意向购买的客户，提供紧张促销氛围，再辅以优惠券和专属福利活动相搭配让消费者感受到实惠，刺激消费者购买。

五、精准关联推荐激励用户内容生成

用户的推荐是拥有强持续性、成本非常低廉的营销策略，并且会给店铺带来惊人的用户循环持续性增长。所有商家都很注重口碑营销，老顾客是营造商家口碑的主力军，如果能够让这些好口碑的主力军进行拉新营销推广，这将是极大的优势，他们的说服力极强。商家可以利用邀请裂变模式的设计，激励老客户拉新的客户，推荐新客户进行访问，并且承诺双方都会得到优惠券的奖励或者小礼品奖励，形成推荐激励。只有将用户推荐和用户获取的利益捆绑在一起时，利用系统性的营销策略激励消费者和身边周围的人传播产品和服务的优势，这时顾客不仅愿意与店铺保持持续的交易关系，还愿意主动向身边的人推荐，从而拉来新的客户形成新的流量渠道。

如分享指定个数好友即可领取专属优惠券，这些相对于简单、粗暴的微信红包、接受朋友间的互相帮助与分享好物等，引导用户自发宣传，实现产品的自传播。注重口碑营销鼓励顾客内容输出，买家秀实质上也是一种口碑营销，未下单的用户会更加信任已购用户的分享。

鼓励用户在逛逛网发布自己的使用体验，如果在官方平台获得公域流量。商家就给予用户相应的宣传报酬。顾客的内容输出永远比商家再精美的包装都更有说服力。消费者发布的内容也会推送给与其相关或者相似的人群，从而达到精准的关联与推荐。

第六节 本章总结

本书以天猫网店的精准内容运营为线索，利用 AARRR 模型进行店铺的五个阶段进行内容营销策略分析。详细论述了各个阶段运用内容营销策略和官方工具。从而达到店铺内容营销的精准性，店铺支付转化率的提高达到店铺访客不断增长和销售额提高的目的。天猫网平台的营销工具和内容营销流量渠道在不断地变化，精准内容营销也需要不断地完善。相信在未来精准性的内容营销也会为天猫网商家、其他平台店铺或者企业带来更好的营销效果。

第三章 基于共生理论的品牌 联名营销模式

第一节 引 言

信息时代的到来引发了自媒体平台的繁荣，无形之中为品牌的推广带来了许多的机遇与挑战。人们对于消费的看法、消费时的心理以及消费期间的行为都产生了巨大的变化，而品牌的联名营销是在多方面要素的影响下诞生、萌发进而不断的发展。本章研究联名营销案例，发现品牌如何利用联名方式将其应用到品牌的传播，对其他品牌具有一定的借鉴意义。选取具有代表性的品牌联名营销案例进行研究，提炼出其中存在的品牌共生模式并分析其中存在的问题，进而提出有针对性的建议。

第二节 文 献 综 述

一、共生理论综述

1. 共生的产生

共生是德国生物学家安东·德贝里（Anton Debeli）在 1879 年提出的一个生物学概念，表明不同物种以某种物质联系共存，形成一种生存、共同进化和抑制的关系。实际上是广义上的共生，他认为，共生包括不同生物之间种种关系，共栖、寄生、原始合作等都属于共生的范围。[1] 随着研究不断地深入，安东·德贝里修正了共生理论，将共生与寄生、原始合作等做出详细的区别，共

---

[1] Anton de Bary. Die Erscheinung der symbios [M]. Strasbourg: Privately Printed, 1879.

生理论开始由广义转向狭义。安东·德贝里将共生定义为两种不同的生物共同居住在同一生态环境中，彼此之间能够互相从对方的身上获得有利的一面，从而形成依赖关系，同时对共生和寄生做出严格的区分：只有两种生物之间彼此达到互惠，才能称之为共生，而寄生的双方只是对一方有利，对另一方未构成有利条件甚至产生有害的影响，所以寄生不能够被概括到共生理论的范畴之内。

自安东·德贝里为"共生"做出界定后，生物学界不断地深化对于共生概念的理解。原生动物学家 D. S. 维斯（D. S. Weis，1982）将共生定义为"几对合作者之间的稳定、持久、亲密的组合关系"。[①] 在生物学领域中，"互惠"成为共生理论的关键词，指生活在同一环境下的两种或两种以上的生物，能够彼此间获得好处，即特指互惠互利的共生关系，例如犀牛和犀牛鸟、鳄鱼和牙签鸟等，都是自然界中比较典型的生物共生现象。至 20 世纪 70 ~ 80 年代 L. 马古利斯（L. Margnhis，1967）阐述了"内共生学说"和"细胞共生学"，共生理论在生物学中得到空间广泛地拓展和运用，日益成为显学。

2. 共生的要素

对于共生理论的组成要素，袁纯清（1998）对生物学中共生理论进行了理论抽象，他指出"共生是指共生单元之间在一定的共生环境中按某种共生模式形成的关系"。[②] 同时，归纳共生的三大要素，即共生单元、共生模式和共生环境。在产业生态学中，产业共生是指企业之间基于副产品或废弃物交换而形成的企业之间的关系。其中，把"企业"看作共生理论中共生组成要素的共生单元，"基于副产品和废弃物的交换关系"可以看作产业共生模式的外在表现。依据上述共生理论对共生要素的归纳，产业共生作为社会经济领域的特殊经济现象，其构成要素相应地包括产业共生单元、产业共生模式和产业共生环境。马迎志（2016）认为，除共生单元、共生模式和共生环境外，还有共生界面作为共生现象的一个条件，共生界面的存在使得共生单元之间存在接触机会，然后在共生界面上进行物质、信息和能量的传递，形成共生关系。李朝阳、郑海涛等人（2020）通过分析共生要素（共生单元、共生环境、共生模式）间的相互关系，揭示共生机理，促进共生模式的实现。[③]

---

① 杨玲丽. 共生理论在社会科学领域的应用 [J]. 社会科学论坛，2010（16）.

② 袁纯清. 共生理论——兼论小型经济 [M]. 北京：经济科学出版社，1998：2 - 4.

③ 李朝阳，郑海涛，张建功. 广东企业科技特派员与企业共生机理研究 [J]. 科技管理研究，2020，40（9）：88 - 92.

3. 共生的模式

在一定条件下发生的共生，由于前置条件状态不同，形成不同的共生模式，即共生单元在共生环境中通过相互作用形成不同的共生模式。乔峰（2017）在研究中指出，共生模式有不同类型，发现其中互惠共生无疑是最理想的共生状态，其他几种共生模式，最终都指向一方被另一方损害。江露薇、冯艳飞（2019）构建城市间装备制造业发展的互惠共生模型和偏利共生模型。通过求解模型均衡点，探究不同模式下城市间装备制造业共生的稳态条件，结果表明互惠共生模式具有更高的稳定性和成长性。[1] 张晶（2017）研究结果表明江苏省文化与科技的共生模式经过寄生、非对称互惠共生向对称互惠共生转变。[2] 乌拉尔·沙尔赛尔（Ural Sharsal，2020）研究共生模式下乡村旅游发展，提出政府统筹协调构建共生体系平台、构建共生体系和利益协调机制、明确共生单元的关系等策略，以期各共生单元互惠共赢，促进乡村旅游产业的优化和可持续发展。

4. 应用领域

对共生理论的研究，经济学领域在中国最具有代表性的是袁纯清，他从不同学科层面提出共生构想，"哲学层面的共生哲学从自身普遍联系的观点用动态的观念看待事物之间的发展共生关系；社会学层面的共生社会是以共生思想观念约束社会人的行为，以期营造人与人、人与社会、人与自然和谐共生的关系；工业共生理论强调资源的合理利用，生产的发展与环境的保护相协调等"。[3] 袁年兴认为，"共同理念强调摒弃共生单元支配和从属现象的存在，既强调"共同价值"，又承认各单元在共生系统中的能量释放和匹配都处于'自我'地位"。[4] 尹洁（2019）将共生理论应用在马拉松赛事与城市的宣传，并利用共生系统对城市宣传产生积极影响。[5] 肖宇翔（2017）将共生理论应用在不同体育分类上，分析竞技体育和校园体育关系。[6] 李（Li）等（2021）通过以共生系统的三个标准建立质保体系评估我国基于时空上的水、能源、食品安全合作的基础，从而探求可

---

① 江露薇，冯艳飞. 长江经济带城市间装备制造业的共生模式研究 [J]. 财会月刊，2019（24）：128-133.

② 张晶. 文化与科技共生模式的实证研究 [J]. 东岳论丛，2017，38（12）：140-146.

③ 李培林. 社会冲突与阶级意识 [M]. 北京：社会科学文献出版社，2005.

④ 胡守钧. 社会共生论 [M]. 上海：复旦大学出版社，2012.

⑤ 尹洁. 共生理论视域下马拉松赛事与城市品牌营销的共生发展研究 [D]. 济南：山东大学，2019.

⑥ 肖宇翔. 从共生理论管窥美国学校体育与竞技体育的关系 [J]. 南京体育学院报，2017，31（2）：107-110.

持续道路的发展。①

二、品牌联名综述

陈秋、戴卓（2021）等认为，联名营销是产业转型升级的重要途径，并对联名营销、联合营销和品牌营销等概念进行区分，表明联名营销相比品牌营销更加灵活地迎合市场，相比联合营销更侧重于品牌文化层面的交流传播。白艳慧、王宏付（2019）通过调查分析认为，品牌在进行联名营销时合理选择合作品牌，注重联名事件的曝光度，重视联名产品的质量与设计，将有利于提升品牌联名的效果，有助于品牌建设。姚佳（2018）认为，品牌联名即构建新的品牌符号印象。乔恩·雷德勒（Joern Redler，2016）阐述实际组织品牌联盟成功的因素和要求，探讨品牌联盟管理过程的重要组成部分。而阿里（Ali，2020）通过研究联名品牌广告和单一品牌广告对游客行为反应的影响，得出联名品牌广告可以激发游客对产品的兴趣进而增加游客访问的意愿。韩云、古怡（2021）将品牌联名方式分三类：品牌与 IP 联名、品牌与品牌联名以及品牌和明星联名。李艾远（2020）认为，要将产品品质放在首位，构建常态化的营销机制，利用互联网进行营销才能做好品牌联名策略。

本研究将在品牌联名方式分类基础上，对品牌联名不同方式的共生关系进行分析，从而发现品牌联名共生过程中的问题及改进措施。

第三节 品牌联名营销共生关系的理论分析

一、品牌联名营销共生系统三要素

袁纯清（1998）在研究中指出，共生界面是共生三要素相互作用的中介，是共生关系形成和发展的前提条件。共生系统最基本的三要素包括：共生单元、共生模式和共生环境。

1. 品牌联名的共生单元

在共生系统中，共生单元与对方相互产生影响。品牌联名营销是品牌与品牌之间的互动和联系所形成的营销活动，即形成共生系统，由品牌与品牌构成，运

---

① Li Xiao, Liu Cuishan, Wang Guoqing, Bao Zhenxin, Diao Yanfang, Liu Jing. Evaluating the Collaborative Security of Water – Energy – Food in China on the Basis of Symbiotic System Theory [J]. Water. 2021：1112.

用共生理论对其进行识别，判断他们之间的共生关系。因此，本研究中品牌方与其联名的相关主体是共生单元。

2. 品牌联名的共生模式

根据共生理论，共生系统中的共生模式包括组织和行为两种模式。

对于组织模式，有研究表明共生界面的特征是研究基础。在品牌与品牌的共生系统中，共生界面是指品牌与品牌之间的沟通媒介，即品牌联合营销活动本身。本研究将根据品牌之间进行联名活动的特点分析组织模式。

行为模式的判断也是十分重要的一环，依靠是否产生新能量，并且能量分配是否平衡进行判断。此共生系统通过联名活动分为两部分，一部分是有形的利益，体现在品牌产品销量以及资产增加；另一部分是无形的利益，这部分将体现在品牌知名度、品牌地位以及品牌号召力等方面。

3. 品牌联名的共生环境

共生环境是指品牌和品牌方所有外在因素的总和。在分析品牌与品牌的共生环境时，将讨论政治制度、市场社会环境和经济环境。政治制度主要包括国家制定的有关品牌营销的相关法律规章制度，社会环境方面将从社会热点事件进行分析，最后经济环境将包括目前社会整体经济大环境以及人们的收入水平进行分析。

二、品牌联名营销共生模式理论分析

共生的基本理论表明，共生模式有两种类型：组织模式和行为模式。两者模式分别表现共生系统的资源交换以及利益分配的状态，通过研究可以得出品牌共生关系是否处于良好的发展状态，然后进行调整与发展。

1. 品牌联名营销共生组织行为理论

共生组织模式是指共生单元之间进行沟通、交流和联系的形式。根据共生界面的特点可分为四种类型：点共生、间歇共生、连续共生和整合共生。以下将从四个类型进行分析。

（1）品牌联名的点共生关系。联名最开始的目的是为了品牌更好地发展，但开始都是谨慎的。联名的双方处于开始阶段，两者通过多次进行偶然的合作，这种关系可以称为点共生关系。在这种共生关系中，双方遵循沟通与合作的原则，以偶然的联名活动作为媒介，满足双方的需要，同时为建立共生关系奠定基础。

然而，由于这种共生关系的特征，此时的共生界面单一，并且不具有稳定性。在这种关系中，品牌方与品牌方的共生关系短暂、过程简单，双方信息丰富度相对较低，共生关系长久保持的可能性较低，往往随着信息能量交换的完成而消失，制约了共生关系的长期发展。然而，由于共生条件不够充分，共生行为具有随机性和不稳定性，品牌与品牌之间的协同演化程度不明显。

（2）品牌联名的间歇共生关系。品牌方之间的间歇性共生是点状共生的进化升级。它与点状共生的区别在于，品牌之间的互动次数增加，共生界面种类增加，共生的概率提高，但此时状态仍然不能持久。品牌与品牌之间的共生界面通过多次联名活动逐渐增强，互动程度也逐渐加强，双方之间的信息交流更加流畅、全面。虽然品牌与品牌之间的间歇性共生关系逐渐趋于稳定，协同进化程度逐渐加强，但共生关系仍没有达到稳定。

一方面，随着品牌与品牌共生条件的充分发展，品牌与品牌之间的共生关系可能向更高的层次发展；另一方面，随着共生界面和共生环境的变化，单元之间的关系产生了变化，可能减弱或退化。虽然间歇性的关系依旧不稳定，但双方在不断的探索中对共生现象总结发展规律，并有意识地引导、规范品牌共生发展方向的演变。

（3）品牌联名的连续共生关系。品牌联名的连续共生关系阶段，品牌与品牌在持续共生关系中的互动开始走向持续而平稳，从而促进相互的认同和理解，共生关系趋于稳定。在这种关系下，两个品牌通过各种措施和手段规范了共生系统的动作，为共生关系持续进行提供保障。因此，品牌双方之间互动交流效率变高，使共生系统运转更为有效，从而整个共生系统的进化进程被单元之间的相互作用主导。

（4）品牌联名的整合共生关系。整合共生是共生系统演化过程中的最高境界和最理想的关系。它是品牌与品牌互动从有序到更高境界的最终发展和演变阶段。此状态下，品牌与品牌在整合共生下的互动是必然的、全方位的，共生界面是稳定的、综合的，它们之间的信息是完全暴露的，共生行为是稳定的，共同进化的方向是明确的，具有很强的协同进化性，促进品牌侧面与品牌侧面的协同适应、协同进化发展。

2. 品牌联名营销共生行为方式理论

根据利益特征及利益分配情况不同，可将共生行为模式分为寄生、偏利共生、不对称互惠和对称互惠等类型。以下将基于四种行为模式对品牌共生关系进行分析。

（1）品牌联名的寄生关系。对共生系统而言，寄生是共生的主要行为方式，其中宿主和寄生虫在共生单元中的地位存在较大的差异。共生系统不会产生新能源，实际上是现有利益和能量的再分配，即共生系统中的利益由强势一方单向流入弱势一方。因此，在该共生系统中决定寄生关系的稳定性因素在于实力较强的一方对系统中利益及能量分配的满意程度，如果一旦较强一方不满足于共生系统中利益及能量的分配，该共生系统就会瓦解。一般来说，共生体系中的寄生关系，由于没有新的利益和能源，不利于共生体系的发展，更严重地将产生逆向效应。

（2）品牌联名的偏利共生关系。共生系统中的寄生关系往良性方向发展，会产生偏利互惠共生关系。该共生系统可以产生新的利益和能量，新能量有助于共生系统的发展。在此共生关系中，有利于其中一方的进化，另一方虽然不会得到进化，但也不会产生相反的效果。因此，偏利共生下的额外能量和利益是利他的，共生不可能是可持续和稳定的。

（3）品牌联名的非对称性互惠共生关系。在非对称互惠共生模式中，共生单元相互作用产生新能量，但新能量在分配处于不对称的机制下，双方获得的能量不对等。在这种共生关系中，品牌与品牌之间的多方面互动促进了共生系统的稳定、共生活动的多样性和规模扩大。新产生的能量可以依据单元在系统中提供的资源信息，进行合理的分配。然而，由于现实环境复杂导致能量分配不均衡，单元之间的进化不同步，从而导致进化缓慢的单元，不能与另一方保持稳定连续的合作。这会导致共生关系的瓦解，使发展较慢的一方处于不利地位。

（4）品牌联名的对称性互惠共生关系。理论上最为理想的目标状态是对称互惠的共生关系，这种关系是最具有向心力和稳定性的共生关系。共生界面稳定，新能量可以对称分布，从而实现共生单元的同步演化。这时，共生单元表现出的关系是融洽和谐的，可以持续发展的。品牌之间的共生环境和谐开放，品牌之间的信息流通真实高效，双方能够最大化的进化与发展。然而，理论上的公平分配难以在现实社会当中实现，共生单元必须不断提高能力，以增强自身能力，确保共生系统的良好维持。

第四节　品牌联名共生关系的案例分析

根据学者的研究，目前品牌联名营销的方式分为品牌与IP、品牌与明星以及品牌与品牌联名，本章从这三种联名方式中选取典型案例进行分析。

一、品牌与 IP 联名

1. 案例简介

2020 年 7 月，名创优品与王者荣耀进行联名，以"只管撒野，不惧浪"为主题的联名吸引了大批消费者的关注。此次联名在深圳开设主题店铺，在这里能够享受到最全面的生活好物，如图 3 - 1 所示。

图 3 - 1　王者荣耀 X MINISO 宣传海报

资料来源：根据《品牌宣传海报》整理。

2. 品牌与 IP 联名共生关系

本次王者荣耀与名创优品的品牌联名共生系统中，双方选择了开设主题店铺这个共创界面承载品牌联名活动的进行。

从组织模式看，品牌联名是一个持续的共生过程。双方首先推出海报吸引消费者视线，消费者在经历了一个较长的"宅家"期后，联名营销活动能够给人耳目一新的感觉。本次的联名在线下线上均有活动开展，线上活动主要表现为在社交媒体上进行参与以及转发抽奖，还利用 H5 进行小测试匹配出专属于消费者的产品。线下活动是利用游戏中的动漫人物为店铺进行站台，能够吸引更多消费者的参与。以往品牌联名只是推出一款产品，而此次王者荣耀与名创优品选择开设主题店铺的形式，这样不但能够打造出系列产品，并且为今后更多的合作打下基础。在双方在合作过程中，交流以及相互的作用是连续而稳定的，品牌与 IP 之间的相互作用也井然有序，双方良好的交流沟通促进了共生界面的良好开展，即主题店铺的良性发展，品牌与 IP 的共生系统也具有较强的凝聚力。

从行为模式看，双方在共生过程中获得的品牌知名度和品牌传播效应等方面均有获得利益。

目前双方的联名店铺仍然在营业中，而双方的共生模式也在随着品牌联名的变化发展而呈现出动态变化，双方持续的合作使得目前的共生模式正在往一体化互惠模式发展，具有十分良好的发展势头。

二、品牌与明星联名

1. 案例简介

在品牌与明星的联名案例中，不论是众多体育明星将自己的影响力带到球鞋领域，还是一些大品牌将独特的个性复制到耐克，球鞋与明星、与品牌之间的合作似乎都已经成为人气的保证。其中偶像明星携手"三只松鼠"也是最经典的联名营销案例。"三只松鼠"自成立初就将品牌调性定在"萌"，并给"萌"提出全新定义："萌"是正能量，是快乐，是观察世界的独特方式，"萌"无处不在，显现于一个动作，一个表情，一段旅程，更存在于你的内心。随着"00 后"将成为社会主力消费群，"三只松鼠"更以萌趣的形象深入人心，与用户建立连接，旨在为用户带来更极致的服务和体验。2017 年 6 月 9 日下午，"三只松鼠"官方宣布与偶像明星开展合作，开启娱乐化营销。

2. 品牌与明星联名共生关系

"三只松鼠"与偶像明星分别是品牌共生体系中的共生单元。"三只松鼠"十分看重此次与偶像明星的合作，为了随后的联名营销活动顺利进行，"三只松鼠"与偶像明星进行提前铺垫，再进行深度密切的合作，在双方价值最契合的时机推出联名产品，因此，产品受到空前火爆的推崇。

从组织模式看，"三只松鼠"和偶像明星的关系是点共生关系。在品牌与明星联名共生系统中，"三只松鼠"与偶像明星的联名活动仅开展一次，虽然"三只松鼠"与偶像明星亦有其他活动接触，但并不属于品牌与明星联名共生系统当中，因此，"三只松鼠"与偶像明星的联名为点共生。双方的关系是随着联名活动结束，利益信息能量交换后消失，制约共生关系的长期发展。

从行为模式看，此次联名营销活动是双方均获得了利益及能量，但双方获得利益及能量并不能单纯地使用有形的利益来衡量是否属于某类互惠共生模式，因此，该联名属于互惠共生模式。

"三只松鼠"与偶像明星的品牌联名效果巨大，给品牌带来较大的影响。一是强势品牌曝光。通过偶像明星在微博上强大的影响力，捆绑话题进行大量品牌的曝光，引导用户关注；二是与偶像明星达成 IP 强度关联。在偶像明星用户与"三只松鼠"用户高度吻合的前提下进行强关联 IP 引导，成功把"偶像明星粉丝"转化为"松鼠粉丝"；三是塑造品牌形象。通过本次营销大量曝光后，强化了偶像明星代言"三只松鼠"的品牌印象，塑造拥有年轻化的粉丝群体的品牌形象。[①]

三、品牌与品牌联名

1. 案例简介

2020 年 6 月 6 日零时，老牌国民品牌"六神花露水"和新兴酒水品牌"锐澳鸡尾酒"进行联名营销，联名的产品花露水味的 Rio 最新在天猫网上进行限量发行 5000 瓶。产品上线后 17 秒就已售罄，成为现象级的火爆单品。甚至有人在产品上架之前就要收购空瓶，价值达到 368 元/个。

2. 品牌与品牌联名共生关系

在六神花露水与锐澳鸡尾酒的品牌联名共生系统中，双方共生单元属于不同行业，六神花露水作为中国的老字号品牌，知名度高、受众广。瑞奥鸡尾酒属于新兴的年轻品牌，以时尚为主，年轻消费群体。原本两个毫不相关的品牌，在这次联名活动中走到一起，令人耳目一新，收获了一众好评。

从组织模式看，六神花露水与锐澳鸡尾酒的联名营销依旧是点共生，在一段时间内仅有一次联名款产品的出售，后续并无合作。老字号品牌与新锐品牌的联名属于一次大胆尝试，为了能够寻求最合适的伙伴，从单次的联名营销活动开始，在活动中进行交流探讨，并期待能够寻求长期的合作发展。

从行为模式的角度来看，互惠共生模式显然是他们的最佳选择。从最后结果来看，此次联名吸引了大批人的关注，可以说是非常成功。

第五节　品牌联名共生关系的问题以及优化

一、共生关系的问题

品牌联名已经成为许多品牌迅速出圈的首选方式，在通过具体案例对共生关系分析后，发现暴露的许多问题。

1. 共生单元合作单调

大部分的联名产品为双方品牌在已有的产品中对包装进行重新设计，新包装设计通常包含双方的标识以及特有的标志。而品牌联名的产品大量地使用了这种

[①] 秦志强：品牌与明星 IP 结合经典案例，TFBOYS "三只松鼠"微博整合营销方案分享。

换包装的套路，容易让消费者认为，品牌联名合作只不过又是一次"割韭菜"的行为。虽然品牌以这种方式推出新产品吸引了大量的客户，但用户也因为品牌联名没有带来高性价比的实质产品感到失望而流失。比较推出好的产品，品牌联名营销过于注重形式上的"仪式感"，而忽略了客户在"仪式感"背后所传达出对内容的真实需求。

2. 共生模式单一

大多数品牌联名的模式为点共生的互惠共生模式，这可以在短期内使品牌获得大量的曝光，从而在消费者面前传播品牌。但也因为时效短，品牌不得不选择大量的联名，盲目联名以达到高曝光的目的。套路化的联名逐渐使消费者对联名失去兴趣，而品牌在联名时所想要传达的品牌形象也在多次联名中消失殆尽。

3. 共生环境恶劣

品牌在联名营销时获得了巨大的收益，而产生过度依赖品牌联名的心理，却忽视自身品牌的创新与灵感。通常联名产品只是在外包装上面进行重新设计或者拓宽一种新品类，使产品更新变得简单。但是长此以往品牌的原创性被削弱，品牌的辨识度也会被消耗，这样并不利于品牌的长期发展。

二、共生关系的优化

1. 共生单元的优化

（1）完善共生单元。品牌作为联名营销中最主要的构成单元，其自身形象在无形中影响着品牌联名的共生关系。品牌联名营销最终呈现出的是双方不同品牌形象的叠加，从而产生新的内涵与价值。因此，品牌本身就要选择有利于品牌形象树立的策略，并且不断地创新设计出符合品牌形象的原创产品，保持品牌的产品竞争力。品牌在不断完善自身的过程中，同样会吸引优秀的品牌参与到品牌联名共生关系的建设中，进而实现品牌联名营销的良性发展。

（2）选择合适共生单元。传达不一样的品牌形象，丰富品牌形象缺失的部分，是品牌联名营销最为重要的环节，因此，对于共生单元的选择必须极为慎重。品牌联名营销的最终目标是双赢，而不是某一共生单元的单独获利，合适的共生单元才能彼此做出巨大贡献。

品牌联名营销的目的是传播良好的品牌形象，因此，共生单元的选择首先要考虑品牌在外界是否拥有良好的口碑和品牌认可度。从理论上讲，同为竞品的共生单元没有进行合作的可能性，但是依旧有许多成功的竞品品牌联名的例子，究其原因是双方的消费群体不同，所以，并不会产生受众矛盾的问题。故而选择合适的共生单元将会事半功倍。

2. 共生模式的选择

品牌联名共生模式普遍表现为互惠的点共生模式。从理论上来看，一体化的互惠共生模式是最为有利的共生模式，但在实际操作过程当中往往受限于各种因素。但总体上，品牌联名是为了双方共赢，在行为方式上会不约而同地选择互惠共生方式，其中产生的利益及分配则依据双方的约定进行。

在品牌案例分析中发现，品牌联名的组织程度局限于一款限量商品的发行，通常限量款还限制发行时间，不可否认这种"饥饿营销"很大程度上带动了消费者购买商品的行为。但也因为限时、限量、限款发行，品牌联名营销活动只在一段时间内能够吸引消费者的购买，况且一次的品牌联名并不完全将品牌想要传达出的品牌形象完整地表达出来，因此，为了最大化利益应选择一体化的共生模式。

3. 共生环境的判断

在本研究中共生环境包括了政治环境、经济环境以及社会环境。目前人们生活水平已经迈入新阶段，经济水平有了大幅度的提高，生活方式消费理念也在改变，为了契合这种变化，要谋划符合实时变化的营销方式，如为了迎合人们喜欢高性价比的商品，尽量不要推出华而不实的商品。尤其注意在快速变化的市场环境中，品牌营销活动也受到极大的影响。那么对于社会热点事件，品牌要做出及时的回应，充分利用社会热点事件，创造出独特的联名营销。

第六节　本章总结

本章基于共生理论，对不同品牌联名营销方式的共生关系进行具体案例分析，得出目前品牌联名共生模式中组织程度以点共生为主，个别已经进化到一体化共生模式，行为方式以互惠共生模式为主要模式。品牌联名共生过程中也存在系列问题，一是品牌自身不足而导致联名产品的不够优质，并且品牌自身对于联名营销方式的认知不足，仅当作"割韭菜"行为；二是联名营销选择的共生模式多为短线产品，不利于长久发展，而频繁地联名也会消耗掉消费者对于品牌的好感与认知；三是在多变的共生环境中，品牌有时不能及时地抓住时机等。因此，要通过对共生单元以及共生模式的优化选择，才能进一步优化品牌联名共生系统的利益，从而实现双赢，才能促进品牌联名共生的可持续发展。

第四章 基于五要素传播模式的
裂变营销策略

第一节 引 言

咖啡是世界三大饮料之一,我国的咖啡文化从 18 世纪末期才开始缓慢发展。1989 年,雀巢公司进入中国市场,直到 2015 年互联网咖啡在中国逐渐兴起。至今,中国咖啡市场高速发展,逐渐形成以星巴克咖啡、瑞幸咖啡两大咖啡品牌并立的局面。随着中国咖啡市场的逐渐扩大,其增长速度也开始降低,咖啡市场变得越来越饱和。伴随着互联网的发展,各种社交媒体相继出现并得到应用,裂变营销作为社交化媒体的产物,利用消费者的人际关系网为企业带来流量,打造不同于传统营销模式的全新营销方式,使传统营销模式产生巨大的转变。裂变营销也逐渐成为咖啡行业的新营销模式。本章结合瑞幸咖啡的营销现状以及国内外学者的相关研究,希望对咖啡行业关于裂变营销的研究提出一些建议和探索,进一步完善裂变营销理论体系。

第二节 基础理论及文献综述

一、裂变营销理论

老子曰:道生一,一生二,二生三,三生万物。这句话是用来形容世间万物生长裂变的过程,将这个概念运用至营销层面,就是裂变营销。裂变营销也叫"病毒式营销",是一种"主动营销 – 自愿接受 – 主动再营销"的模式。企业借助社交网络,并利用人们的社交属性及心理,促进消费者自发地进行分享传播,帮助品牌扩大市场影响，最大限度地获得低成本流量增长。其核心内容就是通过利益进行驱动，依靠消费者关系网实现用户的增长，如图4-1所示。

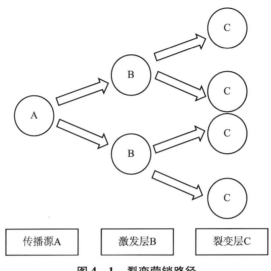

传播源A　　　激发层B　　　裂变层C

图4-1　裂变营销路径

资料来源：笔者整理。

二、裂变营销策略相关研究

1. 国内相关文献综述

罗煜卿、胡泽（2018）认为，在社交媒体环境下，裂变营销将成为最主要的营销方式，品牌可以利用这种营销方式获得消费者数量的累积，提升企业的流量增长及转化率。[①] 祁杰（2018）认为，产品价格的高低会影响用户的购买决策，因此，在裂变营销策略中，消费者有享受到优惠的愉悦感和失去此优惠的恐惧感，通过利用消费者心理进行更好的营销。[②] 杨飞（2018）认为，流量红利逐渐消退，所有企业都开始寻找解决的策略，裂变营销应运而生。在裂变营销过程中，为了使裂变效果发挥到最优化，企业必须对第一批"种子用户"、营销内容等营销要素严格把控，才会使企业用最低成本获得最大收获。[③] 曹慧娥（2019）认为，裂变营销具有互动性、扩散性等鲜明特点，但互联网的虚拟性使信息扩散

---

① 罗煜卿，胡泽. 浅谈社交媒体情境下的裂变营销模式［J］. 消费导刊，2018（17）：65.

② 祁杰. 十个老带新方法，让你流量爆棚［J］. 销售与市场（管理版），2018（10）：50-53.

③ 杨飞. 成也流量，败也流量［J］. 中国经济周刊，2018（22）：86-87.

在裂变过程中容易导致虚假营销信息、消费者兴趣减弱、用户粘性变低等问题。因此，需要不断地改进裂变营销策略才能达到裂变营销的最佳效果。① 肖明超（2011）认为，企业与消费者之间的关系正在被裂变营销改变，消费者在体验中主动了解产品信息并自发地帮助企业宣传、扩散。② 刘东明（2011）认为，要提高企业产品的创新和营销手段，包装后营销，再利用社会化媒体通过消费者自发地宣传、扩散而扩大企业的影响力，这种裂变营销方式的效果远大于传统营销方式的营销效果。③

2. 国外相关文献综述

格雷戈里·萨克斯顿（Gregory D. Saxton）和郭超（Chao Guo, 2011）认为，利用互联网形成的互动性与传播性能够更好地给企业与消费者交流创造机会。企业通过发布品牌相关内容，并通过各种营销手段促使消费者自觉地传播，从而实现消费者裂变式的增长。陈昱博（Yubo Chen）、斯科特·费伊（Scott Fay, 2011）认为，社交化媒体给消费者提供了一个自由的平台，消费者可以在平台上发表使用产品后的评价，从而促进口碑传播。L. 方（L. Fang, 2013）认为，随着社交化媒体的不断发展，出现了很多新的营销方式，企业利用社交媒体中的内容进行裂变营销，目的是为了收集目标消费者信息，促使消费者对于产品进行评价，从而可以在社交媒体上广泛传播，使消费者可以更加直接地和企业产生一定的联系，提高消费者对企业的满意度与粘性。

第三节　瑞幸咖啡的裂变营销现状分析

一、瑞幸咖啡的公司概况

瑞幸咖啡于 2018 年在北京、上海试运营，不到一年开了 2000 余家分店，遍布全国 22 个城市，从品牌的诞生到被人知晓，再到门店覆盖全国的大街小巷，瑞幸咖啡只用了一年的时间。根据相关数据显示，截至 2020 年 11 月 30 日，瑞幸咖啡在中国的门店数量增长到了 3893 家，只用两年的时间，就达到了星巴克

---

① 曹慧娥.“互联网＋”语境下支付宝“锦鲤”转发活动的裂变式传播机制浅析 [J]. 视听, 2019 (6)：144 – 146.

② 肖明超. 社交媒体引发营销裂变 [N]. 中国图书商报, 2011 – 12 – 23 (X2).

③ 刘东明. 微博营销十大操作模型 [J]. 广告大观（综合版）, 2011 (1)：86 – 87.

咖啡在中国的门店数量。①

瑞幸咖啡不同于星巴克咖啡的"沉浸式体验"，瑞幸咖啡推出的是"无限场景"理念。借助互联网，充分利用大数据技术进行营销推广，利用互联网的便捷性和传播速度快等特点，节约投入成本，降低使用空间，推出全新的咖啡外卖业务。同时，通过超大力度的补贴手段进行裂变式营销，更是锦上添花。

二、问卷调查的理论基础及研究设计

1. 调查问卷调查的理论基础

传播学是营销的一种方法和手段，利用传播信息可以进行更好的营销。裂变营销是电商营销的一种新模式，其中也需要利用传播学作为手段进行裂变。哈罗德·拉斯韦尔作为传播学的奠基人之一，写过一篇关于传播过程的文章，提出构成传播过程的五个基本要素，即"5W 传播模式"（见图 4 – 2）。该模式作为传播过程的经典模式，之后被许多研究者进一步地改进和发展。"5W 传播模式"表明传播活动由五个环节构成，传播过程最终的目的是要完成对传播对象的说服，利用五个环节达到这一目的。

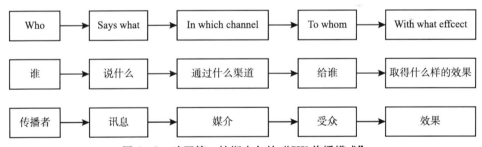

图 4 – 2 哈罗德·拉斯韦尔的"5W 传播模式"

资料来源：［美］哈罗德·拉斯维尔，何道宽，译. 传播在社会中的结构与功能［M］. 北京：中国传媒大学出版社，2015.

2. 调查问卷研究维度的建构

瑞幸咖啡在营销策略的选择上给很多企业带来新的启发。借助互联网和对社会化媒体平台的灵活运用，利用客户关系为企业带来流量变革。将"5W 传播模式"作为问卷设定的基础，从消费的主体、客体、渠道、受众、效果五个方面了解消费者的消费行为，使收集的数据更贴合瑞幸咖啡目前裂变营销现状，针对裂变式营销策略的现状分析存在问题，为瑞幸咖啡裂变营销策略的实施提供数据支持。

---

① 数据来源：新浪科技网，瑞幸咖啡最新业务数据曝光，今年前三季度增速度放缓。

其问卷包含两个部分，第一部分是关于消费者一般性人口特征，共设计 7 个单选题，从五个方面测试瑞幸咖啡目标对象的精准性。第二部分为主体部分，结合 "5W 传播模式" 以及相关文献资料设计量表，共设计了 17 个题目，有营销内容、营销途径和营销认知以及营销关系等四个方面的特性。调查问卷主要通过线上发放，面向的群体既包括一般消费者，同时也兼顾咖啡消费群体，从调查对象的选择上确保数据的科学和有效。本次问卷一共发放了 350 份，耗时 7 天，最终回收问卷中有效问卷共计 310 份，问卷有效率为 88.57%。

（1）一般性人口特征。消费者的基本信息对于企业进行精准的营销是关键信息，通常按照人口基本特征设置，如表 4 – 1 所示。

表 4 –1　　　　　　　　　一般性人口特征量

问题编号	问题
A1	您的性别
A2	您的年龄
A3	您的最高学历
A4	您的职业
A5	您去瑞幸咖啡的频率
A6	当提到现磨咖啡时，你会想到哪些品牌
A7	是否有在瑞幸咖啡有过消费体验

资料来源：笔者整理。

（2）营销内容。在信息纷繁复杂的互联网时代，营销策略的成功与否很大程度上取决于营销内容。因此，研究企业营销内容至关重要，如表 4 – 2 所示。

表 4 –2　　　　　　　　　裂变营销内容量

问题编号	问题
B1	瑞幸咖啡的宣传内容真实可靠
B2	瑞幸咖啡的宣传内容简单明了
B3	瑞幸咖啡的宣传内容过于频繁
B4	瑞幸咖啡的宣传内容符合品牌和产品形象
B5	瑞幸咖啡的宣传内容与购买产品是否一致
B6	咖啡的宣传内容对购买有帮助

资料来源：笔者整理。

（3）营销途径。在智能媒体时代，传统意义上的广告营销已经不再适用，现代的传播媒介正走向多元化，品牌在营销策略方面也更加注重营销媒介这一核心要素，如表4-3所示。

表4-3　　　　　　　　　　　　　裂变营销途径量

问题编号	问题
C1	经常在搜索引擎上看到瑞幸咖啡的宣传
C2	经常在微博等平台看到瑞幸咖啡的宣传
C3	经常在微信等社交平台上看到瑞幸咖啡的宣传
C4	经常在电梯里、电影院看见瑞幸咖啡的宣传
C5	经常在小红书网、绿洲等照片分享平台上看到瑞幸咖啡的宣传
C6	经常在B站网、抖音、快手网等视频分享平台上看到瑞幸咖啡的宣传

资料来源：笔者整理。

（4）营销认知。营销的目标消费者在营销内容和营销媒介方面会因为两者不同而产生不同的认知结果，并且有不同的接受程度。因此，可以更多地采用一些个性化的营销策略更加有针对性地进行传播，从而吸引更多的消费者，如表4-4所示。

表4-4　　　　　　　　　　　　　裂变营销认知量

问题编号	问题
D1	推荐新产品
D2	发放折扣优惠券
D3	推荐可能喜欢的口味
D4	朋友圈好友分享邀请喝咖啡的链接
D5	附近新门店开张
D6	一般通过哪种方式购买瑞幸
D7	瑞幸咖啡推出优惠活动，更倾向于哪种方式
D8	对瑞幸咖啡最为深刻的印象是

资料来源：笔者整理。

（5）营销关系。社会化媒体将现实和虚拟世界相联系，使消费者和企业间的营销关系更便捷地进行互动，可以更加及时地解决相关问题，效率很高，如表 4 – 5 所示。

表 4 – 5　　　　　　　　　　　裂变营销关系量

问题编号	问题
E1	基于哪种原因进行分享
E2	瑞幸咖啡具有不可替代性
E3	非常愿意把瑞幸咖啡推荐给身边的人
E4	自己是瑞幸咖啡的一个忠实用户吗
E5	会主动对瑞幸咖啡进行评价吗
E6	不选择消费瑞幸咖啡的原因是

资料来源：笔者整理。

3. 调查问卷信效度分析

（1）调查问卷信度分析。本次调查问卷以消费者对于瑞幸咖啡的看法和消费评价为主要目的。通过对回收的调查问卷基本数据的统计和分析，能充分认识瑞幸咖啡在裂变营销方面的问题，从而优化营销策略。

从表 4 – 6 中可以看出，此调查问卷的克伦巴赫 α 系数是 0.996，得出的信度比较高。分量表中营销内容、营销途径、营销认知和营销关系的 α 系数分别为 0.995、0.994、0.990 和 0.996，均大于 0.8，可信度较高。由此表明本研究结果真实、可靠。

表 4 – 6　　　　　　　　　　　　效度量

变量	分量表 α 系数	整体变量 α 系数
营销内容	0.995	0.996
营销途径	0.994	
营销认知	0.990	
营销关系	0.996	

资料来源：软件计算结果。

（2）调查问卷效度分析。效度分析是测量调查问卷设计的有效性和可信准确程度。本章采用因子分析方法分析调查问卷效度。通过因子分析证明调查问卷答案的合理性，以及调查问卷答案与其他来源信息相比的合理性和吻合性。测度指标（Kaiser - Meyer - Olkin，KMO）在 0.5～1，说明可以进一步做因子分析。如果 Bartlett 球形检验的显著性指标数值小于 0.05，表示变量之间有显著差异，适合做因子分析。只有同时达到上述两个标准，才能说明调查问卷具有效度。本研究各变量的 KMO 和 Bartlett 球形检验结果见表 4 - 7。

表 4 - 7　　　　　　　　　　　　　信度量

变量	KOM	Bartlett 球形检验显著性（sig.）
营销内容	0.931	0.000
营销途径	0.964	0.000
营销认知	0.907	0.000
营销关系	0.858	0.000

资料来源：软件计算结果。

从表 4 - 7 数据可以得知，此调查问卷的 KMO 值都在 0.5 以上，确保了调查问卷的有效性，调查问卷中的每个变量都适合做因子分析。

三、瑞幸咖啡裂变营销策略的构成要素分析

1. 瑞幸咖啡的裂变营销主体

在分析瑞幸咖啡对于裂变营销的操作方面，发现瑞幸咖啡主要有两部分传播主体，即品牌自身和关键意见消费者（key opinion consumer，KOC）。

（1）品牌自身作为传播源。品牌自身在营销过程中占据主体地位，是营销最大的获利者，同时营销内容也由品牌进行相关策划，内容不仅包括产品的自身价值、优惠以及裂变技巧，同时离不开媒体宣传。在裂变营销战略框架下对品牌素材进行整合，通过宣传平台上的大量软文营销，让瑞幸咖啡知名度迅速提升，低成本地凭借媒体实现品牌宣传。因此，瑞幸咖啡品牌自身构成裂变营销的源头。

（2）私域流量加速裂变营销。KOC 有双重身份，消费者同时也是品牌宣传者，是影响消费者最终决策的重要群体。一方面，消费者拥有对品牌的亲身体验，在社交媒体平台上或者其他传播途径中，表达自己对于品牌的认识，从而达到扩散的作用，形成裂变。另一方面，消费者在购买后产生的评价在很大程度上影响有购买同样产品欲望的消费者，还可以通过多种渠道及时、有效地获得这种评价。相较于 KOL，没有利益关系的 KOC 具有更高的可信度。

2. 瑞幸咖啡的裂变营销客体

（1）精准的品牌定位。瑞幸咖啡的定位是做基于互联网的咖啡，解决当前咖啡价格昂贵和购买不便的问题，因此，作法就是产品价格优惠和利于购买。在国内，外卖咖啡种类很少，对于一般咖啡消费者来说，他们只能选择速溶咖啡或者现磨咖啡，在外卖方面几乎没有什么选择，瑞幸咖啡瞄准这一市场。在门店中，消费者选择堂食，可以喝到想喝的咖啡；在上班的员工，可以选择外卖满足他们提神的需求。因此，瑞幸咖啡让消费者对产品品质方面产生最根本的信任。

（2）个性化的品牌标识。瑞幸咖啡除了向消费者展示自身的品牌定位外，还在品牌标识、店铺形象等的设计方面与其他咖啡品牌进行区分，瑞幸咖啡品牌的标识是一只麋鹿形象，以蓝色作为背景色，大面积的蓝色视觉效果给人稳定和成熟的感觉。简单又让人容易识别，既具有吸引人眼球的作用，还具有很好的传播价值。利用广告语"这一杯，谁不爱"让消费者进行下意识的思考，因此，产生品牌记忆。此外，瑞幸咖啡位于西安高新区的瑞幸咖啡唐诗主题店和位于北京故宫的瑞幸咖啡故宫主题店等，将咖啡文化与中国古典文化深度融合，通过创新点将门店贴上鲜明的人群文化标签。

3. 瑞幸咖啡的裂变营销渠道

通过营销渠道将营销内容和消费者与品牌间建立联系，在新媒体迅速发展的情况下，传播渠道趋向复杂多样；瑞幸咖啡在媒体渠道整合时，将重心放在利用好这些媒介和消费者产生互动。

（1）线下广告精准传播。瑞幸咖啡以分众广告为主，广告中"这一杯，谁不爱"的自信表达，借助分众广告精准投放到城区的写字楼和居民小区的电梯间、电影院等人群密集的地方，迅速进入消费者的视野。瑞幸咖啡在营销投放上不考虑是否超出配送范围，一是因为开店迅速，二是因为消费者的消费多样化，品牌投放优先考虑人群覆盖面积广。

瑞幸咖啡门店都开设在写字楼附近。通过微信向门店四周 1.5 千米范围内的消费者精准推送广告。广告通过常见的微信朋友圈等一系列社交媒体传播后，系统后台会利用技术分析接触的目标客户。通过定位的目标客户利用自身朋友圈进行优惠链接分享吸引更多的目标客户，就相应地进行多层级的裂变，扩大传播范围和深度。

（2）线上制造营销事件。2018 年 5 月 16 日，瑞幸咖啡发布了大量的新闻通稿将其与星巴克咖啡进行对比，展现瑞幸咖啡产品品质和优惠价格，给大众营造了一种瑞幸咖啡和星巴克咖啡平分秋色的感觉，借势提升品牌的知名度。并且炮轰星巴克咖啡涉嫌垄断，并将对其发起诉讼，引来广大网友的关注。从一个新兴的咖啡品牌到叫板业界的品牌巨头，此举动使瑞幸咖啡品牌获得了大众的关注，推动更多的消费者去购买与推广，扩大了消费群体的范围。

（3）线上社交平台裂变分享。瑞幸咖啡通过微信投放的 LBS 广告精准、迅速地通知门店附近消费者，以新客首单免费喝一杯咖啡的策略迅速获取第一批下载 APP 的客户，再通过这批客户分享"给好友赠送咖啡，各自的一杯"的优惠活动进行了第二次拉新。瑞幸咖啡提出老客户让新客户参与，然后两者都可以获得一次免费购一杯的机会，这样达到客户数量增长的目的，这就是流量裂变的实质。每个客户注册后都可以将界面分享给好友，好友可以在分享界面领取优惠券，这种方式将每个客户都变成传播源，以此完成流量分配，且使产品的受众更加精确。这样也会使消费者和品牌的联系更加紧密，从而增加回购的次数。瑞幸咖啡采用新零售模式将线下和线上相结合，在线上不断拓宽渠道，在线下注重客户的真实体验。

4. 瑞幸咖啡的裂变营销受众

瑞幸咖啡在市场投放时，将目标消费者定位在企业职员、政府机构或有编制的企事业单位，如图 4-3 所示。咖啡在中国属于社交饮品，融合了目标群体的社交习惯，瑞幸咖啡利用自身的关系链进行产品营销。通过发放优惠券让消费者自发地在朋友圈、微博裂变拉新，使瑞幸咖啡迅速提高知名度以及用户累积，不断地迎合消费者偏好，使消费者对品牌产生粘性。

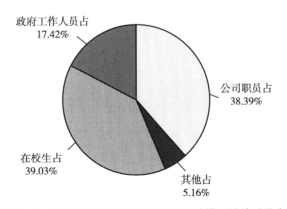

图 4-3　瑞幸咖啡市场投放样本职业的描述性统计信息

资料来源：调查问卷计算结果。

　　瑞幸咖啡在建立初期就倡导注重咖啡的品质。数据显示，产品均价在市场份额排名前五的咖啡品牌中最低的，价格也与目标消费者相匹配，并且利用新零售思维让消费者体验到互联网咖啡的不一样消费体验，从而收获更多忠诚的消费者。瑞幸咖啡还利用明星代言，打造独特的门店增加用户体验感，使消费者忠诚度进一步提升，这些方法也让瑞幸咖啡的"种子用户"不断增加，从而更好地以老带新，产生裂变。

　　5. 瑞幸咖啡的裂变营销效果

　　（1）品牌知名度。根据图 4-4 调查结果显示，在被调查者中，有 73.08%的人听说过瑞幸咖啡品牌，知名度与星巴克咖啡基本持平，可见瑞幸咖啡在知名度上有一定的竞争力，前期品牌营销方面做得比较好。

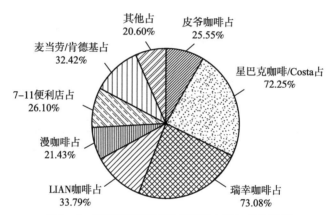

图 4-4　瑞幸咖啡在被调查对象中的知名度统计

资料来源：调查问卷计算结果。

　　（2）品牌认知情况。从图 4-5 中可以看到，受众主要通过线上平台了解瑞幸咖啡，其中大部分消费者都在不同平台看到了瑞幸咖啡的营销广告，也对瑞幸咖啡有一定的了解。这说明瑞幸咖啡营销过程中频次及所触达的人群范围比较理想。

　　（3）品牌满意度。品牌满意度是一种情绪体验，体现消费者在品牌消费过程中，产生的对于品牌的满意程度。消费者对品牌的满意度是决定他们是否愿意对品牌进行分享、传播的关键因素，也是品牌忠诚度形成的基础。图 4-6 中显示了瑞幸咖啡的消费情况，有 85.49%的人饮用过，共计 265 人，但其中仅有 71.94%的人自主购买，其余则是通过他人购买。

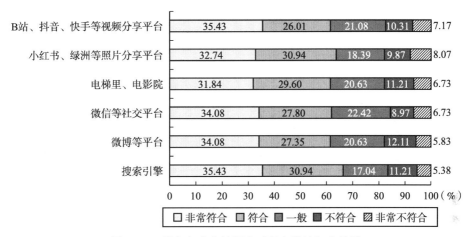

图4-5 瑞幸咖啡在被调查对象中的认知度统计

资料来源：根据调查问卷计算结果。

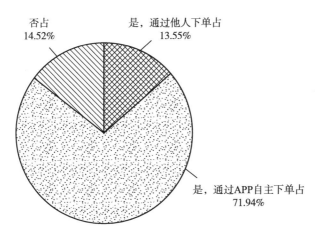

图4-6 瑞幸咖啡在被调查对象中的满意度统计

资料来源：根据调查问卷计算结果。

通过问卷调查分析得出，通过他人购买的原因有不愿意下载 APP、嫌麻烦、对瑞幸产品不太满意或者附近没有店铺，见图4-7所示。

（4）品牌忠诚度。品牌忠诚度在一定程度上体现品牌营销的效果，与品牌带来的价值密切相关，反应消费者对某个品牌的购买力度。图4-8显示，有60.98% 的消费者表示同意或者完全同意自己是忠实客户，有17.94% 的消费者表示一般，仅有21.08% 的人表示不同意。

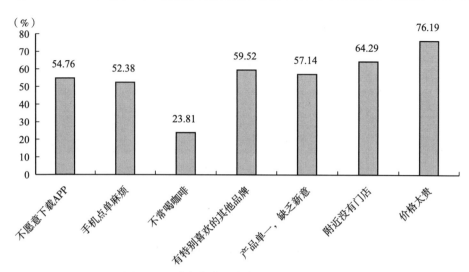

图4-7 瑞幸咖啡通过他人购买的原因统计

资料来源：根据调查问卷计算结果。

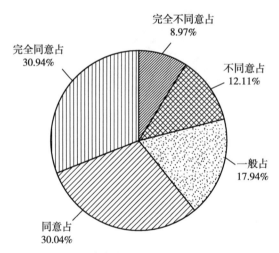

图4-8 瑞幸咖啡消费者的忠诚度统计

资料来源：根据调查问卷计算结果。

在衡量消费者的忠诚度时，消费者对于品牌的推荐欲望被用来作为一项指标，在图4-9中显示，愿意向身边人推荐的被调查者占80.27%。从以上两项的调查数据来看，消费者对瑞幸咖啡的品牌忠诚度是相对较高的。

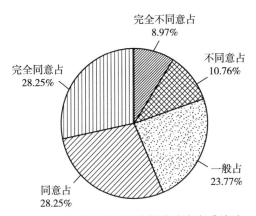

图 4 - 9　消费者是否愿意推荐瑞幸咖啡统计

资料来源：根据调查问卷计算结果。

第四节　瑞幸咖啡裂变营销的不足

一、传播主体构成单一

KOL 是关键意见领袖，在某一领域发表观点具有一定影响力。而瑞幸咖啡没有将 KOL 这样的传播主体很好地利用起来，只将注意力集中在自身和消费者之间。瑞幸咖啡注重关键意见消费者（key opinion consumer，KOC）的培养，忽视 KOL 在营销中的作用，选择 KOC 的投入会比较少，还会得到较高的曝光率，而且曝光量高于利用 KOL 进行营销。尽管瑞幸咖啡也做过营销，但是呈现的效果却不尽如人意。如在抖音平台中搜索到 5 条 KOL 发布的与品牌相关的短视频；在 B 站网中搜索到 7 条 KOL 发布的与品牌相关的短视频。在合作的 KOL 中，只有敬汉轩是拥有较多粉丝的网红达人，可以带来一定的关注，而其他合作对象拥有的粉丝并不多，粉丝的关注度也不高，而在品牌宣传方面无法达到预期的效果。结果就是与 KOL 合作效果并不理想，也没有做到传播主体的多样化。

二、品牌意识薄弱，留存难度高

瑞幸咖啡通过裂变获取 APP 用户数量以及盈利，且消费者下载 APP 能快速收集目标消费者的相关数据，从而更好地进行市场分析，并做出合适的营销策略。根据问卷调查，瑞幸咖啡在裂变营销中关于品牌意识与品牌文化传播较少，后果是一旦停止大力度的优惠活动，消费者就会选择性价比更高的品牌替代。除此以外，品牌快速扩张也会让部分员工对企业品牌意识不清，导致员工在与消费者交流过程中，未能在消费者面前体现出良好的企业形象与品牌价值，使消费者忠诚度不高。

问卷数据显示：82.96%的消费者因为获得优惠才选择分享，只能26.46%和46.64%的消费者是对瑞幸咖啡的营销模式和产品认可而进行分享，如图4－10所示。

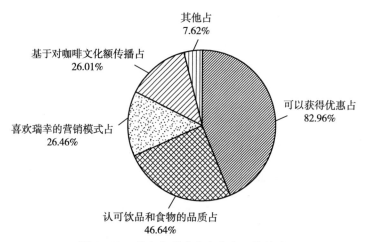

图 4－10   瑞幸咖啡消费者分享目的统计

资料来源：根据调查问卷计算结果。

三、裂变渠道受限，控制效果差

由于裂变营销的弊端，瑞幸咖啡在媒体宣传和口碑传播过程中存在裂变范围广、涉及群体多和难以把控效果等问题。瑞幸咖啡主要通过 APP、微博、微信等平台进行裂变活动，由于不同社交平台的用户偏好不同，单一的裂变渠道对传播范围具有一定的局限性，且口碑宣传的用户社群相对垂直，导致裂变覆盖面受到限制。裂变传播主体会因裂变奖励进行自发分享，通过该行为满足社交属性与特定心理，而社交创意和福利设计的创新程度和优惠力度会较大程度影响顾客的购买欲望。而拉新裂变的做法简单，拉新奖励投入其中，会在一定程度上成为部分消费人群一次体验的"代价"，对裂变转化效果需要加强管理和控制。

四、瑞幸咖啡的目标对象覆盖面不广

1. 未定位年龄 30 ~ 45 岁的消费人群

从消费者的年龄调查看，瑞幸咖啡在裂变营销中对目标消费者的年龄层次定位范围具有局限性，其中没有包含 36 岁以上的消费群体。从问卷调查中的购买频率来看，这个年龄段消费者的购买力度很大，具有很大的消费潜力。如图 4 - 11 所示，数据显示，其中有 53 人处在年龄段为 36 ~ 45 岁以及 45 岁以上，占比为 17.1%，即这部分消费者大约占近 1/5 比例。

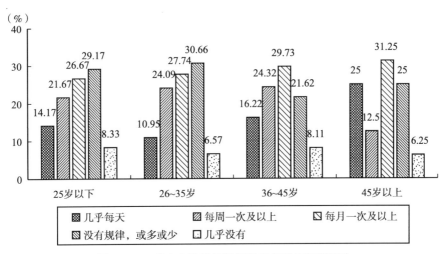

图 4 - 11　瑞幸咖啡的目标消费者年龄与消费频次

资料来源：根据调查问卷计算结果。

2. 未定位学生消费群体

瑞幸咖啡对于目标消费者的定位是年轻的白领阶层，如图 4 - 12 所示，学生群体约占比 5.16%。说明在对消费者职业定位时没有考虑学生群体，而且据调查，瑞幸咖啡的门店没有设在高校附近，其实高校大学生也是瑞幸咖啡消费群体。从对瑞幸咖啡的消费频率分析看，学生群体购买瑞幸咖啡的频率同样不低。由此可以推断出，学生人群占较大比例的原因在于：瑞幸咖啡代言人加入了刘昊然，而刘昊然的形象很符合大学生群体，因此吸引其粉丝群体购买瑞幸咖啡，并带动周边同学购买，但瑞幸咖啡在定位目标消费者时忽略了这一具有消费潜能的群体。

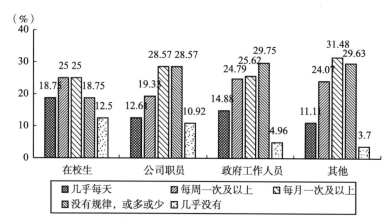

图 4 – 12 瑞幸咖啡的目标消费者职业岗位与消费频次

资料来源：根据调查问卷计算结果。

五、社群化营销模式未形成

裂变营销策略需要借助社会化媒体进行传播才能达到一定的营销效果。瑞幸咖啡在品牌成立初期的宣传力度很大，尤其在微信朋友圈等社交平台的营销形式多样，在消费者流量吸引上较为明显。然而，对于消费者粘性却没有做到长期保持，就其原因在于瑞幸咖啡向社交平台进行了大量投放，但没有为消费者提供可以分享和交流的平台。问卷数据分析也表明，瑞幸咖啡在自身产品的投入不足。到目前还没有能给消费者留下深刻印象的产品，产品创新性不强。从图 4 – 13 对消费者行为结果的反馈看，消费者完全同意或者同意进行主动分享行为的只有19.73%，这与企业强调咖啡产品质量的追求有出入。如果瑞幸咖啡无法在产品上进行改进和创新，很难突破传统咖啡品牌的围追堵截而生存下去。

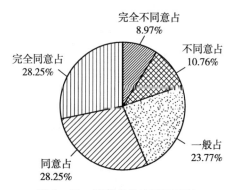

图 4 – 13 消费者分享意愿统计

资料来源：根据调查问卷计算结果。

第五节　瑞幸咖啡裂变营销策略的优化

一、培养意见领袖深化渠道传播

关键意见领袖在自己所处领域的专业性很强，号召力很高，具有一定的影响力。与明星代言相比，KOL 更能够让消费者感受到亲和感，并且他们多是以自身的消费体验进行分享推广，因此，更能获得消费者的认可与信任，能使消费者做出"跟风"一样的消费尝试，以此产生裂变。社会化媒体发展迅速，咖啡也要结合不同的传播方式形成不同的消费方式，给消费者产生不同的消费体验。因此，瑞幸咖啡除了要在咖啡领域权威人士中培养意见领袖，也要加强对于其他领域意见领袖的培养。通过与这些关键意见领袖建立互动，使消费者产生良好的消费粘性，同时利用平台资源，深化品牌的裂变效果。

二、注重文化传播，深化品牌意识

瑞幸咖啡要重视多元化的文化传播，在消费者心目中树立品牌意识，增强用户忠诚度与认可度。通过设计不同场景的咖啡体验，改变用户传统的思维方式，塑造有意义的品牌故事，利用网络广告等形式进行宣传。鼓励用户创新改变的行为挑战热潮，积极调动消费者对咖啡的兴趣与创意联想，使消费者对咖啡产生更加深刻的品牌联想与认知，逐渐认可品牌主张。也要根据品牌文化特征，加强与知名品牌的联动合作，积极利用社会化媒体推动品牌联名。通过联名活动和新闻传播提升品牌的社会影响力，凭借线下品牌活动等形式让用户参与其中，凭借较强的 IP 效应让用户更直观地感受到品牌文化的熏陶与冲击。此外，企业在与用户互动过程中，要逐渐了解用户的价值追求和情感诉求，将品牌文化与用户价值有机地结合，让用户在产品有形展示和网络营销互动中产生情感共鸣，增强品牌认同感和品牌记忆。

三、拓宽瑞幸咖啡传播媒介格局

要建立全方位、多渠道的营销渠道很有必要，瑞幸咖啡要想进行高效化的裂变，必须拓宽传播媒介，还需要具备包容性、交互性以及多样化等特点，要根据消费者的消费习惯，将社会化媒体与自身品牌有机地结合，做到最大化的媒体传播。充分利用裂变渠道，结合品牌优势，利用不同传播媒介进行多渠道的营销整合，从而带动更多潜在的消费者购买，达到存量找增量，高频带高频的裂变效果，不仅能将产品和品牌文化通过渠道传给消费者，也在一定程度上扩宽了裂变营销的受众。

四、健全目标消费者数据库

1. 定位技术随时记录消费信息

瑞幸咖啡通过基于位置的服务（location based services，LBS）可以随时随地向消费者提供最近位置的门店和最新的品牌信息，消费者可以非常方便地进行线下消费。此外，瑞幸咖啡能够利用 LBS 定位服务获取消费者所处的位置、与门店距离等信息，满足消费者的消费喜好，定制个性化的服务，使消费者获得完美的客户体验，提高消费者粘性。瑞幸咖啡通过第一批消费者产生消费体验，再推荐给周边人进行消费，不断地增加新消费者并使其产生信任进而消费，以此形成裂变循环。

2. 人工智能细化消费者画像

瑞幸咖啡通过开设店铺和发放优惠补贴收集大量消费者的数据信息。可以将收集的这些数据信息，利用大数据分析技术完成消费者"画像"。再对瑞幸咖啡的目标消费者进行个性化、有针对性的营销，采取不同目标消费者的客户偏好选择不同的个性化营销渠道，达到降低营销成本的目的。利用大数据技术了解消费者的购买习惯，在裂变过程中进行大数据处理，形成客户标签，最终实现准确地符合目标消费者的喜好，为新一轮的裂变做好准备。

五、社群化传播打造粉丝经济

从其他媒体渠道进行引流只是开始，如何将引入的流量转化形成私域流量，并且使消费者主动成为传播者，这对于品牌的推广以及形成良好的裂变营销策略，保持自身的竞争优势具有很大的意义。社会群体由粉丝演变而来，但相较于粉丝群体更多的是自发的，且沟通性更强。社交化媒体为搭建社会群体提供了良好的平台，通过这种营销渠道不仅增加了品牌和消费者间的交流，也加深了消费者间的联系，消费者彼此间交流起来更加畅通，也更容易相互影响，从而形成一种品牌凝聚力。因此，瑞幸咖啡首先要建立会员机制，培养出品牌的忠实粉丝，建立流量池；其次是创立品牌社会群体，对于消费者的意见进行及时反馈，提高消费者对于品牌的满意度；最后品牌在社会群体里充当"团长"不定期地发放优惠券，使社会群体成员产生消费，并自发地向外宣传，扩大社会群体基数，进一步扩大裂变范围。

第六节　本章总结

目前中国咖啡市场已发生了巨大的改变与转型，越来越多的企业在瑞幸咖啡的刺激下开始转型升级。瑞幸咖啡在日益激烈的竞争中需要不断地完善裂变营销策略，从品牌文化和产品的质量出发，对品牌文化传播、营销渠道、消费者服务等各方面进行强化，提升自身品牌、产品和服务的竞争优势。此外，需要充分运用社交渠道和新技术，结合社会群体关系、口碑传播、社交创意、福利设计以及裂变技巧等手段，不断地创新和发展裂变营销策略，从而达到存量找增量，高频带高频的裂变效果，实现更为有效的裂变与转化。

第五章 基于文学接受理论的软文营销

第一节 引　　言

互联网技术高速发展，网络传播平台趋于完善，营销的方式也多种多样。软文营销是这个时代的产物，由于成本低，传播速度快、传播范围广、传播效果显著等特点，性价比是其他营销方式无法比拟的，引起各大企业高度重视。软文营销改变传统"硬"广告的宣传方式，以文章为载体，商业为目的，通过微信、微博等平台向受众投放包含产品信息的文章，获得较好的宣传效果。但如果企业投放的软文内容包含商业气息过于浓厚，很容易让受众感到审美疲劳。近几年，软文营销在发展上并没有很大的突破，想要取得更大的进展，必须改变思路。要隐藏过于浓厚的商业性，需要一定的外衣包装，最好的外衣就是软文本身具有的文学性。因此，通过文学接受理论对软文营销进行研究，将两者的共性融合分析以提升软文营销效果。本研究以雅诗兰黛微信订阅号的软文营销作为案例，进一步探索提升软文营销效果的方式。

第二节 文 献 综 述

一、文学接受及相关理论综述

1. 文学接受的概念

在文学中，文学接受理论被称作"接受美学"理论，发源于西欧，发展于20世纪。文学接受理论批判以作者和作品为中心的思想，认为忽视了读者这一受众的存在。而实际上文章都是客体，是承载人物思想、情感、审美、精神的载体。阅读中最重要的是读者，文本在完成后依然是潜在的状态，其意义的生成与开发，在于潜在文本与实际读者的相遇。受众在与文本相遇时，最难的是理解过程。读者阅读生发出的文本意义内涵是无限的，若没有受众的积极投入，文学作品事实上不会留存至今。与此同时，受众的条件存在差别，对于文章的理解、领悟与产生意义皆不相同，文学接受理论是参照整个的言语行为中读者这一接受主体获得审美、交流、认识等方面的价值。

文学接受就是以文章为载体，以受众为中心，以把握文章内容为目的的再创造活动。文学接受理论最突出的表现在于对受众中心地位的肯定，还有文章本身语言建构、理解、对文本接受与沟通等方面。与此同时，因为受众天分与文化素质存在差别，受众对于文学著作的理解、领悟与产生意义共鸣的变化领域极为宽广，文学接受理论能够考虑整体文学行为中受众的重大价值。文学接受理论主要观点体现在对读者地位的尊崇、对作品价值意义的重新建构和对文本的接受与阐释等方面。接受理论注重读者生活经历的特殊性、艺术趣味和个人气质、审美倾向和兴趣、文化修养和理想努力，感受、体验、理解和阐释作品。

2. 文学接受的发展

联邦德国青年学者 H. R. 姚斯（H. R. Jausz，1967）最先提出文学接受理论，而且 H. R. 姚斯的接受美学比其他接受美学家，有更大的文化与哲学企图。[①] 德国学者 D. 伊塞尔（D. Issert，1970）拓宽美学研究的新维度，强调文本对读者的作用以及文本与读者相互作用的过程。[②] H. R. 姚斯、D. 伊塞尔等学者在积极进行文学接受研究的基础上，提出不仅要关注接受主体，更要了解接受主体对作品接受过程中的影响因素与发展规律。

我国学者朱立元（1989）指出文学的价值在于受众的审美需求、预期视野、价值诠释。[③] 为进一步丰富文学接受理论，张思齐（1989）很明确地表达出作者、受众、文章三者间相辅相成的有机联系，都是研究的重点。[④] 此时，文学接受理论已经趋向完善。21 世纪，学者们对文学接理论进行了很多探讨。如赵亚珉（2003）对文学接受理论中读者概念进行了解析，对读者进行了仔细分类。[⑤]

① ［德］H. R. 姚斯，R. C. 霍拉勃. 接受美学与接受理论［M］.周宁，等译. 沈阳：辽宁人民出版社，1987.
② ［德］D. 伊塞尔. 本文的召唤结构［M］.武汉：湖北人民出版社，1970.
③ 朱立元. 接受美学［M］.上海：上海人民出版社，1989.
④ 张思齐. 中国接受美学导论［M］.成都：巴蜀书社，1989.
⑤ 赵亚珉. 接受反应文论中的读者概念解析［N］.河南师范大学学报，2003（5）：121-123.

其实读者就是受众，在文学接受过程中对受众进行探究是可以进一步地促进文章写作。姚文放（2020）指出接受理论的要义并不只是在于肯定文学接受使文学创作得以完成，并且通过反馈作用使文学创作得以完善和提升，更在于突破那种从创作到接受、再从接受回馈创作的封闭式轮回，将文学接受进一步地转换为新的"艺术生产"。①

接受理论反叛并扬弃西方近代的科学主义，注重文本的对话交流和视野融合，建立一种更富有人文科学特点、主观精神的批评范式。文学作品不应是原作者或原作的独白，而是读者带着"期待视野"在作品"召唤结构"作用下，与隐含的作者进行对话和交流后形成的"视野融合"。在这个活动中，从传统的原作者独白和无限度的读者阐释，走向作者、传递者与接受者间的积极对话。对话所生成的意义常常超出了作者赋予原作的意义，越是文学性强的作品越是如此，这样的作品往往有更大的开放性与阐释空间。

二、软文营销相关研究

1. 软文营销的概念

至今，软文概念的讨论从未停止，也没有绝对统一的范式。软文最早运用于保健品行业，三株品牌、红桃 K 品牌等都在当时以极低的代价取得了"攻城掠地"的效果。而脑白金品牌更是将其发挥到了淋漓尽致。② 吴晖（2008）提出"软文是指企业通过策划，在报纸、杂志或网络等媒体上刊登的可以提升企业品牌形象和知名度、促进企业营销的一系列宣传性、阐释性文章。"③ 让我们可以清楚软文有独特的优势。

目前，对于软文研究还是比较偏向其商业性，国外学者克莱德·布朗（Clyde Brown）、赫伯特·沃尔泽（Herbert Waltzer）、B. 米里亚姆（B. Miriam, 2001）指出软广告是有组织的游说形式，有利益目的影响公众。④ 贾昌荣（2006）表达出对软文积极迎合的态度，并且研究如何让软文更加被受众接受。⑤ 因此，软文是带有某种以销售为动机的文章，软文营销是新媒体时代的产物，也是一种营销方式，即通过软文的推送与投放达到营销的目的。从本质上看，软文

① 姚文放. 重审接受美学：生产性批评范式凝练 [J]. 社会生产战线，2020，(5)：156 – 157.
② 金风. 软文操作的硬功夫 [J]. 企业改革与管理，2004 (2)：62 – 63.
③ 吴晖. 对当下媒体"软文的思考" [J]. 新闻战线，2008，(2)：71 – 72.
④ Clyde Brown, Herbert Waltzer, Miriam B. Waltzer. Daring to Be Heard: Advertorials by Organized Interests on the OP – Ed Page of The New York Times, 1985 – 1998 [J]. Political Communication, 2001, 18 (1).
⑤ 贾昌荣. 软文传播——汽车营销"硬武器" [J]. 国际公关，2006，(5)：92 – 93.

营销是软性渗透的商业策略，借助文字和舆论达到宣传企业品牌、推广企业产品的目的。一篇优质的软文推送是潜移默化的，让消费者沉浸在广告情景中而不自知，能够让读者主动了解产品与服务。

2. 软文营销的发展

软文营销通过将品牌或产品的特点、优势、行业趋势等相关要素综合起来写进文章，通过各种平台的投放传播品牌价值，树立品牌形象，扩大品牌影响力。谢爱平（2011）软文的核心在于绵里藏针、润物无声。① 而软文营销则是一种软性的商业渗透策略，精心撰写广告运用互联网技术将各种媒介投放到消费者身上，使消费者了解一定概念、认识一定价值、接受一定理念，最终提高产品销售和品牌知名度。李娜（2013）指出软文营销重点是写一篇兼具趣味性和价值性的软文。② 龙霞（2013）认为，以"文学"冠名的软文营销，完美规避在传统营销广告中缺乏人文性的缺点，也符合受众的审美倾向。③ 因此，在企业宣传或产品销售过程中，软文营销的"外衣"是很巧妙的。李又安、郭奇（2017）指出，软文营销展现了新媒体营销互动性、趣味性、潜在性、话题性等特征，具有强大的营销潜力。④ 吴建琴（2019）提出软文营销是运用独特的概念诉求和价值重塑，用精心策划的文字广告内容激发潜在消费者的兴趣，通过强有力的针对性心理攻击，引发对产品、服务、品牌或企业文化的强烈共鸣，最终提高产品销售量的营销模式。外国学者李继（Ji Li）、邹少明（Shaoming Zou）、杨慧（Hui Yang，2019）对于新媒体时代软文的内容提出了独到的见解，他们认为，只有有趣的内容才能确保消费的注意和兴趣。⑤

然而，软文营销也存在各种问题，如软文营销企图以单一渠道获得整合营销价值，软性理念主导下"蜻蜓点水"般的营销方式，将软文营销简单化，宣传效果单纯依靠软文作者对粉丝的吸引，缺乏对话题"爆发点"的挖掘与展现，传播频率停留在一次性传播。解决这些问题必须要对软文营销有正确认识、恰当定位。软文的重点在于"软"和"文"。软在于绵里藏针，文在于文学性。软文营销的重点在于软文的营销效果，要达到营销效果好必然要正确认识"软"的文学性。

① 谢爱平. 软文营销：企业网络营销的又一利器［J］. 电子商务，2011，（3）：46－47.

② 李娜. E 时代，如何做好软文营销［J］. 电子商务，2013，（11）：30－31.

③ 龙霞. 软文营销：打造营销软实力［J］. 商情，2013，（19）：56.

④ 李又安，郭奇. 新媒体的价值重塑与运营模式创新［J］. 出版广角，2017，（23）：13－15.

⑤ Ji Li, Shaoming Zou, Hui Yang. How Does "Storytelling" Influence Consumer Trust in We Media Advertorials? An Investigation in China［J］. Journal of Global Marketing，2019，32（5）.

第三节　文学接受理论与软文营销分析

一、文学接受理论与软文营销的共性

1. 以受众为中心

文学接受非常关注读者的体验与感受,从读者出发探究文学。所以受众是文学接受的中心。作为营销活动,软文营销的中心也必须是受众,只有关注受众才能取得很好的营销效果。因此,文学接受与软文营销都是以受众为中心。

2. 以文章为载体

文学接受是读者与文章的主动相遇,文章是生成好的一种交流沟通的工具,是承载作者情感欲望的载体。同样,软文是承载企业产品信息,品牌形象的载体。文学接受和软文营销都是以文章为载体。

3. 属性相通

文学接受具有审美属性、认识属性、交流属性、价值诠释属性,相对应的软文营销具有新颖性、知识性、引导性、商业性。软文具有新颖才具有被认识的价值,文学接受具有新颖性才具有认识属性,新颖的关键更在于审美,符合时代审美才能被接受。文学要具有知识性,知识是最有价值的事物,对知识进行诠释,文学接受才具有价值诠释属性。软文的引导性就是为沟通交流而服务的,刚好对应文学接受的交流属性。因此,文学接受的属性和软文营销的特点是相通的,如图 5 - 1 所示。

二、文学接受理论应用于软文营销的可行性

1. 符合受众审美

受众是活生生的人,他们有认知,知道如何选取软文中的信息;他们有思想,知道什么才是符合自己的审美。在软文营销全过程中,受众不应该只出现在阅读环节中,受众的情感、思想、审美、精神应该贯穿软文营销的整个过程。文学接受的审美、交流、认识、属性能充分阐释接受过程中受众的特性。因此,从受众层面讲,通过文学接受理论研究软文营销是可行的。

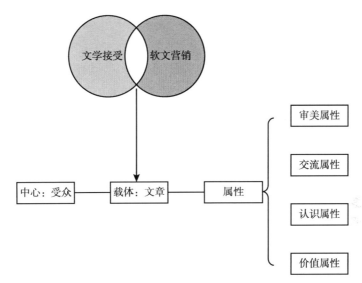

图 5 – 1 文学接受与软文营销共性分析

资料来源：笔者整理。

2. 组织完善内容

企业是软文营销的策划者和推动者，决定文章内容。如何规划内容是企业必须考虑的关键。产品想要得到受众的青睐，必须从受众出发。受众通常都有自己对于软文的"期待视野"，那么企业就要根据文章内容、审美、情感、态度对能够引起共鸣的受众进行预先估计。期待视野具体分为文学的期待、生活的期待与价值的期待三个层次。文学的期待指读者对作品的艺术形式与审美特质方面的期待，包括作品的文学性、文体、表现方法、结构技巧、语言特点、艺术感染力等；生活的期待指读者对作品生活内蕴与思想意义方面的期待，包括作品的题材、主题、情节、故事的发展、作家的意图等；价值的期待是指读者从接受动机与需求中产生的对作品价值的整体期待。因此，从内容来讲，企业利用文学接受理论组织软文营销内容是可行的。

三、文学接受理论对软文营销的作用

1. 加强软文的文学性

软文中包含产品信息、企业文化，但如果一篇软文中商业化宣传氛围过浓，或者千篇一律的文字都会被受众直接过滤掉。因此，想要在软文营销上有所创新，软文的文学性是个很好的突破口。将文学接受理论渗透进入软文营销，从文学接受的过程与属性等方面提升软文质量，无疑是改变商业气息浓厚，软文无法突破的局面。软文文学性的加强既能很好把商业性的本质隐藏，又能将软文的品位提升。

2. 提升软文营销效果

软文质量高低是软文营销效果的决定性因素。从文学接受的过程出发，以受众的角度，对受众的审美、情感、期待等进行全面分析，让受众满意才会有好的评价，才会对产品引起兴趣或保持好感。软文营销的效果需要通过受众的价值诠释体现出来，把握住受众的中心地位，是提升营销效果的关键体现。软文需要与文学挂钩，才能回归阅读本质，得到最质朴的提升方式。文学接受带给软文营销受众需要、产品形象、期待视野等方面优势，进一步提升软文营销效果。

第四节　雅诗兰黛微信订阅号软文营销案例分析

一、雅诗兰黛微信订阅号软文营销简介

1. 雅诗兰黛订阅号分析

雅诗兰黛订阅号于 2018 年完成官方认证，主要经营美妆护肤类产品。从品牌看，雅诗兰黛品牌的成立时间长，是经典的高端品牌；从产品看，产品价格高、服务专业、效果好，走稀缺化路线；从软文特点看，以产品利益为主，结合受众审美、情感等诉求；从受众目标看，以个性化、潮流时尚、经济自主的年轻女性为主体；从软文发布平台看，以微信、微博等人群聚集的订阅号平台为主。

根据对于雅诗兰黛微信订阅号的软文进行分析，不难看出以下三点：（1）雅诗兰黛订阅号软文突出产品的特性，利用自身品牌的优势。（2）软文的内容不仅关注利益，也兼顾关注受众的审美与情感诉求。（3）软文平台的选择，以微信订阅号为主。

2. 软文内容分析

雅诗兰黛在 2020 年 1 月 3 日投放"始'棕'如一，旗开得胜"的软文。软文作为文字语言类的作品必须要以受众为中心，要在保证商业效果前提下，利用文学性提升效果就必须具有文学相关属性，具体体现在以下四点。

（1）交流属性。交流其实是一种传递。文学作品通过语言文字将价值观、思想感情、人生态度等传递给读者。文学接受具有交流属性，即社会性交际功能，文学接受的交流与日常交流不同的是文学交流是自由平等的交流，而日常交流有

时会伴随单向性或者是情境性。软文作为社会化语言作品，利用文字与读者沟通不仅传递信息，更能够增进企业与客户的"灵魂"交谈。

"新年放眼未来"这句话首先抓住新年的时间点，把握读者对新年这个特定时间的期待。其次点明"眼"这个中心词，一语双关。然后运用"雅诗兰黛相信，所有期许和愿望的实现都离不开坚持，一步一步，时间会给出答案。"使用第一人称，就好像与读者面对面交流，利用文学接受的交流属性。

（2）审美属性。软文从人物感受、情绪情感和思想思维等方面吸引受众、感染受众。利用文学本身的审美性质，软文以此作为包装，剔除表面的功利性，让受众由心而发、体验精神上的喜悦，也即对于软文宣传内容表现出兴趣、主动抛出橄榄枝。

"送你我的坚持，让我们比同龄人更年轻"，"愿你的每一份坚持都有收获"归纳总结出"小棕瓶家族祝您2020年轻，始'棕'如一；新年，旗开得胜"。用美好的祝愿打开读者的心扉，升华到精神层面，让读者沉浸其中，情感在审美心理中有着极为重要的作用，有了这样的审美属性存在，读者才能真正地进行交流与认识。

（3）认识属性。认识是人作为主体对于客观事物的反应，属于思维活动。文学接受的认识属性指文学作品通过语言文字所表现出的社会生活以及人物本质，能更好地认识人、社会、自然。软文作为商业性的语言文字，实质是通过语言文字描写产品美好的形象说明社会生活的大众需求，从而使接受主体即客户潜移默化地认识到自己的需求。

在接近文末时介绍小棕瓶家族产品。通过介绍产品的用途让消费者认识产品的性能，利用文学接受的认识属性，再一次悄无声息地宣传推广产品。

（4）价值阐释属性。文学接受价值的诠释是多元的，可以同时让读者在各方面诠释价值。一篇软文的推送，价值无疑是多方面的，包括宣传推广价值、应用价值、实用价值甚至是文学价值等。因此，读者的阅读活动几乎都蕴含对这些价值的理解。阅读文学作品的读者往往希望从自己感兴趣的点出发，一篇软文也要在多方面满足客户对产品价值的品评与理解。

读者可以通过文字阅读、欣赏、评判，也可以通过留言对软文进行评价。不同客户对于软文具有不同的理解，例如：A读者评论："送你我的坚持，让我们一起比同龄人更年轻。"B读者评论："新年快乐，雅诗兰黛。"A读者对于这篇软文的价值诠释侧重于产品本身的功效，B读者更多是钟情于雅诗兰黛的品牌，这些不同角度的评价可以更好地改进产品。

二、文学接受增强软文营销的优势

软文营销在准确地挖掘受众需求基础上，让受众了解产品后购买。因此，挖掘消费者需求是前提，然后是产品形象，软文中的产品形象靠文字阐述，文字语言对产品形象有美化的作用。只有营销策划整体效果达到受众期待值，才可能促成购买。因此，文学接受给软文营销带来的优势包括以下三个方面。

1. 满足受众需求

文学接受中关注受众的需求，从审美、价值、情感等方面阐释受众需求。受众需求包括：功能需求是产品本身具有的功效；情感需求是软文中文字流露出的情感符合接受者的期待；精神需求是软文中的内容引起受众精神上的共鸣。

雅诗兰黛微信订阅号中，软文的受众对于功能需求是希望小棕瓶可以带来年轻的肌肤，年轻就成了精神上的追求。用这种精神层面的语言唤醒受众的潜在意识，产生精神共鸣。

2. 美化产品形象

软文营销在传播过程中，产品不是直接呈现在受众面前，而是以文字形象间接展示。如果文学性给产品形象适当美化，可以使产品形象更加诱人，总能引起受众的购买欲。雅诗兰黛的产品本来只是实物，在软文中不同产品赋予不同形象，经典小棕瓶、高能小棕瓶等产品形象特点鲜明，让人一目了然。

3. 准确把握期待阈值

想要受众产生购买欲望，一定要明白受众的期待。需求容易明确，而期待是留白的，文学接受理论中"期待视野"是根据文章内容、审美、情感、态度对可能引起共鸣的受众进行预先估计。因此，准确规划受众期待阈值，可以使得受众购买欲增强。客户对于雅诗兰黛产品的期待值很高，所以对于企业推广方式要求也很高，一篇软文的推送有时候代表企业形象。因此，软文要在恰当时机，给予恰当期待，把握住消费者的预备情绪，扩大由阅读带来的喜悦。雅诗兰黛运用新年的氛围，给人以期待未来的感受，不仅满足受众当下对于保持年轻的期待，更上升到全年的美丽期待。

三、雅诗兰黛微信订阅号软文营销的效果

1. 软文营销的要素分析

软文投放的效果一般来说不能仅仅用销售量衡量，更倾向于塑造品牌形象，软文的效果是长期持续的。打开搜索"小棕瓶杨幂"等关键词会立刻出现这篇文

章。因此，评估软文投放效果可以从以下四个方面分析。

（1）阅读量。直接反映品牌的关注度，阅读量越多，品牌关注度越高。

（2）点赞量。一篇软文的点赞量反映该品牌的支持者有多少，这是软文营销成功与否的决定因素。

（3）留言量。体现软文接受者的兴趣方向。

（4）销售量。文章的末尾都有链接，销售量是软文营销的最终目的。

案例中软文有 10 万 + 人次的阅读量，这是微信软文阅读量中较高的，体现雅诗兰黛的品牌影响力很大。点赞量有 1000 + 人次，体现该篇软文还是很成功，精选留言有 86 条，表现软文内容受到了极大的赞同。

2. 雅诗兰黛订阅号软文营销效果分析

精选雅诗兰黛微信订阅号阅读量、点赞量等最高的几条软文营销内容，统计表（见表 5 - 1）。

表 5 - 1　　　　　　　　　　雅诗兰黛微信订阅号软文发布统计

发布时间（年 - 月 - 日）	标题	阅读数（人次）	点赞数（人次）
2020 - 1 - 3	始"棕"如一，旗开得胜	10 万 +	1912
2019 - 12 - 17	杨幂水亮大眼的秘密	10 万 +	477
2019 - 9 - 12	一花一芳华，沉浸玫瑰秘境	10 万 +	82
2019 - 9 - 9	沁水粉底液，颠覆秋冬底妆定义	10 万 +	274
2020 - 2 - 14	为爱发声，这一战我们能赢	10 万 +	3205
2020 - 3 - 20	权威证言，全新专研肌光精华	8.7 万	169
2020 - 4 - 16	纤雕 14 问，抗老塑紧在线答疑	3.0 万	131
2020 - 5 - 8	爱自己，美便有态度	8.5 万	229

资料来源：笔者整理。

从表 5 - 1 看，所选软文阅读量超过 10 万人次的有 5 篇，占总数的 55.6%，点赞数超过 1000 人次的有 2 篇，占总数的 22.2%。总体来看，这篇软文无论从传播面还是审美层面都有很好的效果。同时，还看出"为爱发声，这一战我们能赢"的点赞数超过案例中的软文，最重要的原因来自审美与精神层面，因为疫情是牵动我们每一个人，点赞数量非常多。总体看来"始'棕'如一，旗开得胜"的软文营销效果相比较其他软文做得非常好。

第五节　案例启示

一、软文是文学的商业性体现

软文营销的出发点是挖掘用户需求，文学接受的主体需求与软文内容相迎合。软文不是纯粹的文学作品，是一种带有商业性的特殊样式的文章，雅诗兰黛公司是美妆护肤界的领军公司品牌之一，利用软文营销的形式提升品牌形象，从而达成提升销量和影响力的双赢局面。

二、提升软文文学性的技巧

软文质量直接决定软文营销的成败，不同类型的软文具有不同的特色，要根据软文接受者实际情况巧妙地融入产品信息。软文的文学性需要注意以下三点。

1. 立足于受众

一篇软文的主题非常重要，它决定了写作的方向，决定了在选择和使用灵活方案中的所有材料集中的主题。主题应当明确和具体，在有限范围内集中一个主题。以受众为出发点，将软文分为以下三种类型。

（1）以利益为主题。一要强调产品的独特作用和用途；二要在质量和成本效益方面向潜在受众提供直接的物质利益和经济利益。

（2）以情感为主题。利用受众的各方面情感，如爱情、亲情、友情、舒适感、时尚感、成就感、自尊心等。总之，就是要满足接受主体的审美倾向。情感因素对产品促销的影响比对物质需求的影响要大得多。

（3）以精神为主题。即主题能够满足接受主体的预期，符合了期待，才能让读者变成消费者。这类主题文章大多能引起主体的共鸣。

在软文写作时，要综合情感、精神、利益等多个方面，形成主题的融合。在雅诗兰黛案例，这篇软文的目的是为了推广小棕瓶系列产品，其主要功效是抗衰老，抓住读者对于想保持年轻的心态，注定主题是融合的。

2. 巧妙利用文学接受属性

文学接受的属性是软文很好的写作角度。恰当的角度可以唤醒受众的已有认知，才能使读者不会感到格格不入，在潜意识中接受软文中包含的信息。软文的角度可以从以下三个方面考虑。

（1）从审美属性出发，选择一些符合大众的审美，也即行业流行的话题切入，把握大众的心理才能说服大多数读者。

（2）从认识属性出发，引导受众了解产品既是最终目标也是很好的切入点，认识产品的成分、功效、定位等本身就是很好的宣传点，受众关注的其他方面都是产品的辅助。

（3）从交流属性出发，软文的交流属性体现在文字沟通，选择插入代言人的宣传语，既可以达到宣传目的，又有一种面对面谈话的感觉，增强亲切感。

3. 整体把握接受过程

软文的结构是软文的写作思路，思路清晰才能让人更加明白。只有结构完善才能内容丰富，读者才了解更多信息。因此，思路要与接受的过程相适应，文章整体要适应文学接受的期待视野、预备情绪、审美心理结构等。一篇文章的开头是最先映入读者眼帘的文字信息，亮点、热点是首选，要吸引读者的眼球，有阅读的欲望，才能挑起读者的兴趣。文章中间的内容是对主题的具体阐释，传递价值观念，所以关注接受者多元的价值诠释是重中之重。文章结尾从功能出发，小结功能、照应主题、桥梁引导等，所以结尾要升华主题，给人回味、震撼的力量，同时也要将"桥梁"搭建到产品上。

雅诗兰黛案例中，软文开始就是"新年放眼未来"。这篇软文写于元旦，开头是新年的气氛，符合当时特定时间节点的接受者期待，中间是女性非常关注的话题——抗衰老。让读者对产品的价值观念十分向往。最后用"小棕瓶家族祝您2020年轻，始'棕'如一；新年，旗开得胜。"一句话结尾，既点明主题"小棕瓶抗老"，又用祝福将话题引到产品上。

第六节　本章总结

本章主要利用文学接受理论对软文营销进行探究，侧重于文学接受的主体对于一篇软文接受过程的分析。得出以下三个方面的结论：第一，软文营销的出发点是挖掘消费者需求，文学接受的主体即受众需求要与具体的软文内容相迎合；第二，适当利用软文营销进行品牌宣传与销售；第三，清楚地了解在文学接受理论引导下营销软文的写作技巧。一篇好的软文一般具备三个因素：读者、编者与企业。本章从文学接受主体的视角入手，研究文学接受理论引导下软文营销的技巧，但忽略了企业的具体策划，以及编写者的想法与意图在过程中的作用。因此，在互联网时代下软文营销的平台越来越趋于完善，软文想要有好的营销效果，软文本身的质量是其中部分原因，而软文的传播平台、传播率、转化率、社会反响等也是影响效果的重要因素，好的软文加上好的营销效果才是企业所期待的。

第六章 基于价值共创的小众关键意见领袖营销模式

第一节 引 言

社交媒体平台已经成为一个不容忽视的营销渠道。品牌方逐渐倾向使用社交媒体平台与用户形成良好的互动关系，让用户成为品牌的宣传者，从而达到提升自身知名度的效果。网络经济飞速发展，催生出了大量的网红，他们在一些领域成为关键意见领袖，其影响力虽然不及社交媒体上的头部网红，但如今愈加受到品牌方的青睐。英国某数字营销机构曾指出，当 KOL 的粉丝数量超过一定程度后，粉丝的参与程度就会下降，因此，社交媒体上的头部网红正在面临追随者"低参与度"的困境。在国外的图片社交平台照片墙（Instagram）上，拥有 1 万～10 万人粉丝的 KOL 用户参与度往往比拥有超过百万粉丝的 KOL 的用户参与度更高。因此，小众 KOL 广告不仅更深受追随者们的信赖，而且广告的转化率也逐渐超过传统头部 KOL。[①] 在强势崛起的以用户为主体的社交网络媒体中，KOL 依然在意见扩散、影响力辐射中扮演重要角色，并成为网络传播、网络营销、社会学等多领域研究的热门对象。KOL 营销模式在价值共创过程的探索中，率先以产品或消费者为中心的价值创造概念转变为以共同创造价值为中心的共同创造价值。KOL 营销的兴起推动营销内在逻辑的转变，消费者的选择更加多元化，从而使得品牌方、营销方和消费者协同运作，实现三方共赢。

[①] 韩震. 作为媒介的 KOL：社交媒体视阈下小众 KOL 广告兴起的原因探究 [J]. 新媒体研究，2021，7（12）：33 – 36.

第二节 文献综述

一、价值共创研究

共同创造价值的想法可追溯到 19 世纪，主要出现在服务经济学研究中。H. 斯托奇（H. Storch，1823）研究服务业对经济的贡献时，提出"服务过程需要生产者和消费者的合作"，意味着服务成果和服务价值会共同决定生产者和消费者。21 世纪初，C. K. 普拉哈拉德（C. K. Prahalad）、文卡特·拉马斯瓦米（Venkat Ramaswamy，2000）在"消费体验"的价值基础上提出"创造价值"的概念，他们相信共同创造的价值本质上是创造消费者的经验价值。因此，消费者体验价值的形成过程也是消费者和企业共同创造价值的过程。消费者和企业共同创造经验价值的核心和决定性因素是消费者，并相信企业和消费者通过价值网络的异质交互共同创造消费体验，然后共同创造价值。S. 瓦戈（S. Vargo）和R. F. 卢希（R. F. Lusch，2004）提出基于"服务领先逻辑"的价值创造理论，在这个由服务创造的开放系统中，生产者可以通过与消费者互动并引导他们积极影响消费者。他们认为，生产者提供的产品和服务能够满足消费者的个性化需求，而消费者则是使用产品和消费者服务，这就是双方共同创造价值的过程。一些学者还专门研究了价值共生问题，例如，拉米·雷斯（Rafael Ramirez）在研究价值创造后提出价值联合生产的概念，进一步分析了价值概念、价值联产、消费者消费和服务的历史根源，并描述价值联合生产的框架。周文辉、曹瑜等提出以共识、共生、共赢的价值创造过程模型，该过程模型主要由三个阶段组成，即共识概念是基础，价值共生是关键，共同利益是目标。

二、小众 KOL 营销综述

意见领袖的概念可追溯到 20 世纪 40 年代，由 P. 拉扎斯菲尔德（Paul Lazarsfeld）等人针对政治传播领域提出，意见领袖是构成信息和影响的重要来源，且是能左右多数人态度倾向的少数人。[1] 小众 KOL 在专业领域非常具有吸引力、影响力和可信度，其粉丝有很强的黏性，特别是对于价值观方面认可度很

---

[1] Paul F. Lazarsfeld，B. Berelson，H. Gaudet. The People's Choice: How the Voter Makes UP His Mind in a Presidential Campaign [J]. Psychological Bulletin，1946，43（1）：83 – 84.

高。2013 年，在《成功营销》上发表了文章《KOL 金字塔》，描述了 KOL 金字塔系统。小众专业意见领袖是中间力量，其倡导文化与吸引人群往往是辐射特定人群的，粉丝数量虽相对较少，但是与粉丝的互动深度、专业性和精神影响力却超越一般意见领袖。周军（2016）从社会化营销环境、运营技巧、创意洞察、社交文案等角度结合广告的本质，论述品牌如何能够真正地实现并进行有效的沟通以及如何影响受众。[1] 微播易联合在 2017 年，发布的《2017KOL 营销白皮书》称，网红/KOL 营销被品牌主视为社媒传播的重中之重，超过自身对于网站公众号的运营。其中，部分行业的 KOL 价格涨幅要远高于平均水平，加上这些行业推广需求的旺盛，成交订单额出现激增走势。艾瑞咨询的《2019 年中国 KOL 营销策略白皮书》指出，KOL 不同于一般意义上的"网红"，他们在某一垂直领域具有专业知识，并能稳定地输出该领域的内容，还具备相对稳定的社群粉丝。[2] 韩震（2021）认为，小众 KOL 的粉丝数量较少，但与粉丝深度互动，他们通过自身的"专业性"接触到细分的消费群体，通过"个性化"展现品牌的多样性，使得媒体营销从用户原创内容（UGC），转向专业生产内容（PGC）。[3]

第三节　巴黎欧莱雅与美妆博主签约合作的案例分析

一、巴黎欧莱雅签约美妆博主的案例简介

2016 年，品牌方巴黎欧莱雅签约小众 KOL 营销主，即英国的 5 位美妆博主，于是"Beauty Squad"正式成立。2017 年，"Beauty Squad"又新加入 3 名成员，扩展到 8 人，巴黎欧莱雅签约这 8 位作为品牌大使，并与她们展开长期合作。签约的这 8 位 KOL 营销主是英国最具有影响力的美妆博主，包括超模鲁斯·克瑞雷（Ruth Crilly），时尚博主维克多亚·麦格瑞斯（Victoria Magrath）等人，他们在油管（YouTube）及其他社交媒体上的粉丝数加起来，达到 500 多万人次，其中 Victoria Magrath 的粉丝数超过 73 万人次。欧莱雅巴黎与美妆博主们签约后首次开展在线营销活动是宣传和推广欧莱雅巴黎旗下品牌 True Match 系

① 周骏. 社会化营销，这一本就够了 [M]. 北京：电子工业出版社，2016：1 – 10.

② 艾瑞咨询：2019 年中国 KOL 营销策略白皮书 [EB/OL]. httP：//www. 199it. com/archives/847655. html.

③ 韩震. 作为媒介的 KOL：社交媒体视阈下小众 KOL 广告兴起的原因探究 [J]. 新媒体研究，2021，7（12）：33 – 36.

列，通过这几位美妆博主短短几个月的宣传推广，使 True Match 系列产品上升为美妆粉底产品销售榜上的第一名。

本章采用探索性案例研究方法，以 1 家国际名牌品牌方与几位小众 KOL 营销主签约合作的案例为研究对象，考察品牌方和小众 KOL 营销主如何通过价值共创过程实现价值共赢。

二、合作模式的变化

1. 从合作对象角度看变化

合作对象由大明星转向小众 KOL 营销主。以前巴黎欧莱雅选择与一些大明星合作，确保宣传的真实感和信服力，避免被认为是赞助广告，有"暗箱操作"的嫌疑。而现在开始主动转向粉丝数才几十万的多位 KOL 博主，相比那种重量级的流量明星，美妆小分队 8 位博主的影响力相对有限，但她们却在护肤、护发、彩妆、搭配等方面具有专业知识，使她们在各自擅长的领域都有很大的话语权。

2. 从合作方式角度看变化

合作方式由一次性营销转变为长期合作。欧莱雅巴黎客户沟通部门副总裁克瑞斯顿·康明斯（Kristen Comings）认为，此次签约美妆博主是品牌和 KOL 在内容营销上合作的新起点，而且品牌与这些关键意见领袖的互动能让企业受益匪浅。这次合作一改以往与关键意见领袖的一次性内容营销，而是深入的长期合作维持长达一年。

3. 从合作要求角度看变化

合作要求从严格约束到给予足够的"自由"。尽管巴黎欧莱雅与 8 位美容博主建立长期合作关系，但对他们没有太多限制。如欧莱雅与这些关键意见领袖的合作并非唯一，允许他们与其他美妆品牌合作。他们不仅可以在欧莱雅的内容营销中提及或评论其他品牌，也可以为自己的粉丝提供其他品牌产品和信息，这将确保美妆博主内容的真实性和真诚性，而不仅仅是作为巴黎欧莱雅的"传声筒"，给粉丝留下负面形象。

三、巴黎欧莱雅选择小众 KOL 营销主的原因分析

巴黎欧莱雅将关注从一线大牌明星转为小众营销主，更青睐于小众 KOL 自身具有的精准流量，可归结为以下三种原因。

1. 触达细分消费群体

虽然小众 KOL 的名气和粉丝量要少很多，但是他们的受众群体却非常有针

对性，因为小众 KOL 往往都是在某个圈层或某个领域具有影响力的人物，对于号召这部分有针对性的粉丝来说，他们的影响力会更加有力，因而小众 KOL 的粉丝和博主之间的黏性更强，品牌通过他们做活动宣传，可以更精准地触达到这部分细分人群。这正是巴黎欧莱雅营销策略一直要达到的目标。因此，小众 KOL 会通过输出更优质的内容，帮助品牌更精准地触达目标受众。

2. 实现品牌多元发展

品牌与小众 KOL 合作时，往往不会只选择一个 KOL，而是多元化地进行选择，如在女性品牌领域里，品牌可能会选择护肤、美妆、美发等多个不同的领域，这样品牌所触达的领域就会在无形中被扩大，这对于品牌的多元化发展大有益处。

3. 投入较少获取收益较大

选择小众 KOL 的优势之一，在于代言费用要低很多。而且，大牌明星与品牌间的联系没有像小众 KOL 那么频繁，大牌明星的代言活动大多是通过发布会、媒体访问等比较正规的方式，而与小众 KOL 间的合作更多是通过短视频、图片等各种"亲民"的方式与粉丝们互动，渠道会更加广泛，与品牌的联系更有深度，更能切实地起到传播的作用。

四、美妆博主给巴黎欧莱雅带来的溢出价值

1. 产品销量激增

欧莱雅巴黎与美妆博主合作签署的第一个小众 KOL 营销活动是通过美妆博主小分队努力宣传和推广欧莱雅巴黎旗下的品牌 True Match，通过原创社交内容，包括大型活动的幕后视频、产品使用评价、小贴士、指导视频等，为 True Match 吸引大量的关注、创造更多的讨论，最终使 True Match 上升为美妆粉底产品销售榜上的第一名。

2. 品牌知名度提升档次

从年初的微博热搜话题"Yours Truly"到品牌新口号"因为我们都值得拥有"，巴黎欧莱雅都努力打造一个更具话题性的品牌，而美妆小分队的诞生，加速了这一转变，向更多的消费者投入更多的关注，深入发掘这些美妆博主的个性，使品牌能够找到最独特的宣传人，最终让品牌独树一帜，而不会与其他的品牌雷同。

3. 品牌信任感迅速提升

美妆小分队的出现，体现了美妆消费群体在购买习惯上的改变，巴黎欧莱雅的目标消费者群体扩展到更广泛的年龄层、不同种族和时尚风格的消费人群。尤

其是"千禧一代",对于他们来说,在"照片墙""油管"上看帖子推荐,是他们购买美妆产品的第一步。因此,当鲁斯·克瑞雷（Ruth Crilly）在"照片墙"上强调她真的使用过产品、亲自体验过,才真心推荐欧莱雅产品时（"I tried. I really tried"）,帮助品牌迅速提升了信任感,达到预期效果。

五、巴黎欧莱雅与美妆博主案例的反响

在社会化媒体快速发展的当代,与小众 KOL 营销主合作成为品牌方最实用也是最常用的营销形式。巴黎欧莱雅与美妆博主的价值共创对传统的价值创造形成巨大的冲击,甚至引起现代社会和学术界的强烈反响,从消费行为、营销管理、战略管理等不同领域对多主体价值共创展开激烈的讨论,这意味着该研究具有深远意义。表 6 - 1 将传统价值创造的营销模式和基于价值共创的小众 KOL 营销模式间差异性进行对比。

表 6 - 1　　　　　　　　　　　　两种营销模式的对比

对比内容	传统营销模式的价值创造	小众 KOL 营销模式的价值共创
创新理念	以品牌方为核心,品牌方价值最大化	以小众 KOL 营销主和消费者为主体,小众 KOL 营销主、品牌方和消费者价值共赢
创新方法	以品牌方的封闭式创新为主	以鼓励小众 KOL 营销主参与的开放式创新为主
创新机制	品牌方为主导	以小众 KOL 营销主为主导,提供创新支持和创新平台

资料来源:笔者整理。

本章应用价值共创理论对小众 KOL 营销主和品牌方角色进行重新定义。价值共创对小众 KOL 营销模式创新的重要性体现在以下三个方面。

1. 实现多主体价值共创

传统营销模式的价值创造只关注品牌方本身,考虑品牌方如何找寻合适的代言人、如何设计产品和服务、如何获得利润等。形成以品牌方为中心的营销理念固然可以促进品牌方获得更多的利润和较大程度的发展,但品牌方要获得更持续和更强大的竞争力,需要考虑更多的主体价值的参与。而小众 KOL 营销模式的价值共创综合考虑小众 KOL 营销主、消费者、品牌方等主体利益,甚至全社会的相关利益诉求。虽然品牌方利益最大化依然是小众 KOL 营销模式创新的驱动力,但是更加突出小众 KOL 营销主的主体地位,可以让小众

KOL 在营销模式具有更多的创新行为，才能使小众 KOL 营销主和消费者达到价值共赢。

2. 引入开放式创新的新理念

价值共创将小众 KOL 营销主融入营销模式创新全过程，增加品牌方和小众 KOL 营销主协同创新的机会，促进小众 KOL 营销主和品牌方双方间合作的开放式创新。开放式创新突破品牌内外部资源的内在界限，成功地将品牌内部创新扩张到外部协同合作创新。在开放式创新中，品牌方充分了解小众 KOL 营销主需求，汲取他们的创意和资源，通过协调品牌方内外部资源进行协同创新，让小众 KOL 营销主可以拥有更多的创新资源，拥有更敏捷的市场反应能力，具有更贴近市场的创造力。因此，小众 KOL 营销主也从消费者转变为品牌合作伙伴，最终双方构建起更为紧密的合作关系。

3. 突出小众 KOL 营销主和消费者的主体地位

小众 KOL 营销模式创新是以小众 KOL 营销主为中心展开，他们最清楚自己需要什么产品和服务。该营销模式以满足小众 KOL 营销主需求为出发点，品牌方提供的服务体验也是满足小众 KOL 营销主的营销需求，才能提高产品的使用价值、优化服务流程。因此，消费者能直接地感受新商品，对熟悉产品性能、了解产品功能、学习使用方法也有非常强的主动性，进而快速地引起消费欲望。消费者也能够提升营销主的服务意识，提高管理水平，完善服务体系，同时给品牌方带来丰厚的利润。与此同时，为了满足消费者不断变化的需求，不断提高服务水平，营销主则不断地挖掘消费者的需求，提供创新方向和创新目标，而品牌方则需要整合内外部资源，满足他们的要求，改进产品的设计和质量，为消费者创新价值，最终实现消费者和营销方的价值双赢。

第四节　巴黎欧莱雅与美妆博主价值共创的理论分析

一、价值共创的多主体角色定位

1. 品牌方角色

品牌方是价值创造的主导者。本章案例中，巴黎欧莱雅作为品牌方，不再以单纯地生产产品和提供服务为导向，重点在于选择最适合的小众 KOL 营销主，配合他们引导消费者使用产品、体验服务。因此，品牌方的角色是了解不同小众 KOL 营销主的专业程度以及粉丝黏度，为其提供体验和互动情境，从而促进形成正面的消费体验和互动行为。

2. 小众 KOL 营销主和粉丝角色

小众 KOL 拥有更多、更准确的需求信息，一般粉丝群体规模不会很大，但能够被粉丝所接受或信任，并对他们的购买行为有较大的影响力。巴黎欧莱雅选择的 8 位知名美妆博主作为小众 KOL 营销主，他们在护肤、护发、彩妆、搭配等方面给予了粉丝更为专业的意见，通常对粉丝有很强的说服力。

小众 KOL 营销主的粉丝，是他们的忠实跟随者。当他们推广产品时，考虑粉丝的接受程度和认同感，推荐合适的产品，因此，粉丝也是产品的消费者。

二、价值共创的多主体关系

1. 巴黎欧莱雅和美妆博主的价值共创

欧莱雅首席执行官认为，选择小众 KOL 营销主的原因是：一方面巴黎欧莱雅希望通过营销主及其拥有的细分消费群体，挖掘更多潜在的消费群体；另一方面，选择不同风格的营销主体现了巴黎欧莱雅倡导的多元化精神。

巴黎欧莱雅签约的小众 KOL 营销主是英国地区最具有影响力的美妆博主，这些美妆博主与巴黎欧莱雅合作包括以下两点：（1）与欧莱雅巴黎合作制定各种营销内容和活动方案。（2）协助巴黎欧莱雅推出新产品。通过参加伦敦时装周、巴黎时装周和戛纳国际电影节，让他们在舞台前或幕后向粉丝们展示一些时尚活动。巴黎欧莱雅和美妆博主互相合作，巴黎欧莱雅通过美妆博主宣传旗下的产品，而美妆博主亦可以通过巴黎欧莱雅品牌提高知名度。

2. 美妆博主与粉丝的价值共创

美妆博主与粉丝之间的紧密度相当高，美妆博主能认真聆听每一位粉丝的意见并加以改进，同时粉丝也会认真学习和接受喜欢的美妆博主给予的有价值的信息。有时候品牌方会在社交媒体上做一些产品推广，美妆博主会通知粉丝促销信息，并给她们折扣代码，鼓励她们购买。通过追踪这些代码，品牌方可以清晰地看到销量的增长，使这些推广活动的效果非常明显。

除了品牌推广、传播产品知识、吸引受众外，评论区是开放式平台，粉丝可以畅所欲言、对比各家品牌、发表用户体验、为产品改进提供实质性的建议。因此，可以促进美妆博主与粉丝互动从而达到双赢，消费者可以买到称心如意的产品，美妆博主完成品牌方给予的任务，同时增加粉丝的好感度。

3. 巴黎欧莱雅与粉丝的价值共创

巴黎欧莱雅的战略投资与创意解决方案副总裁纳丁·麦克休（Nadine McHugh）表明，巴黎欧莱雅一直愿意以新颖的方式为消费者带来创意和引人入胜的内容。这次合作为欧莱雅提供一个与粉丝互动的平台，用有趣、可信的内容吸引那些对美妆充满热情的受众。

巴黎欧莱雅与粉丝间本应是直接的垂直营销，但对于大部分消费者而言，国际名牌与自己存在极大的距离感，没有办法引起消费者的共鸣。而自从 KOL 营销主出现后，他们将巴黎欧莱雅与粉丝连接在一起，巴黎欧莱雅通过 KOL 营销主辐射出更多的潜在消费者。

4. 巴黎欧莱雅、美妆博主和粉丝三方价值共创互动

巴黎欧莱雅选择美妆博主，更多地希望直接面向消费者，不再依赖零售商做大规模促销和营销活动。小众 KOL 营销模式的创新满足了消费者和品牌方之间最现实和最高频率的互动，提高了消费者的满意度和忠诚度；对于美妆博主而言，可以让粉丝增加信任感，也可以通过大品牌提升自己的知名度；对于巴黎欧莱雅而言，增加消费者的使用价值，提升其体验过程，给予品牌方更大的利润空间。因此，将巴黎欧莱雅、美妆博主和粉丝三方紧密地联系起来形成一条消费链，彼此之间相互协调、相互运作，使消费者、营销主、品牌方三方互惠互利，最终实现价值共赢，如图 6 - 1 所示。

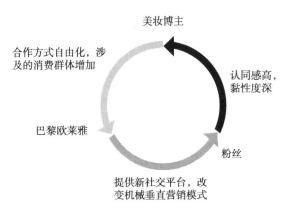

图 6 - 1　多主体价值共创关系

资料来源：笔者整理。

三、价值共创的过程

1. 观念共生是基础

消费者与小众 KOL 营销主互动中提出对现有产品和服务的建议，最终成为品牌创新的源泉。面对消费者新需求，营销主需要考察并确认消费者之间交互过程中的真实需求，再结合自身专业知识进行总结和分析，形成创意新想法是对品牌方营销模式创新的导向，引领品牌方营销模式的创新。品牌方需要和营销主保持互动，配合营销主在营销过程中的创新，这就需要品牌方部署多个内外部资源，如生产人员、运营人员和销售团队，积极地探索产品改进和服务优化的可能性。同时，品牌方要积极地引导消费者与营销主沟通过程中将消费者需求与企业实力相匹配，促进产品创新需求的形成。只有消费者、KOL 营销主，品牌方达到观念共生，才能不断地创新、进步。

2. 价值共生是关键

在观念共生阶段形成明确的创新目标后，营销主与品牌方相互依存，资源优势互补，形成有利于双方合作创新的氛围。作为创新的主体，营销主在使用和消费过程中形成创新理念，与品牌方在传播产品、体验服务和风险评估等方面不断地沟通，确保创造力的效率和价值。品牌方需要做到：首先，建立创新平台，允许营销主发表意见，提供人力、物力和财力等资源，以支持营销主的营销创新行为。其次，品牌促进与营销主的互动与沟通使他们尽最大可能地提供更多的创意和多元化的想法，为品牌的营销模式创新的方法和途径提供更多的可能性。最后，实现营销主们具有创意性想法和恰当的创新方式，使创意成为优化品牌商业模式的创新动力。基于价值共创的创新，提升品牌的现有营销模式，品牌方需要不断优化组织这个过程，使用探索性创新为品牌注入新的活力。

3. 价值共赢是目标

由于消费者熟悉品牌赞助小众 KOL 的套路，能很灵敏地察觉到营销主接受了品牌赞助，甚至对其广告的写法、在哪里体现品牌、带什么话题，都比较熟悉。为改变这些套路，欧莱雅将营销变得更加地透明，与消费者间迅速建立信任，而且美妆小分队也不辱使命，达到预期目标。

基于价值共创的小众 KOL 营销模式以实现消费者、小众 KOL 营销主、品牌方的价值共赢为目标，整个营销模式创新过程以满足消费者需求为导向。品牌方提供创新平台，并全程指导创新过程。营销主提供各种创意满足自身对产品和服务的需求。对于消费者而言，营销模式的创新满足其和企业之间最现实和高频率互动的关系，并提高消费者的满意度和忠诚度。对于品牌方而言，增加了消费者的使用价值，增强了消费者的体验过程，并为品牌自身带来更大的利润空间。最终实现消费者、小众 KOL 营销主、品牌方三方互惠互利，该价值共同创造的整个过程使该营销过程更具特色，如图 6 - 2 所示。

观念共生　　　　　　　　　价值共生　　　　　　　　　价值共赢

尊重需求，考察交流　　　　相互依存，形成理念　　　　透明营销，提高满意度

时刻互动，观念共生　　　　提供创意，实施流程　　　　给予空间，互惠互利

图 6 - 2　价值共创的过程

资料来源：笔者整理。

第五节　案例启示

一、选择合适的 KOL 营销主才见实效

品牌方希望通过小众 KOL 展示有用或有趣的内容，消费者才会对其感兴趣，并与不同类型的小众 KOL 合作，才能最大限度地提高营销效率。通过多种维度分析粉丝属性和交互内容，实时监控宣传活动数据，及时显示定量指标，如曝光度、点击次数、喜好、评论等，为品牌方总结小众 KOL 的实时表现，再根据小众 KOL 各方面因素选择最匹配的小众 KOL 营销主。

二、KOL 严选品牌方让粉丝安心

小众 KOL 营销主拥有的消费信息越来越准确，并且对粉丝购买行为有很大的影响力。如果小众 KOL 选择的品牌产品质量不过关，会影响自身的口碑，也会让粉丝消费体验感变差。因此，小众 KOL 一定严格筛选值得信赖的品牌方才能让粉丝安心。

三、价值共创帮助 KOL 促活

小众 KOL 营销模式创新突破以往商业模式，企业提供创新支持和促进创新的实践，消费者反映个性要求，小众 KOL 营销主成为补充消费者和企业之间交流沟通的纽带，不断调整和改变营销模式，促进营销模式创新和价值共同创造。价值共创旨在促进消费者参与创造价值并重新审视企业价值活动，促进企业价值重构，重组相关模块以推动小众 KOL 营销模式的创新。

第六节　本 章 总 结

价值共创过程重新定义了品牌方、小众 KOL 营销主和消费者三方在创造新的价值过程中的角色、关系以及作用，将以产品为中心的价值创造理念转变为以消费者为中心的共同创造价值观。小众 KOL 营销主成为品牌方与消费者连接的纽带。本章基于价值共创的思想，重新梳理了品牌方与小众 KOL 营销模式创新的过程，认为价值共创完善了营销模式创新理念，优化了营销模式创新方法，更新了营销模式创新机制。遵循观念共生、价值共生和价值共赢的过程，营销模式创新可以创造营销主和品牌方互惠的商业价值，构建了更具全局观的小众 KOL 营销模式。能够实现快速达到内容优质、创意特别强、短时间内吸引大量粉丝、帮助品牌达到曝光和变现，使得消费者、营销主和品牌方间互利共赢的目的。

第七章　基于顾客价值的搜索引擎营销策略

第一节　引　　言

在网络经济时代，消费者行为模式发生了一系列显著的变化，搜索成为互联网时代消费者行为模式中的重要环节。搜索引擎技术的不断完善大大地降低了人们的搜索成本。一旦消费者键入关键词进行搜索，就意味着由消费者驱动的需求生成，搜索引擎正好符合现代拉式营销理念。同时，搜索引擎营销在控制成本、品牌推广、挖掘潜在用户、针对目标客户群等方面拥有得天独厚的优势。[①] 因此，搜索引擎营销成为企业产品营销的重要方式和渠道。搜索引擎营销是根据用户使用搜索引擎的方式，利用用户检索信息的机会尽可能地将营销信息传递给目标用户。本章从顾客价值视角分析搜索引擎营销的策略，希望在搜索引擎营销公司为企业提供营销服务时充分考虑顾客因素，帮助企业提升顾客价值，吸引更多的潜在顾客。

第二节　文 献 综 述

一、顾客价值

1. 顾客价值的概念

自 20 世纪 70 年代市场导向的营销理念广泛传播，顾客资产思想受到营销学

---

①　李凯，邓智文，严建援. 搜索引擎营销研究综述及展望 [J]. 外国经济与管理，2014，36（10）：13－21.

界的关注，并将顾客终身价值作为评估顾客资产的新指标。① 80 年代首先由西方学者提出的顾客价值是指顾客通过购买商品所得到的收益和顾客花费的代价（购买成本和购后成本）的差额。它体现在企业提供的产品在客户身上产生的主观感受，此种感受主要通过产品或者服务的体验表现出来，而不是通过商家和其他利益表现出来。

2. 顾客价值研究

关注顾客价值源于企业经营重心的改变。随着企业从产品中心的交易导向转变为客户中心的关系导向，企业开始将顾客视为企业战略性资产，提高顾客价值是企业顾客管理的最终目的。基于此，学者们从两个视角对顾客价值展开探讨。一是从顾客视角，将顾客价值视为顾客感知企业提供商品和服务的价值，为探讨顾客价值影响因素提供坚实理论支撑。二是从企业视角出发，将顾客价值定义为顾客的经济价值或货币价值，企业可进一步识别高价值顾客，实施顾客获取、保留和发展策略。②

（1）顾客价值的影响因素。喻亮（2015）认为，要提升顾客价值，必须要降低客户对成本的偏好或提升客户对收益的偏好。③ 邓小渲（2015）认为，顾客体验受产品因素、经济因素、环境因素、服务因素、顾客体验、顾客价值等影响。④ 黄嬿（2016）认为，顾客价值不仅受不同客户主体的影响，还受收益和成本之间关系的影响。⑤

（2）顾客价值的作用。查金祥（2006）认为，顾客价值通过顾客满意和信任影响网络顾客的忠诚度。⑥ 焦明宇（2014）认为，顾客价值是获得企业竞争优势的重要因素，企业通过提升顾客价值提高企业的竞争优势。⑦ 潘旭帼（2015）认为，注重顾客价值可以提升忠诚度，能够在感知、心理、意识和行动的范围内

---

① Hogan, John E, Donald R. Lehmann, Maria Merino, Rajendra K. Srivastava, Jacquelyn S. Thomas, and Peter C. Verhoef. "Linking customer assets to financial Performance." Journal of Service Research, 2002, 5 (1): 26 – 38.

② 王茜，容哲，陈航. 多平台渠道采纳机理及顾客价值的实证研究 [J]. 管理科学，2020, 33 (6)：J4 – 05.

③ 喻亮，姚洁. 浅析基于网络教学整合中的高职工商管理专业人才培养 [J]. 职教论坛，2015 (9)：68 – 71.

④ 邓小渲. 顾客价值影响因素研究——基于民族特色餐饮业的经验分析 [J]. 商场现代化，2015 (5)：16 – 17.

⑤ 黄嬿，喻亮. 基于客户价值视角的企业市场营销策略研究 [J]. 价格月刊，2016 (1)：50 – 52.

⑥ 查金祥. B2C 电子商务顾客价值与顾客忠诚度的关系研究 [D]. 杭州：浙江大学，2006.

⑦ 焦明宇. 基于顾客价值的经济型酒店顾客满意度测评研究 [J]. 旅游学刊，2014, 29 (11)：80 – 86.

获得成功。① 汪桂林（2016）认为，随着买方市场到来，顾客价值的提升越来越成为企业维持生命的制胜法宝。

二、搜索引擎营销

1. 搜索引擎营销的概念

"搜索引擎营销"概念最先是由 GoTo 公司提出（2006）。从用户角度讲，搜索引擎营销是根据用户使用搜索引擎的方式，利用用户检索信息的机会，尽可能地将营销信息传递给目标用户（冯英健，2004；森，2005）。从企业角度讲，搜索引擎营销指企业通过网站采取提升自然排名、推出付费搜索广告等与搜索引擎相关的行为，使企业网站在搜索引擎上显著列示的营销手段，目的是吸引目标受众访问网站（特朗，2004；李莎，2005）。总之，搜索引擎营销是一种按效果付费的网络营销方式，搜索引擎公司为客户设置账户，创意撰写等工作，免费在搜索页面展示客户的创意，当网民点击客户的创意进行具体浏览时，收取企业的推广费用。这是一种迎合搜索引擎发展趋势的网络推广方式，能够减少资源浪费，同时将推广的信息传达给有需要的客户。

2. 搜索引擎营销研究

（1）搜索引擎营销原理。从本质上来说，搜索引擎的工作原理属于技术层面的问题，但是营销人员只有掌握其工作原理后，才能加深对搜索引擎的理解，从而更好地制定出符合本企业实际的搜索引擎营销策略。搜索引擎营销实现的基本过程是：企业将信息发布在网站上，搜索引擎将网站/网页信息收录到索引数据库，用户利用关键词进行检索，检索结果中罗列相关的索引信息及其链接 URL，用户选择有兴趣的信息并点击 URL 进入信息源所在网页，便完成了企业从发布信息到用户获取信息的全过程。②

（2）搜索引擎营销的影响要素。姜旭平、王鑫（2011）认为，影响搜索引擎营销效果的主要因素，以及控制和改变这些影响要素包括：关键词所反映的搜索动机、信息项出现的位置、前后项关系以及搜索动机与营销诉求的关联性等。③ 陈怡（2014）认为，用户行为和点击率是影响搜索引擎营销效果的重要

---

① 潘旭帼. 网络零售中的顾客价值及其对店铺忠诚的影响分析 [J]. 现代经济信息，2015（24）：266 + 337.

② 方英. 搜索引擎营销模式及其商业价值分析 [J]. 商业时代，2009（3）：32 – 33.

③ 姜旭平，王鑫. 影响搜索引擎营销效果的关键因素分析 [J]. 管理科学学报，2011，14（9）：37 – 45.

因素。① 李凯、邓智文等（2014）认为，企业根据目标客户在搜索引擎上的检索信息分析其消费行为和心理。② 张玲予（2016）认为，结合互联网经济发展中的各种影响因素及发展障碍，采取合理有效的解决措施，能够推动互联网技术的良好创新。③

（3）搜索引擎营销的模式。方英（2009）从不同的搜索技术角度，提出搜索引擎存在两种模式：自然搜索和付费放置，营销人员可根据这两种技术模式，选择与之相对应的搜索引擎营销模式。黄玲（2016）认为，搜索引擎营销是网络营销中重要的推广手段，也是用户发现新网站的最普遍途径，目前在搜索引擎营销策略中，主要有关键词策略、内容策略、链接策略三种。④

第三节　搜索引擎营销关键策略

一、关键词策略

1. 把握行业关键词趋势

把握行业关键词趋势，通俗地讲，要预计哪些关键词会成为行业热门关键词荣登搜索榜单。这对于搜索引擎营销的意义在于，在榜单还没出现的时候，准确地把握可能出现在搜索榜单的关键词信息，让推广客户网站的关键词在预热阶段就受到关注。把握行业关键词的趋势可以帮助企业添加合适的关键词，提高搜索引擎营销的推广效果。

2. 关键词密度设置合理

关键词密度指关键词在网页上出现的总次数与其他文字的比例，一般用百分比表示。例如一个网页共有 100 个词，其中，关键词出现 5 次，那么该关键词密度是 5%。一般情况下，关键词密度最优设置在 3%~8%。

关键词密度是搜索引擎营销排名算法考虑的因素之一，合理的关键词密度可以使网站在搜索界面获得较高的排名位置，但如果密度过大，会起到相反的作用。

---

① 陈怡. 企业搜索引擎营销的决策模型及其应用研究［D］. 开封：河南大学，2014.

② 李凯，邓智文，严建援. 搜索引擎营销研究综述及展望［J］. 外国经济与管理，2014，36（10）：13-21.

③ 方英. 搜索引擎营销模式及其商业价值分析［J］. 商业时代，2009（3）：32-33.

④ 黄玲. 我国搜索引擎的营销模式分析［J］. 中外企业家，2016（1）：107-108.

3. 拓展长尾关键词

长尾关键词指网站上可以带来搜索流量的非目标关键词，是核心关键词的延伸，使用长尾关键词可以最大限度优化非热门关键词，增加网站流量。

由于关键词的竞争力度太大，想把某个关键词放在搜索引擎的理想位置，需要耗费大量金钱。在这种情况下，需要使用长尾关键词，长尾关键词的使用方便网民检索，使企业花费少量投入得到较高的点击率，提高搜索引擎营销的效果。

二、内容策略

1. 提高内容的友好性

网站内容是否友好是直接决定网站对于网民具有吸引力的关键因素。友好性包括搜索引擎友好性和用户友好性两种。搜索引擎友好性指合理编辑搜索引擎的展现页面，以便搜索引擎"爬虫"抓取展现；用户友好性指展现内容真实、新颖，吸引浏览网名点击访问。

提高内容的友好性既可以提高搜索引擎的抓取率，也可以吸引用户点击浏览企业的推广信息，达到营销的效果。

2. 增加原创内容

原创内容是一手的并且从未发表过的内容，制作原创内容需要时刻牢记关键词，在原创内容中要注意保持适当的关键词密度。此外，在写作中文笔不能太过单一，多样化写作可以避免出现呆板、重复等不良趋势。在所有的内容中，原创内容是最受搜索引擎欢迎的，大量的原创内容使得搜索引擎营销"爬虫"很容易被检索到，企业的推广结果更加容易出现在搜索结果靠前的位置。

3. 内容及时更新

进行搜索引擎营销的网站内容必须做到及时更新，无论是用户还是搜索引擎，都不可能对长期不更新的网站投入太多的关注度。搜索引擎"爬虫"对网站的爬行周期会因该站点的信息更新频率而改变，网站内容更新越频繁，被搜索"爬虫"抓取的概率越高，越有利于企业与搜索引擎公司的合作。

三、链接策略

1. 避免出现死链

死链是由于种种原因导致无法正常打开的链接。存在死链可能有以下四种情况：一是动态链接在数据库不再支持的条件下，变成死链接；二是某个文件或者网页移动了位置，导致指向该链接变成死链接；三是网页内容更新并换成其他链接，使原来的链接变成死链接；四是网站服务器设置错误，这种情况看似正常的网页链接，但点击后不能打开相对应的网页页面。

死链的出现导致部分重要信息无法展现，不仅影响企业推广信息的展示，而且使网民在浏览时影响体验效果，不利于顾客价值的提升。避免出现死链，让网民在浏览推广信息时顺畅满意，愿意继续浏览，提高搜索引擎营销的效果。

2. 优化站内链接

网站中的链接主要有站内链接和站外链接两种，站内链接也称内链，指网站域名下的页面间的互相链接，可以将自身网站的内容链接到本网站的内部页面。站内链接优化可以使企业网站更容易获得搜索引擎认可。站内链接使用最多的地方就是网站的导航条，它可以引导用户更方便、快捷地达到相关频道或栏目。使用搜索引擎营销的企业在审核推广网站时，要求网站的导航页以及站内图片等必须有相关的站内链接，且必须保证站内链接都可以打开。

3. 添加站外链接

站外链接也称外链，外链主要有四种形式，分别为超链接形式、锚文本形式、URL 形式、品牌名称形式。一个网站的容量相对有限，很难做到面面俱到，所以需要链接到其他网站获取更多的信息。有效利用外部链接可以在空间上扩展企业网站，使得网站的容量提升。将外部链接和内部链接配合使用是 SEO 策略中的链接策略的主要内容。

第四节　百度为丰顺水产提供搜索引擎的营销案例分析

一、百度搜索引擎营销现状

百度搜索引擎（以下简称百度）是全球最大的中文搜索引擎，搜索引擎营销方式是一种按效果付费的网络推广方式，一经推出受到众多网民的关注和喜爱，每天有约 20 万家企业使用百度进行搜索引擎营销，远超其他同类竞争者。百度搜索引擎营销相较于其他同类竞争者拥有绝对优势，在 2020 年搜索引擎排名中，百度占中国的市场份额为 72.46%，排名第一。淮安百度作为百度在淮安地区的一个分支，平均每天有 10 家新增企业选择在百度进行搜索引擎营销，推广企业的产品和服务。

二、丰顺水产养殖场现状

1. 丰顺水产养殖场

洪泽县丰顺水蛭养殖场是一家集培育良种、孵化幼苗、种蛭销售为一体的专业养殖基地，兼营成品加工，采取全程科技无土养殖，保证水蛭的高质高产。该养殖场于1998年建立，拥有20多年发展历史，专注于产品质量，在当地有较好的口碑，是淮安当地最大的水蛭养殖场。

2. 丰顺水产养殖场的百度推广概况

丰顺水蛭养殖场在当地发展不错，外地顾客却非常少，发展空间受到很大的影响。养殖场希望通过搜索引擎营销推广扩大经营范围，选择百度进行营销推广。于是，丰顺水产养殖场在百度搜索引擎上推广各种水蛭产品，并在其账户下设置养水蛭、水蛭养殖、青年蛭养殖、水蛭幼苗、丰顺水蛭养殖等关键词，营销内容围绕企业产品水蛭展开，推广网站设置多个连接保证网站的层次感，以吸引网民浏览这些推广信息，达到搜索引擎营销的最佳效果。

三、搜索引擎营销中顾客价值的体现

1. 提高顾客产品的网络曝光度

网民一般习惯浏览搜索结果前几页内容，而且越靠前的内容越能够引起他们的关注和点击。由于网民这种趋前点击的搜索习惯，通过搜索引擎营销投入，必然会吸引一大批目标客户，进而提高产品的影响力和知名度。

丰顺水产在百度做搜索引擎营销前，在搜索结果界面排名非常靠后，经常排不到第一页，损失很多的目标客户。该水产养殖场也曾在一些电子屏幕、报纸、杂志等方面做过广告推广，结果投入大量资金，却没有收到电话咨询及上门拜访等效果，订单量更是少之又少。自从进行搜索引擎营销之后，使丰顺水产的电话量咨询量逐月增长，企业有很多的关键词被客户搜索浏览，这使得企业的曝光度大大得到提升，如图7-1所示。

2. 顾客企业获得优质会员

丰顺水产选择百度做搜索引擎营销推广水蛭产品，希望获得一定的曝光度，更希望目标客户在浏览推广信息后，可以注册成为自己的会员，留下客户信息，得到长期的交流沟通，及时获得企业的最新动态。而百度搜索引擎营销使丰顺水产获得更多的优质会员，每周注册会员数都维持上升趋势，如图7-2所示。

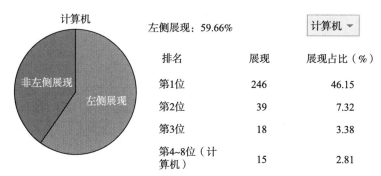

图7-1　2016年丰顺水产7天关键词左侧展现情况

资料来源：根据后台数据整理。

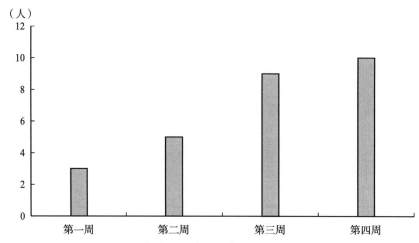

图7-2　2016年丰顺水产近一个月网站新增购买会员数

资料来源：根据后台数据整理。

3. 提高顾客企业销售额

丰顺水产进行百度搜索引擎营销的根本目的是让更多的目标客户喜欢自己的产品和服务，提高产品的销售额。相较于传统营销方式而言，丰顺水产的业绩有很大的提升。做搜索引擎营销前，公司每天订单基本来自老客户或者老客户的介绍，新客户非常少，毕竟对于水蛭养殖这一行业，大家的了解不是特别多，销路也相对固定，但做搜索引擎营销之后，公司考虑到自己的业务范围，将推广的地域定位设置在湖北、江苏两个省进行推广，取得了不错的成绩，公司的电话咨询量得到显著上升，并且经过目标客户对公司产品深入了解后，许多人选择与公司建立长期合作关系，搜索引擎营销为公司带来大量的业务（如图7-3）。

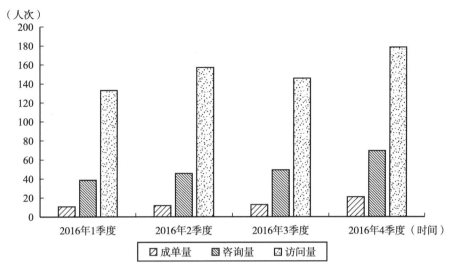

图 7 – 3　2016 年初丰顺水产百度搜索引擎营销情况

资料来源：根据后台数据整理。

第五节　百度与丰顺水产合作中遇到的问题

一、关键词方面的问题

1. 行业关键词趋势把握不当

把握行业相关关键词趋势，可以在很大程度上提升丰顺水产的关键词被访问率。然而最开始丰顺水产在设置账户关键词后，只是在凭空想象产品相关的词语，而没有考虑把握行业关键词趋势、寻找恰当关键词、提升产品创意的展现率，没有合理参照行业优秀关键词。这使得丰顺水产在开始进行百度搜索引擎营销的时候没有得到很好的效果。

2. 关键词密度太大

丰顺水蛭养殖场的推广信息中"水蛭养殖"一个关键词的密度达到 17%，高于正常水平，导致在推广时效果不佳，创意难以推广。此外，客户在浏览时总觉得被强制性地一直浏览"水蛭养殖"一词，产生抵触心理，而不愿意继续在丰顺水产养殖场的网页继续浏览下去，这使得该养殖场的访问量、点击量等数据受到影响，投入的资金没有得到相应的回报，顾客价值得不到提升。

3. 缺少长尾关键词

丰顺水产最初在搭建账户的时候没有采用长尾关键词，而是全部使用"养水蛭""水蛭养殖"等短语式关键词，随着而来的是关键词消费非常高，使用短语关键词让丰顺水产的关键词极易被触发，账户内的资金消耗迅速，不利于搜索引擎营销。

二、内容方面的问题

1. 内容友好性有待加强

网站内容是给浏览者留下第一印象的观感，因此，网站内容的友好程度是网站质量的主要决定因素。就丰顺水蛭养殖场而言，企业网站在"关于我们"模块中投入太多文字，详尽地介绍企业的发展背景、现状、地址、企业经营业务等，甚至连周围土壤环境等都作了详细介绍，使得网站内容太过冗余，而且文字很呆板，不仅搜索引擎"爬虫"的抓取率低，浏览者也没有太大的阅读欲望。这是网站制作的一大误区，过分的修饰反而不是百度推广需要的，使得浏览者不愿意花费太多精力浏览相关信息，转而去检索其他的相关信息，使得潜在顾客价值降低。

2. 原创内容过少

丰顺养殖场用于搜索引擎营销的原创内容不多，大部分参照同行竞争者的内容进行修改。使得该企业在百度进行搜索引擎营销过程中即使账户的关键词价格远高于同行业竞争者，推广结果却难以排到第一名，而竞争者上海富昊家的内容就是原创内容居多，在"爬虫"检索时能够较为容易地检索到。相较于竞争者，丰顺水产养殖场的原创内容显得太少，不利于搜索引擎营销。

3. 内容更新不及时

丰顺水产在网站建设投入运营后，没有特别关注过网站的内容信息，没有及时更新网站信息，使得丰顺水产的部分目标客户在多次浏览却发现网站信息没有及时更新，渐渐淡忘该企业，转而去关注一些信息实时更新的网站，网站的浏览者减少，使得丰顺水产的关注度降低，收益减少。

三、链接方面存在的问题

1. 存在死链接

丰顺水产养殖场的推广网站中在产品展示模块，有一个水蛭对应的图片一直处于无法打开的死链接状态，而且由于网站没有专人负责维护，导致该问题时隔较长时间也没有得到解决。很多客户浏览该网站的时候产生不信任的心理，不利于顾客价值提升。

2. 缺少站内链接

丰顺水产在制作网站的时候，没有对网站的模板做过多思考，选择最为简单的模板，提供的产品图片非常少，使得制作的网站站内链接特别少，目标客户在浏览时有种一目了然的感觉，虽然清晰，却不能够吸引他们关注，不利于搜索引擎营销工作深度开展。

3. 缺少站外链接

站外链接也是网站搜索引擎营销策略中链接策略的重要内容，但丰顺在设计自己网站的时候没有考虑到这点，网站上的站外链接只有一个百度地图，使得网站没有更多的渠道提升目标客户对丰顺水产的认识。

第六节　搜索引擎营销的优化措施

一、关键词优化策略

1. 合理添加行业关键词

在发现丰顺水产账户内的行业相关关键词不合理时，通过百度的搜索词报告等工具，查找网民经常检索的搜索词，根据搜索词的变化把握关键词整体的变化趋势，进而对企业账户内的关键词做出定期调整，使其更符合时代潮流。

通过关键词报告还可以捕捉到网名搜索次数较多的搜索词主要有"哪里可以买水蛭""水蛭哪里卖"等搜索词，于是在企业账户中添加类"买水蛭""卖水蛭"两个关键词，以减少目标客户的损失。

2. 调整关键词密度

调整好关键词密度，要注意尽量采取自然的优化方式，百度通过密度查询工具查询网页的关键词密度，如 http：//www.keyworddensity.com。在发现丰顺水产的关键词"水蛭养殖"密度太大后，参照查询结果对网页上的"水蛭养殖"关键词做出删改，使其维持在 3% ~8% 合理范围内，便于搜索引擎抓取。

3. 添加长尾关键词

长尾关键词的应用可以提高搜索引擎的抓取率。认真分析丰顺水产的账户后，发现类似于"水蛭幼苗""青年蛭"一类的短语式关键词较多，却鲜有长尾关键词。利用职业拓展法，将关键词"青年蛭"扩展成为长尾关键词，如"青

年蛭在哪里购买"将"水蛭幼苗"拓展成为"在哪里可以买到水蛭幼苗"以此
参照搜索词报告将相应关键词作出修改。

二、内容优化策略

1. 及时更新网站内容

丰顺水产公司网站的最新动态模块，由于信息一直没有及时更新导致一系列
问题，所以在优化过程中，特别强调内容的更新，企业专门找人负责网站维护，
对于丰顺企业内外的最新时事及时整理更新到网站上，有效地实现和目标客户以
及会员交流沟通，提高他们对丰顺水产的忠诚度。

2. 添加原创内容

在为丰顺水产养殖场做搜索引擎优化时，考虑到丰顺水产用于搜索引擎营销
的原创内容较少，在该企业的推广信息中加入该企业特色信息，例如企业在当地
的口碑、地位等信息，还创新性地突出在水蛭养殖方面的特色。

3. 增强网站友好性

由于丰顺水产的网站内容大都是以产品为主，图片在网站占有较大比重，所
以对图片的优化极为重视，对于丰顺网站图片，将格式都改成 jPeg 或者 gif，并
且每张图片都要完整地描写出 alt 标签，标签上的文字保持简短精炼。为网站赋
予赏心悦目的界面，提高网站的友好性，目标客户愿意浏览推广信息，才能体现
出网站的价值。

三、链接优化策略

1. 重要网页添加内部链接

丰顺水产网站中的内部链接较少，发现该问题后决定对其进行调整。在网站
导航条添加产品展示和联系我们两个模块，并将所有产品图片单独分离出来，体
现在一个页面上，后采用内部链接的方式链接到导航条上，再将企业最新、最全
的联系方式单独列在一个网页上，同样以内部链接方式链接到导航条。设置内部
链接使丰顺水产的网页层次感加强，便于搜索引擎"爬虫"抓取。

2. 增加网站外部链接

对丰顺水产账户分析后发现，企业网站上还缺少外部链接，因此，在网站的
"联系我们"模块增加百度地图的外部链接，便于目标客户寻找企业所在位置。
然后又征求丰顺水产后，在网站内添加申通快递官网的友情链接，便于本地之外
的水蛭物流运输。

3. 消除存在的死链

对丰顺水产的产品展示模块中死链进行排查中发现，死链出现的原因是由于网站文件在上传时漏掉一个文件，导致链接在打开时找不到对应的内容。于是找到网站源文件，重新上传，保证所有图片链接都可以打开后，再重新将网站投入推广，以保证搜索引擎营销的正常进行。

第七节　本 章 总 结

随着搜索引擎营销规则和搜索引擎运营的商业模式不断的发展变化，搜索引擎营销策略仍然是企业营销策略的重要组成部分，不仅体现在购买搜索引擎广告、搜索引擎优化以及网站推广等方面，有效的搜索引擎营销策略需要专业化经营和管理。把握"以用户体验为中心"这一原则，努力改善目标用户的服务体验，才能在真正意义上提升顾客的价值。

下　篇

新媒体营销模式的消费者行为研究

第八章 直播带货的互动仪式链与用户粘性

第一节 引 言

2021年2月，据中国互联网络信息中心（CNNIC）发布的第46次《中国互联网络发展状况统计报告》中显示，截至2020年12月，我国短视频用户规模达8.73亿户，较2020年3月增长了1亿户，占网民整体的88.3%。短视频市场上，抖音几乎是家喻户晓的短视频产品。2021年1月，抖音发布的《2020抖音数据报告》中显示，截至2020年12月，抖音日均视频搜索量突破4亿户。以抖音为代表的电商直播模式凭借极强的传播互动性，使品牌扩大用户规模，沉淀忠实用户。相对于其他电商模式，电商直播具有传播路径更短、效率更高等优势，商家、平台、主播以及消费者等都会受益于直播电商。

根据商务部统计数据显示，2020年我国农产品线上销售额达936亿元，电商直播400多万场。尤其抖音平台"短视频＋电商＋直播"的新营销形式，推动农产品销售新产业链的形成。直播带货中消费互动的仪式，是一种互动行为。[①] 从互动仪式的视角出发，直播带货过程充分地表现出主播与用户间建立的具有因果关系和反馈循环的互动仪式模型。抖音直播带货的传播过程也明显体现出互动的优势，它利用互联网的互动特性完成开启互动仪式链的前提——群体聚集的虚拟在场。再通过抖音平台智能算法、渠道特征和视觉体验塑造出互动仪式链符号，最终积累并输出情感能量。本章以巧妇9妹直播带货为例，研究抖音直播带货的互动仪式链是怎样形成的以及互动仪式链增强粘性的路径。

---

① 肖弘波. 互动仪式链视角下的直播带货现象分析［J］. 新闻论坛, 2020（3）: 5.

第二节　文献综述

一、互动仪式链

社会学家德尔·柯林斯（Del Collins，2012）构建出互动仪式链，系统地阐述了互动仪式链的构成要素和仪式结果，[1] 他认为，互动仪式是际遇者由资本和情感的交换而进行的日常程序化活动，是人们最基本的活动，而局部际遇所形成的链条关系是互动仪式链。赫伯特·布鲁默（Herbert Blumer，1971）认为，人们会借助符号互动应对外界变化，并用符号连接交流，使得社会在交流和互动下逐渐实体化。[2] 虽然互动仪式链理论还是未成熟的理论，但随着互动仪式链深入研究，已经受到学者们广泛的关注和思考。苌庆辉（2011）借助互动仪式链理论提出大学德育难题在于缺乏互动，通过掌握互动仪式链的核心机制，即学生的情感连带和共同关注，让其产生共享情感和道德体验感，最后形成符号互动。[3] 阿尔贝托·贝洛基（Alberto Bellocchi，2017）在学习教育中，讨论情感体验和学习认知的互动仪式。[4] 在电商领域，黄莹、王茂林（2017）认为，网络直播间这一互动的"场域"为参与互动的用户提供情感能量的获得与文化符号资本的交换，而这种情感的获得与资本的交换吸引着用户参与下一次互动。[5] 王晗（2020）研究互动仪式链的情感呈现，提出互动仪式链产生的情感可以提高用户的认知并建立群体身份，而且还能带动其他情感文化社群的进步。[6]

二、用户粘性

在互联网领域中，粘性是用户和网络服务的关系，通过网络服务增强用户的吸引能力，即用户建立起对网站的忠诚度，使其愿意长期停留的能力。在营销学

① ［美］德尔·柯林斯. 互动仪式链［M］. 林聚任，王鹏，宋丽君，译. 北京：商务印书馆，2012：3－5.

② Blumer H. Symbolic interactionism：Perspective and method［J］. British Journal of Sociology，1971.

③ 苌庆辉. 德育互动的重构：互动仪式链理论对大学德育的启示［J］. 现代教育科学，2011（7）：5－7.

④ Bellocchi A. Interaction Ritual Approaches to Emotion and Cognition in Science Learning Experiences［M］. Springer International Publishing，2017.

⑤ 黄莹，王茂林. 符号资本与情感能量：互动仪式链视角下网络直播互动分析［J］. 传媒，2017（8）：80－83.

⑥ 王晗. "夸夸群"互动仪式链中的情感呈现研究［D］. 长沙：湖南师范大学，2020.

中，粘性是用户的使用频率，频率越高、粘性越强。左特（Zott，2000）将粘性定义为网站吸引和保留消费者的能力。[①] 赵青、张利等（2012）对粘性行为形成机理进行研究，得出用户粘性有两种效应：正效应是搭建用户和企业之间的忠诚度；负效应可以干预和转化特性。[②] 宋晓利、侯振兴（2020）认为，用户期望、互动体验、行为习惯、满意度以及持续使用意愿都不同程度地影响用户粘。[③] 黄靖婷（2020）分析了用户粘性影响因素，她认为感知体验、感知成本和感知效用影响着用户粘性，若提高用户的心流体验则可以增强用户粘性。[④] 周军杰（2015）认为，以社会化商务为背景，粘性是由于消费者对某种产品和服务的过度关注而导致的行为和心理转变。[⑤] 从这个意义上讲，网络粘性行为是用户在持续使用网络基础上形成的一种伴随心理变化的过度使用行为。

第三节　直播带货的互动仪式链与用户粘性基础理论

一、直播带货互动仪式链的构成要素及动力

1. 互动仪式链的构成要素

德尔·柯林斯将互动仪式链作为研究对象，研究其构成机制，并将传播行为的动力归结于情感能量。互动仪式链的构成要素具体在以下四点：（1）群体聚集，即个体聚集在特定场所，通过身体的虚拟在场而相互影响。（2）排斥局外人的屏障，即对不感兴趣的群体设置界限。（3）相互关注焦点，即群体将焦点集中于某一事物，形成相互关注。（4）共享的情感体验，即通过互动过程，群体分享其中的情感体验。

2. 互动仪式链的动力

构成要素间能够顺利运行的原因是情感能量的产生，情感能量是互动仪式链

① Zott C, Amit R, Donlevy J. Strategies for value creationin ecommerce beat Practice in European [J]. European Management Journal, 2000, 18 (5): 463 – 475.

② 赵青, 张利, 薛君. 网络用户粘性行为形成机理及实证分析 [J]. 情报理论与实践, 2012, 35 (10): 25 – 29.

③ 宋晓利, 侯振兴. 餐饮类生活平台用户粘性影响因素研究——以"饿了么"为例 [J]. 河南工业大学学报（社会科学版）. 2020, 36 (6): 36 – 43, 62.

④ 黄靖婷. 美食类短视频用户粘性的影响因素研究 [D]. 武汉: 武汉大学, 2020.

⑤ 周军杰. 社会化商务背景下的用户粘性：用户互动的间接影响及调节作用 [J]. 管理评论, 2015, 27 (7): 127 – 136.

的动力，德尔·柯林斯将情感分为短期情感和长期情感。参与主体经过互动会产生各种情感上的体验，短期情感体验会累积成长期情感体验，就是所谓的情感能量。互动仪式链中情感能量是分层的，情感分层是指认同与归属的社会分离，决定着人们情感归属、情感政治和情感文化的形态，设立了情感场域界限。郭景萍（2012）认为，在社会分层的意义上，情感社会分层是根据将人们所获得的资源导入情感世界所形成的有差异的，甚至不平等的一种特殊主观社会结构。[①]

德尔·柯林斯将互动仪式链中的情感能量分为三个维度：（1）中心－外围参与维度：当互动仪式链发生时，个体的位置存在着连续统，处于群体边缘的人逐渐具有成员身份，最后走向中心地带。（2）社会密度维度：社会密度维度是情境链条随时间累积。如直播频率大约是多少？粉丝消耗在关注到场的时间是多少？对于粉丝私信留言的回复和评论回复的比率是多少？当个体有较多隐私空间和孤独感时，个体社会密度较低。（3）社会多样性维度：就是互动仪式链的参与主体到底是固定的还是变动的。因为他们的性别、年龄、生活环境、地域习俗和职业各不相同。一般较低多样性对特定符号具有强烈依恋、客观的判断以及外来符号的不信任。

二、直播带货的用户粘性

用户粘性，即用户忠诚或用户保留，是用户持续重复进行的行为，不考虑其他情况或成本等因素。粘性可以由多种路径产生，它使受众对平台产生情感上的依赖和深度的互动交流，自发地宣传该平台，即使他们遭受外部环境的影响也会再次访问，是受众对平台的承诺，这对增强用户粘性起到催化作用。王建军（2002）认为，用户动机和用户满意成为企业长期经营的基本理念，而互动机理和实际操作决定着用户满意，进而影响用户的粘性。[②]

1. 网络互动

部分学者将互动作为整体概念，通过互动性研究用户粘性，因为互动决定着用户是否购买或再购买，用户互动有利于提高用户对平台的体验度，从而增强粘性。学者还对网络互动维度进行划分，得出在不同环境下，网络互动对用户粘性存在影响。起初，受众与平台之间只是形成短暂的信任和粘性，但随着互动和完成交易的频率增多，信任程度也会随之增加，此时就会形成长期粘性。

---

① 郭景萍. 情感社会分层：另类社会结构探析 [J]. 广东社会科学，2012（1）：217－224.

② 王建军. 基于过程的用户满意互动机理分析 [J]. 青海社会科学，2002（1）：33－36.

2. 体验价值

体验价值是用户价值的组成要素，重点在于用户在情感上的体验。它类似于感知价值，即用户在产品以及服务过程中对体验的感知。从总体看，体验价值就是用户价值的拓展，在对体验价值研究中，得出体验价值会对用户的再购买行为产生直接影响，其中再购买的行为会不断地增强用户粘性。体验价值包括情感价值、功能价值，这些对用户再购买或访问产生影响。因此，体验价值促进用户粘性，使用户在未来持续地进行访问和购买。

互动是重要的特性，本章就是以互动仪式链作为基础，研究用户粘性。抖音平台凭借流量优势和线上线下举办互动活动，为直播带货的发展带来新的商机。抖音直播带货的用户粘性是直播间的参与者与平台、参与者之间以及参与者与主播之间的互动，产生情感上的依赖，完成交易后会继续进行下一次互动的行为，短暂的粘性在持续的互动作用下形成长期的粘性。

三、直播带货互动仪式链与用户粘性的关系

通过对抖音直播带货互动仪式链与用户粘性的研究，对互动仪式链模型进行修订和完善，得到表明互动仪式链与用户粘性的关系，见图8-1。

在情感能量的驱动下，互动仪式链的互动结果是以下四点：（1）群体团结：就是成员的身份认同，如粉丝圈。（2）个人情感能量的产生：是一种持续的积极向上的正向情感。（3）社会关系符号：该符号是神圣物，把个体与群体紧密连接起来。（4）道德感：就是当群体被外界所伤害时，维护群体的正义感。

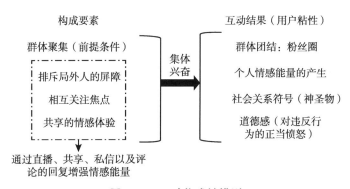

图8-1　互动仪式链模型

资料来源：笔者整理。

通过互动仪式链构成要素的相互作用，最终的互动结果本质上就是用户粘性

的表现。第一，参与主体对直播平台的评价。抖音平台将群体聚集在特定直播间，实现线上社交场景的构建和群体互动，群体可以在直播时对展示产品或服务的平台进行评定，从而增强参与主体对平台的信任度和忠诚度。第二，参与主体对产品进行评价。参与主体根据相互的评论信息，选择是否愿意继续互动。他们在关注以及进入某直播间后，可以与其他参与主体进行社交互动和信息交换，这有效地增强了用户粘性。第三，参与主体与网红主播的互动增强粘性。网红主播根据参与主体的需求最大程度地满足他们的不同需求。参与主体还可以通过对主播的评论和打赏共享情感状态，累积情感能量，影响参与主体的粘性倾向。

抖音平台运用互联网为用户构建虚拟在场的特定空间，用户可以在直播间与其他人进行互动，形成认可不同符号的群体。还可以通过议程设置，将群体注意力集中于某一话题，他们在其中获得愉悦感和群体归属感，激发用户的卷入度和情感能量，产生共鸣，形成稳定的互动群体，从而构建较为成功的互动仪式链模型。

第四节　直播带货的互动仪式链案例分析

一、直播带货互动仪式链的构成要素

1. 群体聚集

一些学者（Xiao – Xue Tang，Young – Hwan Pan，2020）认为，电商直播与参与主体之间存在完整的互动仪式链且互动过程影响结果的呈现。互动仪式链形成的前提是群体聚集在特定空间，即身体的虚拟在场。抖音平台为个体搭建了共享情感的场所和想象的共同体。巧妇9妹直播间就是利用抖音平台的特点将群体虚拟的聚集在特定场所，通过抖查查数据分析该直播间在直播带货时的观看人数，见图8-2所示。

分析图8-2发现，2021年4月7日前观看人数不多，但随着群体不断聚集，互动中产生的情感能量促使群体参与下一次互动，即4月7日后观看人数不断地增加。最终每场均销量为28万人次，直播销售量为2939万人次。在直播互动时，群体可能会暂时落入视线展开的领域，给参与者带来极强的代入感，从而形成了自我虚拟在场的认知模式。刘欣然（2017）从虚拟在场的角度提出网络虚拟社群的形成是网络参与主体自觉地进行互动、构建关系并以此实现一种自我整合。网红主播与参与者之间相互关注和相互影响，完成情感能量的交换。

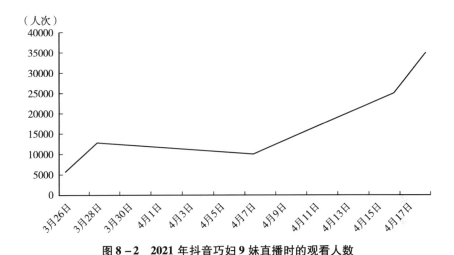

图 8 - 2　2021 年抖音巧妇 9 妹直播时的观看人数

资料来源：抖查查：www. douchacha. com。

2. 相互关注焦点

在直播间公屏上的评论往往是参与者的关注点，尽管动机多样性，但是关注的焦点都在于产品本身，这些评论能够营造氛围感。如巧妇 9 妹在解说某件农产品时，该产品受到参与者的认可，将激起主播互动的激情并多次强调话题，聚集群体相互关注焦点。当直播的关注度越高，相互关注的群体也就增加越多。

3. 共享的情感状态

巧妇 9 妹在直播销售农产品时的解说奠定了情感基调，与参与者积极主动的互动中，产生情感共享和情感共振，激发潜在群体的认同。这种双向互动的情感传播模式，搭建起牢固的情感关系。如巧妇 9 妹在销售农产品时会融入自己的家乡情怀，参与者受到情绪感染，就会达到共享情感的状态。

4. 排斥局外人的屏障

德尔·柯林斯认为，互动仪式链中排斥局外人的屏障是为了使互动仪式链能够顺畅和稳定进行，提高信息传播的效率和准确性。当参与者进入直播间后，会陷入虚拟在场的特定空间，空间外的个体被定义为局外人，他们没有身份认定。因此，从三个机制进行分析。

（1）系统准入机制。经常进入巧妇 9 妹直播间、购买巧妇 9 妹果园农产品或者长期浏览农产品视频的人群会被抖音平台定位，形成准入门槛。而对于屏蔽巧妇 9 妹直播或对农产品关注度低的群体，系统就会屏蔽掉，即所谓的排斥局外人。

（2）偏好准入机制。偏好准入机制是基于感兴趣的内容。目前巧妇 9 妹抖音粉丝有431万人次，获赞数有257.3万人次，这些粉丝都是对农产品感兴趣或有相当程度的了解，而对于没有共同兴趣的个体，则被排斥。

（3）等级准入机制。在直播过程中，参与者的评论、点赞和打赏等互动行为会提升他们在直播间的等级，以此获得更强的情感能量。主播将根据粉丝等级展开不同的活动内容，如优惠，额外赠送礼品等。鼓励参与者积极参与互动，同时间接地边缘化互动参与感较弱的个体，从而增强参与者的粘性和流量的稳定性，最终获得盈利。

二、直播带货互动仪式链的互动结果

1. 群体团结

周利敏、谢小平（2005）指出集体情感既有破坏性，也有建设性，如果能在理性与情感之间找到合适的平衡点，即找到集体情感表达的第三条道路，才能趋利避害，发挥集体情感强大的正功能。由于群体关注焦点的意识强度和群体情感的强度增强，群体团结就形成所谓的粉丝圈。巧妇9妹在抖音的粉丝有431万人次，这些人群就形成粉丝圈，主动关注巧妇9妹的直播和视频。巧妇9妹对于粉丝的评论几乎每条都会回复，增强了粉丝的好感，进而增加用户粘性，同时使他们产生了对外来人群具有排斥性的能量。

2. 个人情感能量

郭景萍（2004）称情感的基本特征表现为社会性，这种社会性的实质内容就是人际交流过程，且情感发生的前提就是个体意识到自己是和其他个体维系在一起的，社会自我支配着情感的反应和特点。只有把作为人性特征的情感视为社会性的，才会产生情感互动的问题。情感推动个体在互动中产生热情、自信和积极的互动行为。巧妇9妹直播时收到的点赞数、评论情况和在线直播次数等参与者的互动行为，这些都影响情感能量的产生。不管参与主体表达哪一种情感，都存在着潜在的情绪感染力，为个人情感能量的产生作铺垫。

3. 社会关系符号

干柄鑫（2020）认为，代表群体的符号是指标志或其他的代表物（形象化图标、文字、姿势），使得参与者能感到自己与集体相联系的产物。人们可以通过符号认定谁在这里，即使在其他场合，只要通过符号，就能重新唤起成员身份感。符号通常来源于参与者有意识关注的某一种东西，当符号性声誉被扩大到关系网中更高的层次，该网络就有了丰富的社会关系。巧妇9妹通过直播频繁建立起与粉丝的互动仪式链，且不断地构建和输出自身的符号资本，刺激粉丝重塑自我身份，建立起社会关系符号。这些符号表达了人们对巧妇9妹的认可以及其推销农产品的信任度，这种神圣物的产生凝结了粉丝群体的热爱情怀，激起粉丝的群体意识。

4. 道德感

道德感是群体维护神圣符号所展现出来的正义感，以及敬重群体的符号，从而避免受到违反者的破坏。当有参与者试图破坏符号或者群体团结时会受到其他人的谴责，而激发其他参与者维护群体符号及群体团结，道德感即在这种情境下产生并强化，使得群体内部凝聚力更强。如图8-3所示，对于巧妇9妹人设的看法存在两极分化，有群体因为群体道德感发声支持巧妇9妹直播带货助农，也存在强烈谴责和辱骂造谣的群体，如"不择手段""没有不变的人心""演戏"等。这时有部分人试图破坏符号或者群体团结，而存在群体道德感的部分人群则为维护社会关系符号反击这些言论。

图8-3　巧妇9妹评论区界面

资料来源：笔者整理。

三、巧妇 9 妹直播带货互动仪式链的生成机制

抖音巧妇 9 妹农产品直播带货的互动仪式链是这样形成的：通过抖音直播平台，将喜爱农产品或认可巧妇 9 妹产品的个体聚集在直播间形成虚拟在场，通过参与主体与巧妇 9 妹直播内容进行分享、评论和私信等，相互关注共同焦点，当然，对农产品不感兴趣的群体会设置排斥局外人的屏障，保证直播的顺利互动，由于互动中参与主体累积深度的情感能量，带来的结果是形成稳定的群体团结、个人情感能量、社会关系符号以及维护巧妇 9 妹农产品的道德感，最终互动仪式链完成。不管互动仪式链结果如何，参与者都有情感能量和身份符号的产生，且情感能量是互动仪式链的内在动力，凭借情感能量最大化的追求，使得互动仪式链循环往复。

第五节　直播带货的互动仪式链增强用户粘性的路径

一、群体聚集增强参与主体与平台间的粘性

1. 线上社交场景的构建

李雨婷（2018）认为，社交场景将不同群体中的不同个体连接在一起，并且形成一种新的体验，促进了消费的产生，场景打造的最终目的是为了在不知不觉中说服用户形成消费。抖音平台搭建的线上社交场景就是不同偏好群体的聚集地，通过捕捉经常在巧妇 9 妹直播间中购买农产品的个体，分析他们喜爱农产品的程度，为其推送相关产品，吸引个体进行话题互动和营造互动氛围。如进入 9 妹直播间，系统会提示"×××来了"；评论时会显示他们的互动等级，这些信息让巧妇 9 妹快速捕捉到参与主体的活跃程度。良好的社交场景氛围，会直接影响主体下单购买的意愿。因此，社交场景氛围越好，参与主体与平台的粘性就更加牢固。

2. 群体互动符号的打造

在虚拟场景下通过关注、评论和分享进行互动的行为是符号化的且具有特定价值。符号是传递情感能量的载体，受众利用这种群体互动符号展现群体的价值。抖音直播间的主题风格、话题标签、点赞行为和评论趣味性等都是抖音群体聚集后产生的特定符号。当个体进入抖音直播后，通过抖音的互动机制将自身的

心情、态度和姿势以具体化的形式进行信息传达，最后形成群体互动符号，增强参与主体与平台之间的粘性。

二、相互关注焦点增强参与主体间的粘性

1. 社交互动

互动双方在相互关注共同焦点的时候促进社交互动。在巧妇9妹的直播间产生个体聚集时，通过评论进行情感互动、解读视频和分享情感体验，聚焦相互关注的话题，使参与主体间产生激烈的社交互动，最终产生情感能量。并且当前吐槽交流方式很普遍，趣味的聊天交流非常受参与者喜爱。因此，相互关注焦点促进社交互动后，产生的情感能量累积到最高点时，将深化参与主体之间的粘性。

2. 信息交换

互动双方在相互关注焦点的时候可以进行信息交换。由于当前参与主体仅仅是单纯地浏览信息，缺乏主动获取信息，导致进行信息交换的频率不是很积极。巧妇9妹在直播带货时提供产品的销售链接、产品价格和产品销售量，参与主体可以复制链接分享给朋友，或者有购买意愿的参与主体向已经购买的主体获取产品使用后的体验，完成信息交换。参与主体之间不断的信息交换不断地增强粘性和产品口碑。

三、共享的情感状态增强参与主体与主播间的粘性

参与主体与主播之间通过信息传递产生共享情感状态完成互动，表8-1是对巧妇9妹和参与主体的互动信息归纳总结得到。

表8-1　　　　　　巧妇9妹与参与主体的互动信息传递

巧妇9妹的互动信息	直播内容帮助参与主体了解农产品的信息
	直播内容帮助参与主体了解农产品生源地的种植情况
	直播内容帮助参与主体了解关于农产品市场基本信息
参与主体的互动信息	直播时参与主体通过点赞、参与秒杀、评论区输入指定数字和截屏抽奖作为回应
	直播时与其他人讨论直播内容
	直播时向巧妇9妹提出关于农产品的问题

资料来源：笔者整理。

1. 直播强化情感

直播可以强化参与主体的情感。当群体聚集在直播间，与主播分享情绪或情

感体验，获得情感能量。当情感能量累积到一定程度，通过赠送虚拟道具表达对主播的认可或赞赏，而主播对这种情感能量的反应保持了参与主体与主播的粘性，不断增强关注度。例如巧妇9妹利用直播介绍农产品生产过程，拍片的小花絮和线下互动等内容，这些都是非常稀有和有趣的直播题材，有效地激起共享的情感状态。

2. 评论实时情感交互

评论是参与主体最重要的互动形式。通过飞瓜数据分析，对巧妇9妹近十天直播的评论进行整理得出图8-4。用互动仪式链对此图的具体分析是：2021年4月13日前尽管评论数较少，但也累积了参与主体的情感能量，他们通过转发和分享等行为使直播观看人数开始增加，情感能量到达一定程度的累积后，在4月15日时评论数暴增，但由于情感能量对部分参与者是短暂的，无法继续互动导致观看的人数又开始回落。

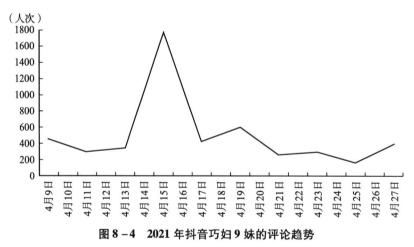

图8-4　2021年抖音巧妇9妹的评论趋势

资料来源：飞瓜数据：www.feigua.cn。

评论能够增强参与主体与主播之间的粘性，主要有以下三种作用：一是实时陪伴，让参与主体感觉到共同存在、共同消费的体验，打造陪伴感；二是营造氛围感，评论是参与主体的意见表达，无论认可还是反对，都可以打造一种观看氛围；三是丰富内容，评论在某种程度上是对直播内容的解读，从中获取所需信息。

3. 打赏共享情感

抖音直播的打赏功能是最普遍的互动形式，是参与主体对主播的喜爱或对直播内容满意所表现出来的赞赏行为，本质上是物质性情感共享。在互动仪式链角度分析，打赏是参与主体与主播的互动，是一种反馈机制。主播获得打赏后更加注重关系的稳定以及与该参与主体积极互动，因此，使其对主播的好感度增加，情感能量提升，从而达到增强粘性的目的。

第六节　启　　示

一、输出优质内容聚集目标群体

首先要充分理解目标群体。由于兴趣而聚集到一起的目标用户也并不是完全相同，可以根据其对兴趣了解的程度划分不同的细分群体，也可以按照生活和消费水平划分，然后使产品调性、内容输出要尽可能地符合目标用户的需求。其次是持续输出优质内容，更能满足参与主体吸收实用性内容的需求，群体聚集才能稳定，不断地增强粘性。还要不断优化直播内容，提高自我形象和品位，才能聚集粉丝，沉淀私域流量，提高活跃度。也可以通过与优质内容产出者合作，聚集优质粉丝群体，继而转化为商业效应。

二、重视参与主体相互关注的焦点

用户会根据直播内容的发展而形成共同的关注焦点，并且在直播时获得集体兴奋，这种集体兴奋主要体现在弹幕上，弹幕功能激发用户的互动意识，从而用户也拥有了不可预知的创造力，吸引他们加入每次的互动仪式中，逐渐发展成为对直播间群体的认同感和归属感。因此，要重视参与主体相互关注的焦点，激励参与主体主动完成社交互动和信息交换增强粘性。如参与主体关注农产品的种植情况，可以直播农产品灌溉、施肥、剪枝、喷药到成果全过程，让参与主体累积强烈情感能量，使他们对农产品信任度和忠诚度提高，粘性增强。

三、营造共享的情感状态

在整个直播过程中，用户的关注点聚焦于主播的表演以及交流过程，直播间为观众和主播构建一个如同真实的跨时空人际交往场所，在这里形成的互动仪式过程更加具有视觉感、参与感。直播间的所有成员都能同步存在，通过弹幕、打赏等仪式参与到互动中，个人的情感得到宣泄，观点得到表达，自己获得他人关注，集体情感在互动过程中得到增加和释放，可以获得更多场景符号和情感体验，并产生群体感情。[①] 由此可见，在直播平台中，弹幕、打赏、点赞等互动功能的体现，不仅使直播平台呈现出娱乐和趣味的元素，并且还为用户带来新鲜感以及情感的交流。

第七节　本章总结

本章利用德尔·柯林斯的互动仪式链理论分析了抖音平台的直播带货现象。以抖音巧妇9妹直播带货为例，对互动仪式链的构成要素和互动结果进行分析，得到互动仪式链模型，在此基础上，对巧妇9妹农产品抖音直播带货如何通过互动仪式链增强粘性进行探讨。从群体聚集视角，构建线上社交场景和打造群体互动符号增强参与主体对平台的粘性；从相互关注焦点视角，研究信息交换和社交互动增强参与主体间的粘性；从共享的情感状态视角，研究直播、评论和打赏增强参与主体与主播的粘性。

[①] 黄莹，王茂林. 符号资本与情感能量：互动仪式链视角下网络直播互动分析 [J]. 传媒，2017 (8)：80 – 83.

第九章 直播电商场景下消费者购买意愿的影响因素

第一节 引 言

随着一批淘宝网主播的快速崛起，整个直播电商行业经历了爆炸式发展，因此，2019 年被称作电商直播时代元年。2020 年，中国直播电商市场规模达到 9610 亿元，同比大幅增长 121.5%。随着直播电商行业"人、货、场"的持续扩大，直播将逐步渗透至电商的各个领域，预计 2021 年直播电商整体规模将继续保持较高速增长，规模将接近 12012 亿元，① 成为万亿元级新兴大产业。直播电商蕴藏的巨大商业潜力被越来越多人关注与挖掘，越来越多的主播涌入直播带货市场，电商直播模式所带来的交易总额（GMV）不断上涨，讨论热度持续增加，竞争越来越激烈。但是电商直播模式的爆发也引发很多新问题，例如主播推荐的产品质量存在差异，网红遍地疯狂带货，监管政策应运而生等。在当前电商直播环境下，淘宝网每天有成千上万的直播带货场景，如何驱动用户在直播间消费转化，成为热门的研究话题。

本章以淘宝网直播为例，研究直播情境中优惠促销、娱乐性、主播专业性、互动性，以及其他中介变量对消费者购买意愿的影响，希望对直播电商运营者提高竞争力和转化率具有参考意义。

---

① 艾媒咨询 | 2020 年 11～12 月中国直播电商行业月度运行及年终盘点数据监测报告，2021 年 1 月 22 日，https://www.iimedia.cn/c400/76605.html.

第二节 研究综述与理论基础

一、直播电商研究

1. 直播电商定义及属性

谭羽利（2017）认为，直播电商兼备电商和直播双重属性，以电商为基础，通过直播形式，将商品推送给潜在的消费者。[①] 吴冰（2017）等定义直播电商是通过直播向消费者提供丰富的产品信息及服务。[②] 梁芷璇（2019）基于传播学理论，探讨电商直播的传播模式和优势，并以淘宝网直播为例，分析主要传播特征，分析电商直播的诸多问题，提出相应解决方案。[③] 王宝义（2021）从本质看，直播电商围绕"人货场"核心要素重构，优化"成本、效率、体验"的系统目标，总体上是在技术赋能和消费升级背景下，融购物需求与情感需求为一体，建构"货到人"的沉浸式商业场景，满足消费者购物、娱乐、社交多维一体需求。[④] 直播电商是货找人的多向互动，通过直播弹幕实现主播与观众间的双向交流，对中意的主播还可以成为粉丝或刷礼物。主播介绍产品时，观众可以及时表达对产品的想法，主播及时回应问题。观众不仅可以与主播交互，还能通过弹幕与直播间其他用户交流。

2. 直播电商中消费者行为

李玉玺（2020）指出在主播讲解后，消费者因主播影响情绪改变而发生购买消费行为。[⑤] 张雨亭（2018）等人认为，主播的专业性、直播风格以及主播的特点和属性是影响消费者冲动购买行为的重要因素。[⑥] 魏华、高劲松（2021）研究发现，信息交互的个性化、响应性、娱乐性、互助性通过社会临场感和感知信任对用户参与行为产生显著的正向影响，信息影响敏感性在信息交互与电商直播用

① 谭羽利. 电商直播中意见领袖对消费者购买意愿的影响研究 [D]. 北京：北京印刷学院，2017.

② 吴冰，宫春雨. 基于信息系统成功模型的电商直播研究——以淘宝网电商直播为例 [J]. 商业全球化. 2017，5（3）：37-45.

③ 梁芷璇. 电商直播的传播特征、问题及对策研究 [D]. 兰州：兰州财经大学，2019.

④ 王宝义. 直播电商的本质、逻辑与趋势展望 [J]. 中国流通经济，2021，35（4）：48-57.

⑤ 李玉玺，叶莉. 电商直播对消费者购买意愿的影响——基于冰山模型及 SOR 模型的实证分析 [J]. 全国流通经济，2020（12）：5-8.

⑥ 张雨亭，钱大可，刘羲，姜春杰，楼旖颖. 美妆直播下消费者冲动性购买行为分析 [J]. 合作经济与科技，2018（1）：55-57.

户参与行为的关系中起到正向调节作用。①

二、消费者购买意愿研究

W. B. 多德（W. B. Dodds，1991）等人利用消费者，主观判断再购买的可能程度研究消费意愿。② 目前学者们普遍认为，消费者购买意愿表达了消费行为，反映购买决策，是衡量购买行为的重要指标。

1. 影响消费者购买意愿的因素

沈燕（2018）等认为，互动因素对消费者购买意愿有很大的影响。鸣啸（2018）等人通过实证研究得出结论，互动性、娱乐性等对购买意愿均具有积极作用。③ A. 舒克拉（A. Shukla，2010）等学者认为，网站展示的信息质量、网站营造的气氛，网站娱乐均对消费者的购买意愿有直接的影响。④ 潘煌（2010）等人根据感知风险和感知信任研究消费者的购买意愿。研究表明，品牌形象、公司服务质量和网站安全性等因素都会影响消费者的购买意愿。⑤

2. 社交性对消费者购买意愿的影响

梦非（2012）认为，在社交电商中意见领袖的专业性、受欢迎程度、产品使用和互动性等方面特征影响消费者购买意向。⑥ 黄晶（2013）认为，意见领袖的口碑传播主要体现在专业性和社交性。⑦ 专业性表示意见领袖对产品的熟悉度或专业度，社交性是指口碑传播参与有关的主动性和活动性的程度。

三、刺激 - 机体 - 反应（S - O - R）理论模型

1. S - O - R 模型概述

A. 迈赫拉比安（Mehrabian）、J. A. 罗素（J. A. Russell，1974）提出 S - O - R

---

① 魏华，高劲松，段菲菲. 电商直播模式下信息交互对用户参与行为的影响［J］. 情报科学，2021，39（4）：148 - 156.

② William B. Dodds. In Search of Value：How Price And Store Name Information Influence Buyers' Product Perception［J］. Journal of Services Marketing，1991，5（2）：27 - 36.

③ 沈燕，赵红梅. 基于情境理论的消费者冲动性购买行为分析——以淘宝网直播秒杀为例［J］. 经营与管理，2018（8）：124 - 130.

④ A Shukla，NK Sharma，S Swami. Website characteristics，user characteristics and Purchase intention：Mediating role of website satisfaction［J］. international journal of Internet Marketing and Advertising，2010，6（2）：142 - 167.

⑤ 潘煌，张星，高丽. 网络零售中影响消费者购买意愿因素研究——基于信任与感知风险的分析［J］. 中国工业经济，2010（7）：115 - 124.

⑥ 梦非. 社会化商务环境下意见领袖对购买意愿的影响研究［D］. 南京：南京大学，2012.

⑦ 黄晶. 口碑传播网络中意见领袖的特征分析［D］. 大连：大连理工大学，2013.

模型，示意图见图9-1。① S-O-R理论是在环境心理学基础上提出的，该理论认为，通过外界环境刺激，个体能够产生内在的情感或认知，进而发生外在的趋同或回避行为。

图9-1　S-O-R模型

资料来源：美国心理学家伍德·沃斯（Wood Worth）提出的行为表示式"S-O-R"。

2. S-O-R模型的应用

S-O-R模型自诞生以来，在消费者行为研究方面被广泛应用。特别是近年来，越来越多的研究者更是丰富了该理论的主题，大量用于研究在线消费者的购买行为。

在团购消费者的购买意愿调查中，张洪（2017）等从认知和情感信任角度，基于S-O-R模型建立的网络购物社区技术特征与消费者购买意愿之间的关系模型。② 史烽（2017）等人将S-O-R模型用于折扣力度、时间压力、购买限制、参与者数量和感知风险对消费者购买意愿的影响研究。③ 李琪（2020）等人基于S-O-R模型和承诺与信任理论，建立消费者参加社区群体购物行为模型，研究社区消费群体的购买行为。④

关于网络直播购物类消费者影响行为研究中，刘洋（2020）等人通过选择网络购物功能的交互性、娱乐性、真实性和可见性，建立S-O-R模型，以了解网络购物功能对消费者购物行为的影响。⑤ 王志辉（2017）将节日气氛，基于SOR模型建立幸福情绪、兴奋情绪与网购行为之间的促销因素、设计因素和社会因素之间的关系模型，并对网购情境下影响消费者网购行为的因素和机理进行实

① Mehrabian A, Russell J A. An approach to Environmental Psychology [M]. The MIT Press, 1974.

② 张洪，鲁耀斌，闫艳玲. 社会化购物社区技术特征对购买意向的影响研究 [J]. 科研管理，2017，38（2）：84-92.

③ 史烽，孟超，李晓锋，蒋建洪. 基于SOR模型的网络团购消费者购买意愿研究 [J]. 商业经济研究，2017（20）：53-55.

④ 李琪，李欣，魏修建. 整合SOR和承诺信任理论的消费者社区团购研究 [J]. 西安交通大学学报（社会科学版），2020，40（2）：25-35.

⑤ 刘洋，李琪，殷猛. 网络直播购物特征对消费者购买行为影响研究 [J]. 软科学，2020，34（6）：108-114.

证研究。[①]

在电商直播对消费者行为影响研究中，王秀俊（2019）等人基于 S - O - R 模型，研究娱乐性、交互性和优惠性在直播电商场景中消费者购买行为的积极影响。[②] 董方（2019）基于 S - O - R 理论，从社会体验、产品、平台和价格四方面探讨影响移动直播电商中用户购买意愿的因素，提出用户信任和愉悦的机制。[③]

第三节　消费者购买意愿影响因素的模型构建及研究假设

一、构建消费者购买意愿的理论模型

但鸣啸（2018）等人通过实证研究得出结论：互动性、娱乐性、感知信任和主播等对消费者购买意愿产生正向影响。[④] 谭羽利（2017）认为，意见领袖的专业表现降低了购买的不确定性，从而对消费者购买意愿产生影响。[⑤] 本章借鉴现有研究，从消费者视角，提取出直播中消费者购买意愿的影响因素包括直播情境（优惠促销与娱乐性）、意见领袖（主播专业性与互动性）、感知风险及购买意愿四个因子。其中主播即意见领袖，基于 S - O - R 理论框架，刺激变量是直播情境中的优惠促销、娱乐性和主播专业性和互动性，因变量是购买意愿，中介变量是感知风险，理论模型结构见图 9 - 2。

二、影响消费者购买意愿的变量释义

1. 刺激（S）是直播情境与主播的引导

（1）优惠促销与娱乐性。董方（2019）认为，优惠促销是消费者在直播间能获得打折、优惠券、红包、津贴等价格方面的优惠。王秀俊（2019）等人将交互性视为提高消费者热情和参与度的一种手段。通过文献梳理，笔者认为，优惠促销用商品价格和礼品价值的价格折扣表示，娱乐性体现在直播间感受到购物气氛对心情的影响。

---

① 王志辉. 网购节日氛围对消费者网购行为影响的实证研究 [J]. 价格理论与实践, 2017 (8): 152 - 155.

② 王秀俊, 王文, 孙楠楠. 电商网络直播模式对消费者购买意愿的影响研究——基于认知与情感的中介作用 [J]. 商场现代化, 2019 (15): 13 - 14.

③ 董方. 基于移动电商直播情境的消费者购买意愿研究 [J]. 营销界, 2019 (25): 137, 162.

④ 但鸣啸, 武峰. 网络直播营销对购买意愿的影响实证研究 [J]. 管理观察, 2018 (36): 41 - 44.

⑤ 谭羽利. 电商直播中意见领袖对消费者购买意愿的影响研究 [D]. 北京: 北京印刷学院, 2017.

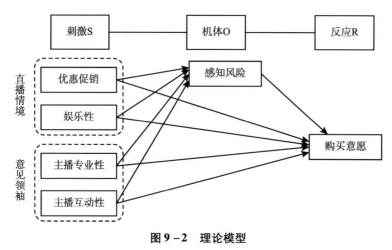

图 9 - 2　理论模型

资料来源：笔者整理。

（2）专业性与互动性。梦非（2012）将专业性解释为信息口碑传播者将了解产品熟悉度以及专业知识完好地传递给信息接受者的程度，互动性是主播与消费者之间信息交换和信息同步的影响程度。通过梳理文献，本章将专业性表达为主播对产品和行业的充分理解和影响力，互动性是指在直播时消费者和主播之间通过各种形式进行的交流和交互。

2. 机体（O）是感知风险

史烽（2017）认为，交易过程中感知到的风险主要来自消费者决定购买的过程，以及影响消费者购买行为的不确定因素。笔者认为，感知风险体现为消费者对风险特征的主观判断。

3. 反应（R）是购买意愿

谭羽利（2017）认为，购买意愿是消费者通过询问主播，并根据推荐去下单的可能程度。本章购买意愿指消费的态度表现。

三、研究假设

1. 直播情境与主播对购买意愿的影响

王秀俊（2019）认为，电商网络直播中优惠性与互动性对消费者购买呈正相关影响。郑兴（2019）认为，消费者感知娱乐性会正向影响冲动消费行为，同时消费的风险意识也随之削减。张雨亭（2018）通过研究结论表明主播与粉丝的互动性对冲动消费的显著性一般，主播专业性对冲动消费的显著性较强。依据这些研究，可以得到以下假定。

H1：优惠促销正向且显著地影响购买意愿。

H2：娱乐性正向且显著地影响购买意愿。

H3：专业性正向且显著地影响购买意愿。

H4：互动性正向且显著地影响购买意愿。

2. 直播情境与主播对感知风险的影响

王求真（2018）等人研究表明消费者感知风险随价格优惠力度的加大而减弱。郑兴（2019）认为，娱乐体验促发冲动购买意愿，从而减弱消费者感知风险的能力。田秀英（2020）通过研究得出结论，人际互动负向影响消费者的感知风险。吉利（Gilly，1998）等验证意见领袖的专业知识可以降低消费者感知的风险，且降低消费者对其产品的担忧。依据这些研究，可以得到以下假定。

H5：优惠促销负向且显著地影响感知风险。

H6：娱乐性对负向且显著地影响感知风险。

H7：专业性对负向且显著地影响感知风险。

H8：互动性对负向且显著地影响感知风险。

3. 感知风险对购买意愿的影响

田秀英（2020）通过验证得出感知风险对消费者购买冲动的意愿产生负面影响。依据研究，可以得到以下假定。

H9：感知风险负向且显著地影响购买意愿。

4. 感知风险的中介作用

田秀英（2020）认为，感知风险中介于优惠促销和互动性对冲动消费行为的影响。各影响因素可能会对感知风险产生负向影响，其本身也可能对消费购买意愿造成负向影响。依据研究，可以得到以下假定。

H10：感知风险在优惠促销对购买意愿的影响中发挥中介作用。

H11：感知风险在娱乐性对购买意愿的影响中发挥中介作用。

H12：感知风险在专业性对购买意愿的影响中发挥中介作用。

H13：感知风险在互动性对购买意愿的影响中发挥中介作用。

第四节　问卷设计与数据分析

一、问卷设计

本章使用问卷调查的方式收集样本数据，研究模型中包含优惠促销、娱乐性、专业性、互动性以及感知风险和购买意愿六个变量。量表基于相关文献中更成熟的指标,并根据直播电商的性质进行相应调整。旨在确保所有测量题项科学合理且易于理解,最终形成表 9 - 1,其包含 18 个要素组成的研究模型量表。

表 9 - 1 研究量

变量	编号	测量题项
优惠促销	Q1	直播间内优惠促销能引起我的注意
	Q2	我易受直播中价格低的诱导
	Q3	优惠促销促使我产生购买意愿
娱乐性	Q4	观看淘宝网直播时,我受其气氛影响
	Q5	观看淘宝网直播时,我心情是放松的
	Q6	观看淘宝网直播时,我是兴奋的
专业性	Q7	主播使用产品的经验丰富,可为我指导正确的产品使用
	Q8	主播非常了解产品功能和目标用户,可以帮助我购买正确的产品
	Q9	主播在其专业领域具有知名度,会影响我的购买意愿
互动性	Q10	主播乐意与我沟通
	Q11	主播对我的咨询给回应
	Q12	我能从主播那里了解有关产品质量信息
感知风险	M1	我担心主播介绍的产品信息是假的
	M2	我担心低价商品质量不好
	M3	我担心产品不符我心意
购买意愿	A1	我愿在看电商直播时下单
	A2	我在直播里对详细了解的产品我更愿意下单
	A3	主播的销售讲解对我的购买想法有影响

资料来源:笔者整理。

问卷分成两部分。第一部分主要收集被调查者的基本信息,其中包含一个重要的基本问题,即"您曾观看并在淘宝网直播中购买过产品"。第二部分调查消费者在电商直播下的购买意愿,题目都使用李克特的 5 级量表进行测量。

二、问卷收集

问卷设计完成后,研究进入数据收集阶段。在问卷星(WJX. CN)网站编辑发布。本书受众大多为大学生，也有一些企事业单位职员和自由职业，这些人都具有在淘宝网直播观看和购买的经历。通过社交网络渠道，如微信朋友圈、QQ空间以及众多群组发送链接邀请他们参与调查。最后共收集问卷378份。正式分析结果前，先对无效的删除掉。

　　对无效问卷的判定理由为以下两点：（1）问卷第一部分的基本问题回答"否"。（2）问卷第二部分的所有测量题项回答都一样。依据这两条理由，删除47个无效结果，剩余331个有效结果，有效回收率为87.57%。

三、问卷基础数据分析

1. 描述性统计分析

对问卷中第一部分内容进行描述性分析，结果如表9-2所示。

表9-2　　　　　　　　　　描述性统计分析结果

统计变量	类型	频数（个）	占比（%）
性别	男	100	30.2
	女	231	69.8
年龄	18岁以下	17	5.1
	18~25岁	228	68.9
	26~30岁	54	16.3
	31~40岁	27	8.2
	40岁以上	5	1.5
学历	高中及以下	42	12.7
	大专	58	17.5
	本科	210	63.4
	硕士及以上	21	6.3
职业	学生	173	52.3
	企业事业单位	62	18.7
	个体户、自由职业	46	13.9
	其他	50	15.1

续表

统计变量	类型	频数（个）	占比（%）
月均网购消费水平	500 元以下	107	32.3
	500 ~ 1000 元	127	38.4
	1001 ~ 3000 元	69	20.8
	3001 ~ 6000 元	18	5.4
	6000 元以上	10	3.0

资料来源：调查问卷

　　由表 9 - 2 可知，受访者 69.8% 为女性。18 ~ 25 岁的占 68.9%，受访群体较年轻，80.9% 的受访者具有大专及以上学历程度。此外，51.9% 的受访者是学生，70.7% 的受访者每月平均网购消费水平低于 1000 元，符合人群特征。

　　2. 信度与效度分析

　　（1）信度分析。问卷中每个变量的信度用克隆巴赫系数衡量，其中克隆巴赫系数（Cronbach α 系数，简称 α 系数）。由表 9 - 3 可知各变量的信度值均大于 0.7，表明数据信度质量较高。而删除任一题目后，信度值并无显著上升，表示各题项均可保留。各题修正后的项与总计相关性（CITC）值都大于 0.5，表明各题间相关性良好，信度水平良好。综上所述，数据可用于进一步分析。

表 9 - 3　　　　　　　　　　Cronbach 信度结果

变量名称	题序	修正后的项与总计相关性（CITC）	删除项后的 α 系数	克隆巴赫 α 系数
优惠促销	Q1	0.664	0.743	0.813
	Q2	0.670	0.737	
	Q3	0.657	0.751	
娱乐性	Q4	0.675	0.765	0.825
	Q5	0.704	0.739	
	Q6	0.672	0.771	
专业性	Q7	0.709	0.750	0.832
	Q8	0.688	0.771	
	Q9	0.678	0.781	

续表

变量名称	题序	修正后的项与总计相关性（CITC）	删除项后的 α 系数	克隆巴赫 α 系数
互动性	Q10	0.701	0.736	0.827
	Q11	0.672	0.775	
	Q12	0.681	0.765	
感知风险	M1	0.636	0.730	0.797
	M2	0.625	0.741	
	M3	0.663	0.700	
购买意愿	A1	0.615	0.722	0.786
	A2	0.600	0.739	
	A3	0.665	0.667	

资料来源：调查问卷计算结果。

（2）效度分析。问卷测量题目参考前人量表问题，并结合实际情况分析后做了修订，可认为，该问卷的内容效度良好。因此，结构效度测量是重点。首先做探索性因子分析，得到 KMO 值是 0.951（＞0.8），近似卡方值为 3707.078，自由度（df）为 153，显著性（Sig.）为 0.000（＜0.05），表明数据适合进一步分析。

结构效度包含收敛与区分效度，本章使用 SPSSAU 对结构效度做验证性因子分析。结果见表 9-4、表 9-5、表 9-6 所示。从表 9-4 可以看出，模型拟合良好。表 9-5 标准载荷系数与组合信度值（CR）均超过 0.7，AVE 值均大于 0.5，表示该问卷收敛效度较高。表 9-6 对角线上的值为各变量 AVE 值的平方根，比任意其他变量的相关系数的绝对值都大，表示问卷区分效度良好。根据以上分析，可以得出问卷是有效的。

表 9-4　　　　　　　　　　　　　模型拟合指标

指标类型	拟合指标	判断标准	实际值	是否符合标准
绝对适配度	卡方自由度比	＜3	2.658	符合
	RMSEA	＜0.08	0.071	可接受
	GFI	＞0.9	0.902	符合

续表

指标类型	拟合指标	判断标准	实际值	是否符合标准
增值适配度	CFI	>0.9	0.945	符合
	TLI	>0.9	0.930	符合
	IFI	>0.9	0.946	符合

资料来源：调查问卷计算结果。

表9-5　　　　　　　　　　收敛效度结果

变量	测量题项	标准载荷系数	AVE	CR
优惠促销	Q1	0.743	0.591	0.813
	Q2	0.797		
	Q3	0.766		
娱乐性	Q4	0.785	0.615	0.827
	Q5	0.789		
	Q6	0.777		
专业性	Q7	0.781	0.623	0.832
	Q8	0.791		
	Q9	0.795		
互动性	Q10	0.789	0.615	0.827
	Q11	0.761		
	Q12	0.803		
感知风险	M1	0.728	0.569	0.798
	M2	0.749		
	M3	0.784		
购买意愿	A1	0.711	0.552	0.787
	A2	0.760		
	A3	0.755		

资料来源：调查问卷计算结果。

表 9 - 6　　　　　　　　　　　　　区分效度结果

Pearson 相关	购买意愿	感知风险	优惠促销	娱乐性	专业性	互动性
购买意愿	0.743	—	—	—	—	—
感知风险	-0.729	0.755	—	—	—	—
优惠促销	0.724	-0.710	0.769	—	—	—
娱乐性	0.570	-0.614	0.638	0.784	—	—
专业性	0.743	-0.713	0.686	0.662	0.789	—
互动性	0.658	-0.643	0.650	0.664	0.728	0.784

注：斜着的对角线上的数值表示 AVE 值的平方根。
资料来源：调查问卷计算结果。

第五节　假设检验

一、各变量的相关分析

本章使用 SPSS26.0 做假设检验，通过验证线性相关性和线性回归模型分析变量的关系。对变量间的相关性采用 Pearson 相关系数进行分析，涉及的变量有优惠促销、娱乐性、专业性以及感知风险和购买意愿。相关系数的绝对值在 0 ~ 1。变量间的正负相关由相关系数正负表达，且相关强度由相关系数的绝对值是否靠近 1 表达，越靠近 1 表示关系越强，其值介于 0.3 ~ 0.8 表示较好的线性相关，若大于 0.8 则表示存在着明显的共线。各变量相关分析结果如表 9 - 7 所示。

表 9 - 7　　　　　　　　　　　　　各变量相关分析

Pearson 相关	购买意愿	感知风险	优惠促销	娱乐性	专业性	互动性
购买意愿	1	—	—	—	—	—
感知风险	-0.729 **	1	—	—	—	—
优惠促销	0.724 **	-0.710 **	1	—	—	—
娱乐性	0.570 **	-0.614 **	0.638 **	1	—	—
专业性	0.743 **	-0.713 **	0.686 **	0.662 **	1	—
互动性	0.658 **	-0.643 **	0.650 **	0.664 **	0.728 **	1

注：** 表示在 0.01 水平双侧相关性显著。
资料来源：调查问卷计算结果。

首先，可由各变量间的相关系数均小于0.800判断变量间不存在共线。由各变量相关系数都大于0.300，且都在$P<0.01$水平显著相关可认为，变量间具有相关关系。由表9-7可知，优惠促销、娱乐性、专业性、互动性与购买意愿的相关系数均介于0.300~0.800，均在$P<0.01$级别显著相关，所以优惠促销，娱乐性，专业性，互动性与购买意愿显著正相关。表明H1、H2、H3、H4假设是可进一步验证。

优惠促销、娱乐性、专业性、互动性与感知风险的相关系数的绝对值均介于0.300~0.800，均在$P<0.01$级别显著相关，所以优惠促销，娱乐性，专业性，互动性于购买意愿显著负相关，表明H5、H6、H7、H8假设是可以下一步验证。

感知风险与购买意愿的相关系数为-0.729，其绝对值介于0.300~0.800，在$P<0.01$级别显著相关。所以感知风险与购买意愿有显著负相关，表明H9可进一步检验。

二、各变量的回归分析

1. 直播情境与主播对购买意愿回归分析

回归模型1分析以优惠促销，娱乐性和专业性以及互动性为自变量，购买意愿为因变量。结果如表9-8、表9-9所示。

表9-8　　　优惠促销、娱乐性、专业性、互动性与购买意愿回归模型摘要

模型	R	R^2	调整后R^2	SEE	F值	$Sig.$	$D-W$
1	0.804	0.647	0.642	0.493	149.109	0.000	2.054

资料来源：调查问卷计算结果。

表9-9　　　优惠促销、娱乐性、专业性、互动性与购买意愿的回归系数

模型	变量	Unstd. Co		Std. Co	t	P	VIF
		B	$Std. err$	$Beta$			
1	常量	0.356	0.128	—	2.781	0.006**	—
	优惠促销	0.370	0.048	0.375	7.638	0.000**	2.227
	娱乐性	-0.028	0.045	-0.03	-0.627	0.531	2.181
	专业性	0.393	0.053	0.403	7.433	0.000**	2.706
	互动性	0.139	0.051	0.142	2.697	0.007**	2.542

注：因变量：购买意愿。** 表示在0.01水平双侧相关性显著。
资料来源：调查问卷计算结果。

由表 9-8 可知，模型的 $D-W$ 值为 2.054，在 2 附近，表明模型无自相关和数据间也无关联，模型是较好的。通过 F 值 $P<0.001$ 级别显著，可知 F 检验是符合的。调整后 R^2 的值为 0.647，表明优惠促销、娱乐性、专业性、互动性对购买意愿的解释力度为 64.7%。

由表 9-9 可知，VIF 值都小于 5，可知自变量间无多重共线。优惠促销（$\beta=0.375$，$P<0.01$）、专业性（$\beta=0.403$，$P<0.01$）、互动性（$\beta=0.142$，$P<0.01$），表明对购买意愿都存在显著的正向影响。但娱乐性（$\beta=-0.03$，$P>0.05$）对购买意愿的影响不显著。因此，验证 H1、H3、H4 均成立，假设 H2 不成立。

2. 直播情境与主播对感知风险回归分析

回归模型 2 分析以优惠促销，娱乐性和专业性以及互动性为自变量，感知风险为因变量。结果如表 9-10、表 9-11 所示。

表 9-10　　优惠促销、娱乐性、专业性、互动性与感知风险回归模型摘要

模型	R	R^2	调整后 R^2	SEE	F 值	$Sig.$	$D-W$
2	0.784	0.614	0.609	0.487	129.613	0.000	2.24

资料来源：调查问卷计算结果。

表 9-11　　优惠促销、娱乐性、专业性、互动性与感知风险的回归系数

模型	变量	Unstd. Co		Std. Co	t	P	VIF
		B	$Std. err$	$Beta$			
2	常量	5.533	0.127	—	43.73	0.000 **	—
	优惠促销	-0.326	0.048	-0.35	-6.825	0.000 **	2.227
	娱乐性	-0.09	0.045	-0.102	-2.007	0.046 *	2.181
	专业性	-0.297	0.052	-0.322	-5.688	0.000 **	2.706
	互动性	-0.105	0.051	-0.113	-2.068	0.039 *	2.542

注：因变量：感知风险。** 表示在 0.01 水平双侧相关性显著。
资料来源：调查问卷计算结果。

由表 9-10 可知，模型的 $D-W$ 值为 2.24，在 2 附近，表明模型无自相关和数据间也无关联，模型是较好的。通过 F 值 P 小于 0.001 水平显著，可知 F 检验符合。调整后 R^2 的值为 0.614，表明优惠促销、娱乐性、专业性、互动性对感知

风险的解释力度为 61.4%。

由表 9 – 11，*VIF* 值都小于 5，可知自变量间无多重共线。优惠促销（$\beta = -0.35$，$P < 0.01$）、娱乐性（$\beta = -0.102$，$P < 0.05$）、专业性（$\beta = -0.322$，$P < 0.01$）、互动性（$\beta = -0.113$，$P < 0.05$）对感知风险均有显著的负向影响。所以验证了假设 H5、H6、H7、H8。

3. 感知风险与购买意愿回归分析

回归模型 3 以感知风险为自变量，购买意愿为因变量。结果如表 9 – 12、表 9 – 13 所示。

表 9 – 12　　　　　　　　感知风险与购买意愿回归模型摘要

模型	*R*	R^2	调整后 R^2	*SEE*	*F* 值	*Sig.*	*D – W*
3	0.729	0.531	0.530	0.566	372.632	0.000	2.191

资料来源：调查问卷计算结果。

表 9 – 13　　　　　　　　感知风险与购买意愿的回归系数

模型	变量	Unstd. Co		Std. Co	*t*	*P*	*VIF*
		B	*Std. err*	*Beta*			
3	常量	5.418	0.115	—	47.012	0.000 **	—
	感知风险	-0.772	0.04	-0.729	-19.304	0.000 **	1

注：因变量：购买意愿。** 表示在 0.01 水平双侧相关性显著。
资料来源：调查问卷计算结果。

由表 9 – 12 可知，模型的 *D – W* 值为 2.191，在 2 附近，表明模型无自相关和数据间也无关联，模型是较好的。*F* 值的 *P* 小于 0.001 水平显著，可知 *F* 检验符合。调整后 R^2 的值为 0.531，表示感知风险对购买意愿的解释力度为 53.1%。

由表 9 – 13 可知，感知风险（$\beta = -0.729$，$P < 0.01$）负向显著地影响购买意愿。所以假设 H9 被验证成立。

三、感知风险的中介作用分析

本研究使用 SPSSAU（spssau com）在线数据计算平台，对感知风险在每个自变量与购买意愿的关系中的中介效应分别依次检验。采用抽样次数为 5000 次的 bootstraP 抽样法来研究中介作用。得到结果如表 9 – 14、表 9 – 15、表 9 – 16

所示。

表9-14、表9-15综合"如果a和b显著，且c′不显著，则为完全中介；如果a和b显著，且c′显著，且a×b与c′同号，则为部分中介作用。"判断得到表9-16检验结果。即优惠促销、娱乐性、专业性、互动性对消费者购买意愿影响时，感知风险具有中介作用，验证假设H10、H11、H12、H13的成立。

表9-14　　　　　　　　　　　中介作用分析结果

项目	购买意愿			感知风险			购买意愿		
	B	t	P	B	t	P	B	t	P
常数	0.356**	2.781	0.006	5.533**	43.73	0	1.920**	5.945	0
优惠促销	0.370**	7.638	0	-0.326**	-6.825	0	0.278**	5.577	0
娱乐性	-0.028	-0.627	0.531	-0.090*	-2.007	0.046	-0.054	-1.227	0.221
专业性	0.393**	7.433	0	-0.297**	-5.688	0	0.309**	5.797	0
互动性	0.139**	2.697	0.007	-0.105*	-2.068	0.039	0.109*	2.19	0.029
感知风险	—			—			-0.283**	-5.238	0
R^2	0.647			0.614			0.674		
调整 R^2	0.642			0.609			0.669		
F 值	$F_{(4,326)}=149.109$, $P=0.000$			$F_{(4,326)}=129.613$, $P=0.000$			$F_{(5,325)}=134.447$, $P=0.000$		

注：* 为 $P<0.05$，** 为 $P<0.01$。
资料来源：调查问卷计算结果。

表9-15　　　　　　　　　　　中介作用检验结果汇总

项目	c 总效应	a	b	a×b 中介效应	a×b (95% BootCI)	c′直接效应
优惠促销≥感知风险≥购买意愿	0.370**	-0.326**	-0.283**	0.092	0.049~0.145	0.278**
娱乐性≥感知风险≥购买意愿	-0.028	-0.090*	-0.283**	0.025	0.001~0.057	-0.054
专业性≥感知风险≥意愿	0.393**	-0.297**	-0.283**	0.084	0.039~0.147	0.309**
互动性≥感知风险≥购买意愿	0.139**	-0.105*	-0.283**	0.03	-0.001~0.068	0.109*

注：* 为 $P<0.05$，** 为 $P<0.01$。

表 9 – 16 中介作用效应量结果汇总

项目	检验结论	c 总效应	a × b 中介效应	c'直接效应	效应占比（%）
优惠促销≥感知风险≥购买意愿	部分中介	0.37	0.092	0.278	24.931
娱乐性≥感知风险≥购买意愿	完全中介	− 0.028	0.025	− 0.054	100
专业性≥感知风险≥购买意愿	部分中介	0.393	0.084	0.309	21.350
互动性≥感知风险≥购买意愿	部分中介	0.139	0.03	0.109	21.392

资料来源：调查问卷计算结果。

四、假设检验结果

通过上述回归分析表明：在检验优惠促销、娱乐性、专业性、互动性与购买意愿的影响中，除了假设 H2 不成立外，假设 H1、H3、H4 均成立通过了验证。在检验优惠促销、娱乐性、专业性、互动性与感知风险的影响中，假设 H5、H6、H7、H8 均成立。验证感知风险对购买意愿影响及中介作用中，假设 H9、H10、H11、H12、H13 成立。本章的假设检验结果在表 9 – 17 列出。

表 9 – 17 假设检验结果

假设编号	内容	结果
H1	优惠促销正向且显著地影响购买意愿	成立
H2	娱乐性正向且显著地影响购买意愿	不成立
H3	专业性正向且显著地影响购买意愿	成立
H4	互动性正向且显著地影响购买意愿	成立
H5	优惠促销负向且显著地影响感知风险	成立
H6	娱乐性对负向且显著地影响感知风险	成立
H7	专业性对负向且显著地影响感知风险	成立
H8	互动性对负向且显著地影响感知风险	成立
H9	感知风险负向且显著地影响购买意愿	成立

续表

假设编号	内容	结果
H10	感知风险在优惠促销对购买意愿的影响中发挥中介作用	部分中介
H11	感知风险在娱乐性对购买意愿的影响中发挥中介作用	完全中介
H12	感知风险在专业性对购买意愿的影响中发挥中介作用	部分中介
H13	感知风险在互动性对购买意愿的影响中发挥中介作用	部分中介

资料来源：笔者整理。

第六节　本 章 总 结

一、结论与建议

本研究基于 S－O－R 模型，将直播购买情境中的优惠促销、娱乐性和主播的专业性、互动性作为自变量，中介变量和因变量为感知风险和购买意愿，构建电商直播场景下的消费者购买意愿影响因子理论模型。探研电商直播对消费者购买意愿的影响，以及感知风险的中介作用和程度。根据研究假设检验，得出以下四点结论：（1）优惠促销、专业性、互动性正向显著地影响消费者购买意愿。（2）优惠促销、娱乐性、专业性、互动性负向显著地影响消费者感知风险。（3）感知风险负向显著地影响消费者的购买意愿。（4）感知风险部分中介于优惠促销、专业性、互动性对消费者购买意愿的影响，完全中介于娱乐性对消费者购买意愿的影响。

基于此，本章提出以下四点建议。

（1）设计优惠折扣方案。优惠打折能够激起消费者的即刻购买。根据前文研究，优惠促销是正向影响消费者购买意愿的重要因素，可适当发起限时低价和限量抢购等促销活动，激发消费者直接购买的欲望。

（2）直播间创造有趣和吸引人的氛围。以场景式销售为特色的电商直播节目需要通过特定场景活跃直播环境。可运用 VR 技术，使直播间呈现更加立体、真实。主播针对不同的主题选择不同场景，增强用户粘性，并提高转化基数。

（3）主播掌握更多产品专业知识。成为行业专家，努力获取与销售产品相关的必要知识，包括潜在的产品问题和相应的解决方案，塑造可靠的意见领袖形象，降低消费者的感知风险。主播口才好是很有必要的，讲得越好越吸引人。

（4）开发消费者的互动创新。在直播间，主播要对与消费者的互动有更高层次的认识，主动提出消费者关心的问题。互动可以帮助他们更好地理解和满足消费者的需求，举办有奖问答向消费者提问等活动，从而增加消费者的参与感和同理心。

二、不足

本章仍有不足需继续研究，主要表现在以下两点。

（1）数据的样本量。因为多元回归依赖于大量的数据样本才能有良好的效果，保证各影响因子的权重不会存在很大偏差，本章的不足在于样本量较少，将来考虑采用在数据量少但是仍得出较好结果的向量回归方法研究。该方法是一种基于统计理论的机器学习方法，可实现结构风险最小化。

（2）研究变量方面在问卷设计中未对产品类别进行调查。一般来说，女性消费者往往对美妆方面的直播更感兴趣，男性消费者对科技方面的直播更感兴趣。在未来研究中，可以从不同产品类别入手，对直播电商中消费者购买意愿的影响进一步深入探究。

第十章　微信公众号内容营销
对用户粘性的影响

第一节　引　　言

微信公众号的出现改变了信息的发布方式和用户的信息接收方式。但是随着微信平台逐渐发展成熟，要想从众多公众号中脱颖而出是非常困难的；长期以来，由于网络营销缺乏系统而有效的管理和指导，公众号无法有效地利用平台将自身的价值发挥到最大，从而限制了公众号发展。因而，公众号的内容营销最重要的是增加传播的深度，从而培养忠诚用户。

微信公众号营销重在用户建立联系，让用户能够活跃在公众号里，从而对公众号产生依赖。因此，如何有效地运用微信公众号平台进行营销成为值得关注的实践内容和研究课题。究竟什么样的内容能够激发用户的热情，促使用户更加活跃？内容营销又以什么样的机制影响用户粘性？这是本章研究的重点。

第二节　文　献　综　述

一、内容营销研究

在当前社会化媒体环境下，内容营销作为新的营销战略，被学者赋予不同的概念。

1. 国外研究

内容营销（content marketing）是指企业通过构造不同的内容传递品牌价值和企业文化，用来激发用户的感知从而达到营销目的。乔·普利兹（2001）、诺埃尔·巴雷特（2017）指出内容营销需要企业发布与用户利益相关、有价值、吸引力强的内容，提高顾客忠诚度。① 可以总结为内容营销就是营销传播的过程，也就是为实现与用户沟通、建立相互依存关系以及信任关系。R. 罗斯（R. Rose，2018）指出内容营销是一种提高顾客忠诚度、关注价值体验创造的核心策略。② 因此，内容营销具有以下两个特点：（1）营销内容多样。以吸引眼球为目的，多样化的形式更能引发用户关注。（2）内容要有价值。提供给用户的内容要具有价值和趣味性，同时与用户的沟通和互动建立联系，培养用户的长期忠诚度。

2. 国内研究

国内学者从企业角度定义内容营销。张晓青（2017）提出内容营销是企业通过生产、传播有吸引力、有价值的内容，吸引目标客户的一种商业营销过程。③ 而作为非干扰营销，内容营销可以针对某些特定群体，创造出市场需求，降低企业营销成本。田原、张庆梅（2015）指出"内容营销就是利用文字、动画、声音、视频等多种传播介质，创造和发布原创内容，通过向用户传播内容信息，增强品牌可见度，构建企业专业形象，从而起到营销目的。"④

通过国内外学者对内容营销的理解可以看出，内容营销的定义并没有达成共识，但有以下四个共同的特点：第一，内容营销的"内容"是多种多样的，包括图片、文字、音频以及视频等；第二，有价值的"内容"更能吸引用户的注意，甚至会主动搜索和传播；第三，内容营销最终目的是提高用户的品牌忠诚度，即提高用户粘性；第四，当内容能够与用户产生共鸣的时候，更有利于用户去主动接受，从而达到营销目的。同样，当发布有价值的信息，才更容易接收到用户有益的回馈和互动。这是吸引——建立联系——信任的过程。

二、用户粘性研究

"粘性"最初被引入营销领域是在电子商务相关研究中，其中关于粘性的定义是从网站自身和用户行为两方面出发，有学者认为，粘性就是在线网站吸引客户并且让其保持持续访问的一种能力。

---

① Pulizzi J, Barrett N. Get content, get customers: turn Prospects into buyers with content marketing [J]. Amacom, 2009.

②③ Rose R Managing Content Marketing – The Real – World Guide for Creating Passionate Subscribers to Your Brand [J]. Sinrajmedj Com, 2013, 2 (1): 3 – 19.

④ 田原、张庆梅. 移动内容营销传播初探——以企业微信公众订阅号为例 [J]. 东南传播, 2015 (6): 8 – 10.

1. 从网站视角

M. 奈姆佐（M. Nemzow，1999）将粘性定义为网站的访问者转化为用户并能重复购买的过程。刘艳彬、袁平（2017）认为，粘性是网站质量的总和，促使用户愿意一直停留而不转移到其他网络上。吉莱斯·皮（Gilles Pie，2018）等将粘性定义为网站所具有的能够鼓励用户长时间保留、更深层次访问网站并且能够经常返回网站的一种能力。

2. 从用户视角

王海萍（2017）定义粘性就是基于用户对网站的认知和情感，不考虑转换压力等因素影响，持续访问与使用偏好的网站。赵青和薛君（2014）认为，粘性是一种以重复、持续使用网络产品和服务并且具有一定心理依赖特征的行为。黄友兰等（2017）将用户粘性定义为基于心理行为，表现出对网站的重复使用、依赖和忠诚度的行为。

因此，可以得出粘性就是企业鼓励用户长期使用该网站，并且产生深度访问和经常返回网站的意愿。公众号作为服务平台，用户粘性不仅是依赖于优质的内容和服务，更体现在与平台的互动意愿和满意度，甚至在行为上表现出对平台的重复使用和深度使用的意愿。

第三节　微信公众号内容营销与用户粘性关系研究

一、内容营销与用户粘性关系模型构建

由于公众号的信息搜索成本和用户的认知成本相对较低，受众的转换行为会变得更高。因此，学者开始针对网络环境下用户粘性进行研究。本章以公众号用户为研究对象，以公众号内容营销理论、用户互动意愿为基础，把内容、互动和粘性关联起来，提出如图 10－1 所示的关系模型。

内容营销对用户粘性模型中，影响分直接和间接影响。学者 R. 达格（R. Dag）（2011）在研究中证实内容营销直接影响用户粘性的机制，内容营销对长期的用户粘性具有积极的影响。本章借鉴孙天旭（2016）对内容营销的划分，再结合内容营销故事型的特点将娱乐型内容、情感型内容、故事型内容、价值型内容作为内容营销的四个维度。间接影响是指用户的互动意愿在内容营销和用户粘性中所

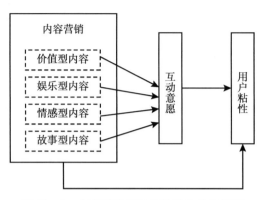

图 10 - 1　内容营销与用户粘性的关系模型

资料来源：笔者整理。

起的中间作用，学者们（杨力，2014；Keenan，2009；唐玮，2016）通过研究证明内容营销对提高用户的互动意愿有关键影响，越来越多的用户关注公众号发布内容是否有价值，或者塑造的形象是否与内容相契合。

二、研究假设的提出

1. 内容营销对用户互动意愿的影响

丽贝卡·里布（Rebecca lieb，2012）提出内容主要包括价值型和娱乐型，即为用户提供有实际价值、有教育意义、高质量的内容，才能对用户起到帮助作用。同时能够吸引用户眼球、引导用户产生相应情绪、产生共鸣的内容是关键。B. 尼加斯（B. Negash）定义娱乐型内容是能够满足用户消遣、娱乐和情感释放需要，同时通过研究证实趣味性内容可以增加用户满意度，并影响后续的行为意图。另外，有学者用"心流体验"描述用户愉悦、美好等感受。最近有研究提及内容营销的时候涉及讲故事，D. 丹福（D. Fog）等也强调讲故事是内容的关键形式。好的故事可以引发用户的好奇，让人有看下去的兴趣。

基于以上研究可以发现，价值型和娱乐型内容是在自媒体环境下给予用户更多所需信息，提供与服务相关的以及具有趣味性的内容。实用内容是用户进行互动最基本的要求。情感型内容是为了能引起用户共鸣。讲故事的营销方式则是更能引起用户好奇，对公众号产生继续关注的兴趣。

由此，可以提出以下假设。

H1：内容营销的多维度正向影响互动意愿。

H1a：价值型内容正向影响互动意愿。

H1b：娱乐型内容正向影响互动意愿。

H1c：情感型内容正向影响互动意愿。

H1d：故事型内容正向影响互动意愿。

2. 互动意愿对用户粘性的影响

用户的互动意愿主要表现在用户通过公众号文章进行信息获取和讨论，同时依据所展示的信息，对公众号的易用性和实用性进行评定。当用户感觉很容易获得所需信息，其使用意愿就会提升，对公众号重复访问的意愿也会随之提升。而寻求到相关信息的用户有可能愿意再次回到该公众号，促成粘性行为的产生。同时，当用户认为公众号的各项信息很有价值，通过简单的阅读就可以获取所需信息时，用户会更愿意长时间使用该公众号。

用户会对公众号进行一定的评价，如果感到满意会愿意再次进入该公众号，同样，其他用户好评的口碑也能调动用户的热情，坚定继续关注公众号的意愿。同时，公众号中其他用户留下的评论信息对于其他用户来说，也具有一定的参考价值。用户在作出继续关注的决定时会受到这些信息的影响。从关系营销角度来说，用户之间进行互动会增加其关系之间的亲密性，久而久之，用户就会对该公众号产生依赖感和归属感，从而延长用户在该公众号的停留时间和持续关注的意愿，用户粘性也会得以提升。因此，根据以上结论，可以得出以下假设。

H2：互动意愿正向影响用户粘性。

3. 内容营销对用户粘性的影响

前文提到内容营销分为价值型内容、娱乐型内容、情感型内容和故事型内容四种。价值型信息可以让用户对公众号产生信任，当用户通过公众号获取的知识能完美运用在生活中，并且信息是正确的，用户对公众号的信任会发展成依赖。久而久之，该公众号慢慢成为用户生活中打发时间的首要选择。同样，当用户对某方面信息有所需求的时候，该公众号也会成为第一选择。娱乐型内容可以吸引用户眼球，激发用户的好奇心，从而满足用户娱乐和消遣需求。情感型内容的文章会让用户产生共鸣，可以是气愤、同情等，从而有继续阅读和持续关注的想法。在自媒体环境下，故事型内容是吸引用户的关键，一个好故事可以吊足用户的胃口，从而引导用户持续关注。

由此，可以提出以下假设。

H3：内容营销的各维度正向影响用户粘性。

H3a：价值型内容正向影响用户粘性。

H3b：娱乐型内容正向影响用户粘性。

H3c：情感型内容正向影响用户粘性。

H3d：故事型内容正向影响用户粘性。

4. 用户互动意愿的中介作用

陈（Cheung）、李（Lee，2009）研究证实内容营销对用户互动意愿有正向影响，当公众号提供的内容有价值，并且具有趣味性时，用户的互动意愿随之增加。

李迪（Li D，2006）也验证公众号的积极态度能正向影响用户的粘性倾向。当公众号的作者能够对用户快速、及时地响应，可以让用户感到被重视，进而获得良好的阅读体验。巫月娥（2013）提出其他用户好评的口碑更能调动用户的热情，坚定继续关注该公众号的意愿，此时，用户粘性将会提升。

基于以上文献分析，可以提出以下假设。

H4：互动意愿在内容营销与用户粘性之间起中介作用。

H4a：互动意愿在价值型内容与用户粘性之间起中介作用。

H4b：互动意愿在娱乐型内容与用户粘性之间起中介作用。

H4c：互动意愿在情感型内容与用户粘性之间起中介作用。

H4d：互动意愿在故事型内容与用户粘性之间起中介作用。

第四节　"丁香医生"公众号的问卷设计和实施

一、微信公众号"丁香医生"内容营销现状

"丁香医生"公众号是为公众提供健康服务的平台，于2014年9月上线，主要面向公众进行健康信息的传播。它的选题是针对常见的健康问题，语言通俗、幽默，同时读者评论回复水平高超，有明显的人格化特征。

从选题方面，"丁香医生"的定位是专业医生写下的健康科普，仅科普健康问题，不讲解复杂疾病，在此定位下，"丁香医生"的选题基本包括：浅层科普医学知识、辟谣网络上医学错误、针对常见疾病等给出正确的解决办法。

从评论回复方面，"丁香医生"为了提高读者的参与感、增强粘性，会引导、回复读者的评论，同时还会通过回复评论，帮助读者解决问题，从而提升可信度和品牌价值。将评论的主要类型分为：同意型（肯定读者、激励读者在现实生活中实践文章内容）、提问型（就事论事，回答内容）、聊天型（增加文章的趣味）。

从人格化方面，"丁香医生"为了医学科普更有趣，从而调侃文章内容，使文章可读性更强。包括调侃社会对疾病的误解，再加上正确的解释，相互比较，让读者印象更加深刻；调侃读者的实际反应，假想读者对建议的实际反应，从而加深读者的印象；用调侃安慰，如果在某疾病方面没有太好的解决方法，"丁香医生"就会用调侃安慰打折，使专业内容也显得富有人情味。

二、问卷的设计

问卷以"丁香医生"公众号为例，对上文所提出的各假设进行验证。问卷主要分为两个部分：第一部分了解用户的基本情况和对"丁香医生"公众号的相关了解。通过6个问题进行调查。其中阅读"丁香医生"公众号的频率为筛选题，设置0篇、1~5篇、6~10篇、11篇以上4个选项。当用户没有关注"丁香医生"公众号而选择0篇的选项，系统会自动结束问卷，确保调查对象的准确性。

第二部分是对内容营销类型、用户互动意愿以及用户粘性三个部分展开调查，该部分通过内容营销12个题项、用户互动意愿6个题项和用户粘性4个题项，共22个题项，研究"丁香医生"公众号内容对用户粘性的影响情况。

三、问卷的实施

在问卷实施前进行一次问卷前测。通过向亲戚、朋友咨询意见，对变量题项进行修改，确保问卷题项清晰、易懂，符合本次调研的整体实际。

问卷发放主要通过问卷调查网站——问卷星进行发放，在问卷星生成正式问卷后，将相关链接发送给身边的同学和朋友填写，同时也在"丁香医生"公众号文章的评论下发帖，邀请相关用户填写。本次问卷为网上填写，总题项为28个，调查总问卷数为224份，剔除没有关注"丁香医生"公众号的问卷以及所有选项都相同的问卷，有效问卷212份，有效率94.6%。

第五节　数据研究和假设检验

一、频数分析

样本中男性与女性的比例基本相近，各占一半，男性略多些。年龄上，样本中18~30岁人群占比较大。在学历水平上，大学本科占比最多，达到43.40%，表明此次调查的参与者学历水平相对较高。阅读频率上，一周阅读 1 - 5 篇的用户占比达到 41.51%，一周阅读 6 ~ 10 篇的占比也比较大，表明"丁香医生"用户阅读频率比较稳定。从关注途径，朋友圈或转载文章的途径占比较多。从关注时长可以看出，最近半年"丁香医生"公众号的新用户增加相对较多，同样老用户在不断地沉淀，"丁香医生"公众号正处于发展阶段，如表 10 - 1 所示。

表 10 - 1   样本的人口特征分析

调查内容		样本数（个）	占比（%）
性别	男	109	51.42
	女	103	48.58
年龄	18 岁以下	27	12.74
	18 ~ 30 岁	90	42.45
	31 ~ 50 岁	56	26.42
	50 岁以上	39	18.40
学历水平	初中及以下	13	6.13
	高中	80	37.74
	大学本科	92	43.40
	研究生及以上	27	12.74
阅读频率	1 ~ 5 篇	88	41.51
	6 ~ 10 篇	67	31.60
	11 篇以上	57	26.89
关注途径	主动搜寻相关的公众号	55	25.94
	朋友圈或转载的文章	61	28.77
	他人的推荐	40	18.87
	网页链接	38	17.92
	其他	18	8.49
关注时长	半年以下	51	24.06
	半年至 1 年	71	33.49
	1 ~ 2 年	40	18.87
	2 ~ 3 年	35	16.51
	3 年以上	15	7.08

资料来源：调查问卷计算结果。

二、信度与效度分析

1. 整体信度与效度分析

信度分析是判定调查问卷结果是否可靠的有效分析方法。本章通过 Cronbach α 系数的高低判断问卷信度的高低，若系数 α 介于 0.7~0.9，则认为，该问卷可信度较高，调查出来的结果可以被接受；若系数大于 0.9，则认为，内在信度很高。由表 10-2 可以看出，量表整体 Cronbach's AlPha 系数达到了 0.922，达到很高的水平，各变量的系数 α 也都超过 0.6，说明调查的问题项之间存在良好的相关性。同样，如表 10-3 所示，整体问卷的 KOM 值是 0.942，效度比较高，可以做进一步的因子分析。

表 10-2   调查问卷信度情况

变量	项目	项目数量	Cronbach's AlPha
内容营销的四维度	价值型	3	0.818
	娱乐型	3	0.818
	情感型	3	0.618
	故事型	3	0.674
互动意愿		6	0.907
用户粘性		4	0.841
总问卷		22	0.922

资料来源：调查问卷计算结果。

表 10-3   调查问卷整体效度情况

取样足够度的 Kaiser - Meyer - Olkin 度量		0.942
Bartlett 的球形度检验	近似卡方	3099.864
	df	231
	Sig.	0.000

资料来源：调查问卷计算结果。

2. 内容营销的因子分析

（1）效度分析。由表 10-4 可以看出，内容营销的 KMO 值是 0.820，大于

0.6，同时，Bartlett 检验值通过显著性检验，可以进行下一步因子分析。

表 10-4　　　　　　　　　内容营销的 KMO 和 Bartlett 检验

取样足够度的 Kaiser – Meyer – Olkin 度量		0.820
Bartlett 的球形度检验	近似卡方	1260.027
	df	66
	Sig.	0.000

资料来源：调查问卷计算结果。

（2）因子分析。采用最大方差法旋转对内容营销各维度进行探索因子分析，从而使得因子分析的结果能够更加精准，结果如表 10-5 所示。

表 10-5　　　　　　　　　内容营销解释的总方差　　　　　　　单位:%

成分	初始特征值			提取平方和载入			旋转平方和载入		
	合计	方差的占比	方差的占比	总计	方差的占比	累积	总计	方差的占比	累积
1	4.106	34.217	34.217	4.106	34.217	34.217	4.029	33.572	33.572
2	2.664	22.204	56.421	2.664	22.204	560.421	2.443	20.362	53.934
3	1.614	13.448	69.869	1.614	13.448	69.869	1.793	14.941	68.876
4	0.875	7.289	77.158	0.875	7.289	770.158	0.994	8.282	77.158
5	0.493	4.105	81.263	—	—	—	—	—	—
6	0.429	3.572	84.835	—	—	—	—	—	—
7	0.400	3.333	88.168	—	—	—	—	—	—
8	0.348	2.902	91.070	—	—	—	—	—	—
9	0.329	2.748	93.818	—	—	—	—	—	—
10	0.288	2.400	96.216	—	—	—	—	—	—
11	0.238	1.982	98.199	—	—	—	—	—	—
12	0.216	1.801	10.00	—	—	—	—	—	—

资料来源：调查问卷计算结果。

从内容营销解释的总方差表可以看出，对内容营销变量可以提取 4 个公因子，每个特征都大于 1，同时，这四个因子能够解释内容营销的 77.158%，说明这四个维度能够较好地解释内容营销这一变量。表 10 - 5 中第一列是因子编号，第二列至第四列是特征值，描述初始因子解的情况。第五列至第七列是方差贡献率，描述因子解的情况。最终通过这些数据提取出四个主成分因子进行分析。通过观察可知，第 1 个至第 4 个因子特征值比较大，累积贡献率达到 77.158%。因此可以提取出这 4 个主成分因子变量近似替代 12 个变量，从而实现降维，并且根据进一步分析，得出因子载荷矩阵，如表 10 - 6 所示。

表 10 - 6　　　　　　　　　　　　　　因子载荷矩阵

项目	成分			
	1	2	3	4
A1	0.814	- 0.215	0.015	0.081
A2	0.782	- 0.193	0.155	0.031
A3	0.799	- 0.148	0.040	0.005
B1	- 0.090	0.824	- 0.052	- 0.047
B2	- 0.102	0.789	0.063	- 0.070
B3	- 0.095	0.830	0.015	- 0.041
C1	0.045	0.015	0.763	0.429
C2	0.058	0.016	0.774	- 0.177
C3	0.204	0.065	0.765	- 0.373
D1	0.258	- 0.320	- 0.320	0.783
D2	0.273	- 0.266	- 0.366	0.789
D3	0.124	0.156	0.156	0.882

资料来源：根据调查问卷计算结果。

从表 10 - 7 看出，对于内容营销 12 个问项分析结果显示，内容营销测量问项的载荷系数都比较高，整体问项载荷系数都大于 0.5，根据 Churchill 理论，可以将载荷系数大的问项归为一类。因此，可以将因子载荷系数超过 0.5 的归为同一个维度。也就是 A1、A2、A3 归为价值型内容；B1、B2、B3 归为娱乐型内容；C1、C2、C3 归为情感型内容；D1、D2、D3 归为故事型内容。

表 10 - 7   旋转后的因子载荷矩阵

项目	成分			
	1	2	3	4
A1	0.836	-0.011	-0.099	0.073
A2	0.813	-0.075	0.068	0.049
A3	0.813	0.026	-0.005	0.022
B1	0.132	0.820	-0.046	0.168
B2	0.064	0.796	0.052	-0.025
B3	0.097	0.831	0.008	-0.012
C1	-0.012	0.104	0.938	0.022
C2	0.000	0.088	0.927	0.122
C3	0.013	0.063	0.887	-0.004
D1	0.065	0.096	0.098	0.874
D2	0.074	0.113	0.057	0.901
D3	0.028	0.165	0.132	0.973

资料来源：调查问卷计算结果。

3. 互动意愿因子分析

（1）效度分析。由表 10 - 8 可以看出，互动意愿的 KMO 值是 0.914，大于 0.6，同时，Bartlett 检验值通过显著性检验，可以进行下一步因子分析。

表 10 - 8   内容营销的 KMO 和 Bartlett 检验

取样足够度的 Kaiser - Meyer - Olkin 度量		0.914
Bartlett 的球形度检验	近似卡方	724.070
	df	15
	Sig.	0.000

资料来源：调查问卷计算结果。

（2）因子分析。通过 SPSS20.0 对互动意愿进行探索性因子分析，采用最大方差法旋转，从而使因子分析的结果能够更加精准，结果如表 10 - 9、表 10 - 10 所示。

表 10 - 9　　　　　　　　　　　　互动意愿解释的总方差　　　　　　　　单位:%

成分	初始特征值			提取平方和载入		
	合计	方差的占比	方差的占比	总计	方差的占比	累积
1	4.092	68.198	68.198	4.092	68.198	68.198
2	0.485	8.078	76.276	—	—	—
3	0.427	7.116	83.392	—	—	—
4	0.359	5.985	89.377	—	—	—
5	0.327	5.455	94.832	—	—	—
6	0.310	5.168	100.000	—	—	—

资料来源:调查问卷计算结果。

表 10 - 10　　　　　　　　　　　用户互动意愿成分矩阵

项目	成分
	1
E1	0.851
E2	0.799
E3	0.837
E4	0.811
E5	0.808
E6	0.848

资料来源:调查问卷计算结果。

　　如表 10 - 9 所示,互动意愿的测量问项经过处理后提取一个公因子,即互动意愿,其特征值是 4.092,并且总方差值为 68.198,说明互动意愿的六个测量项目整体上可以很好解释互动意愿这一变量。根据用户互动意愿的成分矩阵表 10 - 10 所示,可以得知用户互动意愿的各个测量问项载荷系数都高于 0.7,说明变量的测量问项 E1、E2、E3、E3、E4、E5、E6 都能很好地解释用户互动意愿。

　　4. 用户粘性因子分析

　　(1)效度分析。由表 10 - 11 可以看出,用户粘性的 KMO 值是 0.807,大于 0.6,同时,Bartlett 检验值通过显著性检验,可以进行下一步因子分析。

表 10 – 11　　　　　　　　　用户粘性的 KMO 和 Bartlett 检验

取样足够度的 Kaiser – Meyer – Olkin 度量		0.807
Bartlett 的球形度检验	近似卡方	326.296
	df	6
	Sig.	0.000

资料来源：调查问卷计算结果。

（2）因子分析。通过 SPSS20.0 对互动意愿进行探索性因子分析，采用最大方差法旋转，从而使因子分析结果能够更加精准，结果如表 10 – 12、表 10 – 13 所示。

表 10 – 12　　　　　　　　　用户粘性解释的总方差　　　　　　　单位:%

成分	初始特征值			提取平方和载入		
	合计	方差的占比	方差的占比	总计	方差的占比	累积
1	2.712	67.808	67.808	2.712	67.808	67.808
2	0.471	11.786	79.593	—	—	—
3	0.459	11.487	91.080	—	—	—
4	0.357	8.920	100.000	—	—	—

资料来源：调查问卷计算结果。

表 10 – 13　　　　　　　　　用户粘性成分矩阵

项目	成分
	1
F1	0.836
F2	0.816
F3	0.822
F4	0.820

资料来源：调查问卷计算结果。

如表 10 – 12 所示，互动意愿的测量问项经过处理后提取一个公因子，即互动意愿，其特征值是 2.712，并且总方差值 67.808，说明用户粘性的四个测量项目整体上可以很好地解释用户粘性这一变量。根据用户粘性的成分矩阵表 10 – 13

显示结果得知，用户粘性各个测量问项的载荷系数都高于 0.8，可以将 F1、F2
这两个测量项归为一类，即用户粘性。

通过对内容营销、互动意愿、用户粘性进行信度、效度以及因子分析后，结
果显示，公众号的内容营销可以划分为四个维度，即价值型内容、娱乐型内容、
情感型内容、故事型内容，并且内容营销、用户互动意愿和用户粘性的测量问项
一致性和效度都比较高，通过信度检验和效度检验。因此，进一步对变量做相关
回归分析。

三、内容营销对用户粘性的相关分析

为进一步检测假设结果，需要用 SPSS20.0 软件对各变量进行相关分析，其
中 Pearson 相关系数是衡量相关程度的。若相关系数低于 0.4 是低相关，相关系
数在 0.4 ~ 0.6 是中度相关，大于 0.6 是强相关。本章对研究变量进行相关分析，
结果见表 10 - 14。分析可知内容营销的各维度、用户互动意愿和用户粘性间的相
关系数均大于 0，说明各变量间存在正相关关系。为进一步对各个变量间的直接
影响和间接影响进行研究，还需要对变量进行回归分析。

表 10 - 14   研究变量的相关分析

模型		价值型	娱乐型	情感型	故事型	互动意愿	用户粘性
价值型内容	Pearson 相关性 显著性（双侧）	1	—	—	—	—	—
娱乐型内容	Pearson 相关性 显著性（双侧）	0.416 ** 0.000	1	—	—	—	—
情感型内容	Pearson 相关性 显著性（双侧）	0.697 ** 0.000	0.704 ** 0.000	1	—	—	—
故事型内容	Pearson 相关性 显著性（双侧）	0.699 ** 0.000	0.681 ** 0.000	0.625 ** 0.000	1	—	—
互动意愿	Pearson 相关性 显著性（双侧）	0.668 ** 0.000	0.658 ** 0.000	0.634 ** 0.000	0.679 ** 0.000	1	—
用户粘性	Pearson 相关性 显著性（双侧）	0.648 ** 0.000	0.735 ** 0.000	0.613 ** 0.000	0.612 ** 0.000	0.705 ** 0.000	1

注：** 表示在 0.01 水平（双侧）上显著相关。
资料来源：调查问卷计算结果。

四、内容营销对用户粘性的回归分析

回归分析是分析事物间的统计关系，用于解释多个变量间的关联性及关联强度，从而进一步地指出关系的方向，说明因素间是否存在因果关系。

1. 内容营销各维度对用户互动意愿影响的回归分析

以价值型内容、娱乐型内容、情感型内容、故事型内容为自变量，用户互动意愿为因变量进行回归分析（见表 10 – 15、表 10 – 16）。

表 10 – 15   模型汇总

模型	R	R^2	调整 R^2	标准估计的误差
1	0.894[a]	0.800	0.769	0.452

注：a 为预测变量（常量）：测量价值型、娱乐型、情感型、故事型。
资料来源：调查问卷计算结果。

表 10 – 16   回归分析

模型		非标准化系数		标准系数	t	Sig.
		B	标准误差	试用版		
1	（常量）	0.890	0.235	—	3.792	0.000
	价值型内容	0.279	0.030	0.255	9.405	0.000
	娱乐型内容	0.284	0.031	0.285	10.265	0.000
	情感型内容	0.301	0.028	0.262	10.805	0.000
	故事型内容	0.245	0.032	0.268	10.278	0.000

注：因变量为互动意愿。
资料来源：调查问卷计算结果。

根据表 10 – 15 可知，回归方程的判定系数为 0.8，说明数据和模型间的拟合度较好。根据表 10 – 16，可以得出内容营销对于用户互动意愿的影响较为显著。可以得出内容营销各维度对于用户互动意愿的回归方程：

用户互动意愿 = 0.890 + 0.279 × 价值型内容 + 0.284 × 娱乐型内容 + 0.301 × 情感型内容 + 0.245 × 故事型内容

由此可见，假设 H1、H1a、H1b、H1c、H1d 均得到支持。

2. 用户互动意愿对用户粘性影响的回归分析

以用户互动意愿为自变量，用户粘性为因变量进行回归分析（见表 10 – 17）。

表 10 – 17 模型汇总

模型	R	R^2	调整 R^2	标准估计的误差
1	0.703[a]	0.794	0.792	0.797

注：a 为预测变量（常量）：互动意愿。
资料来源：调查问卷计算结果。

根据表 10 – 17 可知，回归方程的判定系数为 0.794，说明数据和模型间的拟合度较好。

根据表 10 – 18，可以得出用户互动意愿对于用户粘性的回归方程：

用户粘性 = 0.618 + 0.844 × 互动意愿

由此可见，假设 H2 得到支持。

表 10 – 18 回归分析

模型		非标准化系数		标准系数	t	$Sig.$
		B	标准误差	试用版		
1	（常量）	0.618	0.243	—	2.545	0.012
	互动意愿	0.844	0.059	0.703	14.326	0.000

注：因变量：互动意愿。
资料来源：调查问卷计算结果。

3. 内容营销对用户粘性影响的回归分析

以价值型内容、娱乐型内容为自变量，用户粘性为因变量进行回归分析（见表 10 – 19、表 10 – 20）。

表 10 – 19 模型汇总

模型	R	R^2	调整 R^2	标准估计的误差
1	0.710[a]	0.804	0.795	0.795

注：a 为预测变量（常量）：价值型内容、娱乐型内容、情感型内容、故事型内容。
因变量：用户粘性。
资料来源：调查问卷计算结果。

表 10 - 20   回归分析

模型		非标准化系数		标准系数	t	Sig.
		B	标准误差	试用版		
1	（常量）	0.622	0.250	—	2.488	0.014
	价值型内容	0.113	0.071	0.110	1.592	0.113
	娱乐型内容	0.327	0.069	0.314	4.738	0.000
	情感型内容	0.078	0.074	0.074	1.057	0.292
	故事型内容	0.325	0.071	0.332	4.554	0.000

注：因变量：用户粘性。
资料来源：调查问卷计算结果。

根据表 10 - 19 可知，回归方程的判定系数为 0.804，说明数据和模型之间的拟合度较好。

根据表 10 - 20，可以得出，内容营销对于用户粘性的影响较为显著。根据表 10 - 14，可以得出内容营销各维度对于用户粘性的回归方程。

用户粘性 = 0.622 + 0.113 × 价值型内容 + 0.327 × 娱乐型内容 + 0.078 × 情感型内容 + 0.325 × 故事型内容

由此可见，假设 H3、H3a、H3b、H3c、H3d 均得到支持。

4. 中介作用分析

中介作用分析在众多的科学领域被广泛应用，可以用来分析变量之间影响的过程和机制，相比较于回归分析，可以获得比较深入的结果（见表 10 - 21、表 10 - 22）。

表 10 - 21   回归分析[a]

模型		非标准化系数		标准系数	t	Sig.
		B	标准误差	试用版		
1	（常量）	0.622	0.250	—	2.488	0.014
	价值型内容	0.113	0.071	0.110	1.592	0.113
	娱乐型内容	0.327	0.069	0.314	4.738	0.000
	情感型内容	0.078	0.074	0.074	1.057	0.292
	故事型内容	0.325	0.071	0.332	4.554	0.000

注：a 为用户粘性。
资料来源：调查问卷计算结果。

表 10 - 22　　　　　　　　　　　　回归分析[a]

模型		非标准化系数		标准系数	t	Sig.
		B	标准误差	试用版		
1	（常量）	0.436	0.248		1.756	0.081
	互动意愿	0.252	0.070	0.241	3.607	0.000
	价值型内容	0.067	0.070	0.066	0.965	0.336
	娱乐型内容	0.256	0.070	0.246	3.652	0.000
	情感型内容	0.025	0.074	0.024	0.346	0.730
	故事型内容	0.286	0.070	0.293	4.078	0.000

注：a 为用户粘性。
资料来源：调查问卷计算结果。

　　表 10 - 21 是公众号内容营销对用户粘性的回归系数表，表 10 - 22 是将中介变量用户互动意愿放入回归方程后的回归系数表。通过对比可以发现，价值型内容、娱乐型内容、情感型内容、故事型内容的回归系数分别由 0.113、0.327、0.078、0.325 下 降 到 0.067、0.265、0.025、0.286，根 据 温 忠 麟、叶 宝 娟（2014）对中介效应的解释，可以得出用户互动意愿在价值型内容、娱乐型内容、情感型内容、故事型内容对用户粘性的影响中起部分中介效应。

　　根据以上数据分析汇总，检验结果如表 10 - 23 所示。

表 10 - 23　　　　　　　　　　研究假设检验结果汇总

假设	描述	假设检验
H1	内容营销各维度正向影响用户互动意愿	成立
H1a	价值型内容正向影响用户互动意愿	成立
H1b	娱乐型内容正向影响用户互动意愿	成立
H1c	情感型内容正向影响用户互动意愿	成立
H1d	故事型内容正向影响用户互动意愿	成立
H2	用户互动意愿正向影响用户粘性	成立
H3	内容营销正向影响用户粘性	成立
H3a	价值型内容正向影响用户粘性	成立
H3b	娱乐型内容正向影响用户粘性	成立
H3c	情感型内容正向影响用户粘性	成立
H3d	故事型内容正向影响用户粘性	成立

假设	描述	假设检验
H4	用户互动意愿在内容营销和用户粘性之间起中介作用	部分中介
H4a	用户互动意愿在价值型内容和用户粘性之间起中介作用	部分中介
H4b	用户互动意愿在娱乐型内容和用户粘性之间起中介作用	部分中介
H4c	用户互动意愿在情感型内容和用户粘性之间起中介作用	部分中介
H4d	用户互动意愿在故事型内容和用户粘性之间起中介作用	部分中介

资料来源：笔者整理。

微信公众号的内容营销各维度对用户互动意愿都有不同程度的影响，根据上述研究显示，娱乐型内容和价值型内容对用户互动意愿有更显著的影响。这与孙天旭（2016）所得出的结论一致。同样，微信公众号的内容营销对用户粘性存在正向影响。由内容营销对用户粘性的回归分析可知，娱乐型内容、故事型内容、价值型内容、情感型内容对用户粘性的回归系数分别由大到小，由此可以得知，娱乐型内容和故事型内容对微信公众号内容营销起重要的影响。这说明用户在选择公众号时，更倾向于轻松、有趣的内容。

第六节　本章总结

随着社会网络和新媒体发展，用户对内容的要求不仅仅只是在表面上，渐渐地开始重视更深层次的需求。在公众号的发展中，用户对公众号的内容进行筛选，好内容更能留住用户。因此，不论是企业还是用户，都将注意力转向内容营销平台上。微信公众号越来越注重与用户的交流，希望通过向用户传递的内容可以塑造成符合大众期望的形象。通过本章的研究结论，可以得出以下两点营销启示。

（1）公众号应该更多地将精力投向故事型内容。研究表明，相比于其他内容，讲故事更能激发用户粘性。好故事更能帮助用户阅读，通过故事向用户传递信息，更能让用户接受。

（2）巧用内容营销与用户互动，公众号主动引发的互动更利于用户对公众号产生好感。实证结果显示，内容营销各维度都可以通过互动影响用户粘性。因此，在公众号与用户互动时，可以从结果出发，根据互动需求调整和制定内容营销，从而能够有效地促进用户的互动意愿，从而产生用户粘性。

第十一章 微博营销对用户参与意愿的影响因素

第一节 绪 论

新浪微博等网络社交媒体的发展催生了针对粉丝消费的营销模式。中国网络社交媒体的发展，尤其是新浪微博的发展为粉丝聚合提供了多样的平台，并有效地解决了传统粉丝社群的分散性、无组织性等问题。企业品牌通过社交媒体与粉丝之间直接、公开地互动，成为推动企业互联网营销模式变革的重要助推力。[①]与普通消费者不同的是，粉丝的消费过程源于对品牌的喜爱和追逐。企业如何依托社交媒体有效地维系品牌与粉丝之间的关系值得深入探究。[②]

本章通过建立微博营销对用户参与意愿的影响因素模型，研究这些因素是否影响了用户参与意愿，并找出影响用户参与意愿的关键因素，提出对策建议。企业可根据自身的特点，找出影响用户参与意愿的主要因素，从而有针对性地进行改善，提高微博营销用户的参与意愿，从而有助于更好地进行微博营销。

第二节 文献综述

静学莹（2017）认为，微博营销是通过微博平台为企业和个人创造价值的方

[①] Wood N T, Burkhalter J N. Tweet This, Not That: A comparison between brand Promotions in microblogging environments using celebrity and comPany-generated Tweets [J]. Journal of Marketing Communications, 2014, 20 (1/2): 129 – 146.

[②] 霍春辉，王晓睿，张银丹. 名人微博营销影响粉丝消费行为的决策机理研究 [J]. 辽宁大学学报（哲学社会科学版），2019, 47 (1): 79 – 88.

式，也指企业或个人的商业行为，以发现并满足用户的各种需求。① 张晞（2010）认为，企业微博营销指企业利用微博作为沟通工具，全面利用微博平台，提供客户服务、收集市场信息、促进企业文化、促进产品推广并深入与潜在客户互动，最终达到提升品牌效果、获得低成本高回报的营销效果。② 随着微博不断的发展和普及，微博营销成为社交媒体时代下企业营销的新模式，受到国内外学者和研究机构的关注和研究。目前已有大量的学者对微博营销进行多方面研究，并且取得了良好的成果。

一、国外相关研究

国外微博营销研究以推特网（Twitter）为研究对象，主要研究推特网营销的使用现状、使用原因、优缺点、传播特点和发展前景。随着对推特网的深入研究，越来越多地研究推特网营销的社区结构、商业模式和运营模式等。J. 伯纳德（J. Bernard，2009）的研究发现推特网是一种在线的口碑营销方法，可以让消费者分享和讨论品牌意见。③ K. 埃利希（K. Ehrlich，2010）从人类情感与微博营销的关系着手，发现人性中新奇和批判的情感使他们更倾向于传播负面信息，与积极信息相比较，负面信息的传播范围更广、速度更快，因此，企业要严格监测，利用好微博进行危机管理。④ 朴秉熙（Byung Hee Park，2017）通过 TAM 模型对企业微博用户的声誉、互动和信任进行实证分析，他发现这些因素对微博营销有着显著的影响。⑤ S. 阿苏尔（S. Asur）、B. A. 胡伯曼（B. A. Huberman，2010）在搜集推特网上观众对于电影的评论信息后，发现电影的票房与微博的讨论和关注度密切相关。⑥ 由此可见，品牌形象、互动性、评论均对微博营销有着重要的影响。

二、国内相关研究

随新浪微博的成功，微博开始在国内大受欢迎，国内学术界对微博的研究起

① 静学莹. 论微博营销对消费者购买行为的影响［J］. 商场现代化，2017（1）：1 - 3.
② 张晞. 微博营销. ［J］管理世界，2010（11）：52　55.
③ Bernard，J，Jansen，et al. Twitter Power：Tweets as electronic word of mouth［J］. Journal of the American Society for Information Science and Technology，2009（11）：2169 - 2188.
④ Ehrlich K，Shami N S. Microblogging Inside and Outside the Workplace［C］//International Conference on Weblogs & Social Media. DBLP，2010：42 - 49.
⑤ Byung Hee Park，Jung Hoon Ixe，So Yeon Park. A Study on the Factors that Influence SNS Users' Usage of Corporate SNS Sites Focusing on Twitter［C］. The 11ᵗʰ International Conference of Decision Sciences Institute and The 16th Annual Conference of Asia - Pacific Decision Scien.
⑥ Asur S，Huberman B A. Predicting the Future with Social Media［J］. IEEE，2010.

步较晚，主要集中在微博营销策略和微博营销对消费者购买意愿的影响因素等方面。

1. 微博营销策略研究

马婕（2012）研究企业微博营销的运营策略，微博的话题类型、长度和发布时间是影响微博传播力的重要因素，并提出精益操作 6R 策略，即适当的功能形象定位、适当的价值主张、适当的操作人员，合适的目标受众，适当的方式和恰当的时机。[①] 秦士莲（2015）探讨了微博营销的特点和价值，提出微博营销的建议，要提升专业度和真实性，注重全员参与，保持长期经营，建立实时监控。[②]

2. 微博营销影响因素研究

郑惠子（2011）研究得出影响消费者购买意愿的五个因素，即促销信息、与用户互动、信息质量、信任和关注。[③] 李玚（2011）在 TAM 模型基础上建立微博营销对学生群体购买行为的影响模型，得到影响消费者购买行为的八个因素：企业品牌、微博活动、与消费者互动性、社群信息、信息吸引力、评论转发数、微博发布时间和购买前后的分享。[④] 这些影响因素通过感知有用性或信任对消费者购买行为有正向影响，感知有用性正向影响消费者购买行为。董吉钢（2017）确定企业微博营销的测量维度，通过数据分析出企业微博知名度、与粉丝互动性、信息质量高低、活动营销度及意见领袖参与度对品牌资产有积极作用。[⑤] 周蓓婧、侯伦（2011）结合微博营销的特点，对消费者参与意愿进行实证研究，基于 TAM 和 IDT 理论，他们认为，社会影响、感知娱乐、互动和个人创新对消费者参与意愿有正向影响，感知有用性和感知易用性对消费者参与意愿有积极影响，感知易用性对感知易用性有正向影响。[⑥] 许彩明、于晓明（2015）运用 TAM 模型，提出微博营销用户参与意愿影响因素模型，通过结构方程分析，确定影响微博营销公众参与意愿的几个因素，主要有感知有用性、感知易用性、感知参与能力、感知娱乐性、公众态度、信息连续性和信息可靠性。[⑦] 因此可以看出，企业品牌、感知娱乐性、交互性、信息质量、转发评论数、感知有用性、感知易用性与用

① 马婕. 企业官方微博运营策略研究 [D]. 武汉：华中科技大学，2012.
② 秦士莲. 论微博营销特点及其价值 [J]. 连云港职业技术学院学报，2015（3）：91.
③ 郑惠子. 基于微博营销的经济型酒店购买意愿影响因素研究 [J]. 现代商业，2017，71.
④ 李玚. 企业微博营销对消费者购买行为的影响研究 [D]. 北京：北京邮电大学，2011.
⑤ 董吉钢. 企业微博营销对品牌资产影响实证研究 [D]. 合肥：安徽大学，2017.
⑥ 周蓓婧，侯伦. 消费者微博营销参与意愿影响因素分析——基于 TAM 和 IDT 模型 [J]. 管理学家学术版，2011，35.
⑦ 许彩明，于晓明. 我国大型体育赛事微博营销公众参与意愿影响因素的研究 [J]. 体育与科学，2015，（1）：64.

户行为意愿之间有影响。

第三节　微博营销对用户参与意愿的影响机理分析

一、理论基础

1. 技术接受模型（TAM）

技术接受模型（TAM）理论是由美国学者 W. M. 戴维斯（W. M. Davis）于 1989 年提出，是在理性行为理论模型（TRA）和计划行为理论模型（TPB）的基础发展上起来，它最开始被用于解释和预测人们对信息技术的接受程度。TAM 模型认为，个人对信息技术的行为受其行为意图的影响，行为意图受态度和感知有用性的影响，态度受到感知有用性和感知易用性的影响，感知有用性受感知易用性受到外部变量的影响。外部变量包括多个方面，如计算机硬件特征、用户自身特征以及任务特征。感知有用性是个人认为，使用某种系统会提高工作效率，而感知易用性是个人使用系统的容易性。使用态度是指技术使用者对某种新技术表达的正面或负面的评价性陈述，即喜欢或不喜欢的感觉，对主观感受的反应。行为意向指用户愿意采用新技术的意愿。使用行为指由技术使用者实际操作的行为。该理论模型如图 11 - 1 所示。

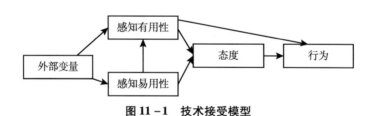

图 11 - 1　技术接受模型

资料来源：W. M. 戴维斯在 1989 年运用理性行为理论提出的技术接受模型。

2. 感知风险理论

感知风险（perceived risk）的概念首先由哈佛大学马文·鲍尔（Marvin Bauer）在 1960 年从心理学扩展而来，他认为，任何消费者的购买行为都无法确定预期结果是否正确，有些结果可能使消费者不满。后来有学者不断地研究、完善，感知风险包括六个维度，包括财务风险、产品功能风险、身体风险、心理风险、社会风险和时间或便利损失。后来又有学者提出来源风险和隐私风险。本章主要研究功能风险和隐私风险。

二、微博营销对用户参与意愿的模型构建

引用学者关于微博营销对用户行为意愿的影响因素研究，本章选用 TAM 模型和感知风险理论，选取企业品牌形象、信息质量、感知娱乐性、转发评论数、意见领袖参与度和交互质量等 6 个主要变量为外部变量，通过感知有用性、感知易用性和感知风险等中间变量对用户参与行为的影响建立模型。

1. 概念模型

参与意愿可以解释为用户参与微博营销活动的可能性。在用户对新兴技术及营销方式的采纳研究中，TAM 模型是最有效的理论模型。为研究用户参与企业微博营销行为的影响因素，用户对微博营销的参与可以理解为对新事物的接受，因此，TAM 模型完全适用本研究。建立研究模型如图 11 - 2 所示。

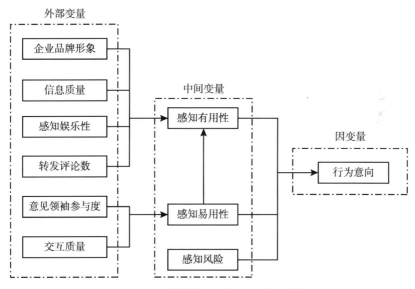

图 11 - 2 微博营销对用户参与意愿的模型

资料来源：笔者整理。

2. 模型变量的说明

（1）企业品牌形象，指企业在市场和公众中的个性特征，反映公众尤其是消费者对品牌的认知和评价。

（2）信息质量，指企业发布的微博信息对用户的有用程度。微博信息体现企业价值观。如果微博所表达的价值观恰好符合用户观点，会加深用户对企业的青

睐和信任，从而影响用户的行为。

（3）感知娱乐性，指微博能给用户提供获取信息、消磨时间、缓解压力等方面的能力。

（4）转发评论数，指用户评论或者转发微博推文的数量，表明微博对用户的影响。

（5）意见领袖参与度。意见领袖是指为他人提供、过滤或解释信息的人，他们对某类产品或服务有丰富的知识和经验。

（6）交互质量，指企业在微博上与用户的互动频率和质量，主要体现在对用户转发评论点赞的及时反馈。

（7）感知有用性，指用户感受到参与企业微博营销对其工作业绩提高的程度。

（8）感知易用性，指用户需要使用新系统的努力程度，或使用系统的容易程度。在本研究中，该变量主要指用户在微博营销活动中的易参与性。

（9）感知风险，指用户在参与企业微博营销活动时所感知到的各种风险程度。

（10）行为意向，指用户对系统的接受使用程度。在本研究中，指用户在使用微博过程中，浏览到企业微博营销，并参与微博营销活动的意愿。

三、研究假设的提出

1. 外部变量对中间变量的影响

（1）外部变量对感知有用性的影响。企业品牌形象反映消费者对企业的信任，在微博中，企业品牌形象越好，用户越信任企业，会感知微博信息有用，提出假设 H1。信息质量的高低决定了对用户是否有用，提出假设 H2。当用户浏览微博并能感受到愉悦，那么就会关注参与微博活动，用户认为，微博信息有用，提出假设 H3。用户在浏览企业微博时，会留意评论转发数，抓取对自己有用的信息，可能还会据此判断是否参与微博营销活动，提出假设 H4。具体假设见表 11 - 1。

表 11 - 1　　　　　　　　　外部变量对感知有用性影响的假设

假设编号	假设内容	正负向影响
H1	企业品牌形象显著影响感知有用性	正向
H2	信息质量显著影响感知有用性	正向
H3	感知娱乐性显著影响感知有用性	正向
H4	转发评论数显著影响感知有用性	正向

资料来源：笔者整理。

（2）外部变量对感知易用性的影响。意见领袖会影响用户关注其推荐的产品或服务，他们对微博营销活动参与度越高，用户感知越易用。提出假设 H5。交互质量体现企业对用户的及时反馈，影响用户感知微博营销活动是否易用，提出假设 H6。具体假设见表 11 - 2。

表 11 - 2   **外部变量对感知易用性影响的假设**

假设编号	假设内容	正负向影响
H5	意见领袖参与度显著影响感知易用性	正向
H6	交互质量显著影响感知易用性	正向

资料来源：笔者整理。

2. 中间变量的相互影响

在 TAM 模型中，感知易用性显著影响感知有用性，提出假设 H7。具体假设见表 11 - 3。

表 11 - 3   **感知易用性对感知有用性影响的假设**

假设编号	假设内容	正负向影响
H7	感知易用性显著影响感知有用性	正向

资料来源：笔者整理。

3. 中间变量对因变量的影响

在 TAM 模型中，感知有用性和感知易用性对行为意愿有影响，提出假设 H8 和假设 H9。感知风险是用户对微博营销活动中风险的感知，风险越小，用户越愿意参与活动，提出假设 H10。具体假设见表 11 - 4。

表 11 - 4   **中间变量对行为意愿影响的假设**

假设编号	假设内容	正负向影响
H8	感知有用性显著影响行为意愿	正向
H9	感知易用性显著影响行为意愿	正向
H10	感知风险显著影响行为意愿	负向

资料来源：笔者整理。

第四节　小米公司微博营销的问卷设计和实施

一、小米公司微博营销现状

随着微博在国内迅猛发展，很多企业开始使用微博营销，小米公司于2010年7月创建企业微博，目前小米官方微博已成为小米公司重要的品牌宣传工具。小米作为国内的知名企业，其企业品牌形象有一定的影响力，微博关注用户已达到1388万。小米公司的活动或产品，都会及时地在微博上发布，信息质量也很高，在小米公司近16000条的微博信息中，涵盖各种促销活动、投票活动、抽奖活动和公益活动等，这些信息通过粉丝转发进行宣传。例如小米公司当时的微博置顶活动，同年4月27日小米6X新品首发，进行转发抽奖活动，抽送10台新品手机，用户只要通过转发微博信息就有可能中奖，转发人数近10万人，评论人数超2万人，无形之中为小米新品手机进行了有效的宣传。这些多样的活动也比较有趣，吸引了很多用户参加。雷军作为小米公司产品的意见领袖，也时常转发参与小米公司产品的微博活动，带动其关注者参与。但也存在与用户的互动质量有所欠缺，对用户提问不能及时反馈，与用户互动频率较低等问题。

二、问卷设计和数据收集

1. 问卷内容设计

问卷以小米公司官方微博为主体进行设计，在本研究中，问卷设计分为三个部分：第一部分是受访者的个人基本信息；第二部分是筛选问题；第三部分是问卷的主体内容。

（1）个人基本信息。受访者的基本信息主要包括性别、年龄、职业、受教育程度、月收入和使用微博的年数。

（2）筛选问题。设计了一个问题询问受访者，是否参与过小米公司官方微博的营销活动，目的是筛选出没有参加过小米公司微博营销活动的受访者，确保数据的真实、有效性。

（3）主体问卷。主体问卷由10个变量，共22个问题组成。这些问题是根据前面建立的模型变量设计而成，针对每个变量设计2~3个小题，为量化评价值，采用里克特五级量表，用1~5表达受访者的主观感受，1代表很不同意，2代表不同意，3 代表基本同意，4 代表同意，5 代表非常同意。

2. 问卷发放和收集

问卷设计完成后，通过问卷调查网站问卷星发布问卷，通过二维码和链接，对问卷进行大规模发放，问卷主要通过微信、QQ 和微博发送，通过传播进行收集。同时问卷星推出互填社区和样本服务，通过帮他人填写，他人帮自己填写的方式和付费样本进行一部分问卷的收集。

本次调查问卷共回收 459 份，其中甄别问题，对没有参加过小米公司微博营销活动的受访者进行剔除，剔除 93 份，此外，对答题时间低于 60 秒的问卷进行剔除，剔除 8 份。经过筛选，最后留下的有效问卷为 358 份，有效率为 78%。

三、问卷描述性统计

问卷数据在 358 份有效问卷中进行统计分析，发现受访者的男、女比例分别为 45.2%、54.7%，男女比例差不多，女性多一些。年龄分布 18 ~ 40 岁的比较多，其中，18 ~ 25 岁的占 46.1%，25 ~ 40 岁的占 37.8%。企业职员占 52.5%，在校学生占 21.4%，学历分布为大学本科最多，为 41.7%，高中及以下为 24.2%，大专为 29.7%，研究生为 4.4%。月收入为 2000 ~ 5000 元的比较多。微博使用时间 1 ~ 5 年的比较多，1 ~ 3 年的占 44.2%，3 ~ 5 年的占 29.7%。统计情况见表 11 - 5。

表 11 - 5　　　　　　　　　调查对象的个人基本信息统计

人口统计特征		样本数（个）	占比（%）
性别	男	163	45.28
	女	197	54.72
年龄	18 岁以下	30	8.33
	18 ~ 25 岁	166	46.11
	25 ~ 40 岁	136	37.78
	40 岁以上	28	7.78
职业	在校学生	77	21.39
	企业职员	189	52.5
	自由职业者	71	19.72
	其他	23	6.39

人口统计特征		样本数（个）	占比（%）
学历	高中及以下	87	24.17
	大专	107	29.72
	本科	150	41.67
	研究生及以上	16	4.44
月收入	2000 元以内	84	23.33
	2000~3000 元	122	33.89
	3000~5000 元	106	29.44
	5000 元以上	48	13.33
使用年限	1 年以内	61	16.94
	1~3 年	159	44.17
	3~5 年	107	29.72
	5 年以上	33	9.17

资料来源：调查问卷计算结果。

四、信度和效度分析

1. 信度分析

信度是用于测验结果的一致性、可靠性和稳定性。信度系数越高，测验结果越可靠。目前，最直接的信度评价指标是克隆巴赫（Cronbach's AlPha）系数，通常在 0~1 进行测量。数值大于 0.9 表示量表因素的信度极好，数值在 0.8~0.9 表示信度较好，数值在 0.7~0.8 表示可以接受，当指标数低于 0.7，表示信度不佳。本次问卷的信度分析见表 11-6、表 11-7。

表 11-6 　　　　　　　　　　　信度系数分析

总体可靠性统计	
克隆巴赫 AlPha	项数
0.898	22

资料来源：调查问卷计算结果。

表 11 – 7　　　　　　　　　　　　　各维度信度分析

	删除项后的克隆巴赫 AlPha	各维度信度分析
知名度高信任	0.896	0.882
关注	0.894	—
通俗易懂	0.895	0.855
消息真实信任	0.896	—
适量不厌烦	0.896	—
生动有趣	0.894	0.892
营销活动愉快	0.893	—
转发了解	0.896	0.878
转发参与	0.897	—
关注雷军微博	0.894	0.865
雷军代言人	0.897	—
雷军微博了解	0.895	—
沟通频率高	0.895	0.893
互动加深了解	0.894	—
微博营销有用	0.894	0.855
掌握信息	0.895	—
微博了解信息	0.895	0.895
参与容易	0.896	—
担心造假	0.905	0.902
担心隐私	0.903	—
参与活动	0.894	0.891
呼吁参与活动	0.893	—

资料来源：调查问卷计算结果。

由表 11 – 6 和表 11 – 7 可知，总体克隆巴赫系数是 0.898，在 0.8 以上，接近 0.9 的情况下，表明问卷的信度较高。各维度信度也都高于 0.8，针对"项已删除的 α 系数"，分析项被删除后的信度系数值并没有明显的提升，因此，所有的题项均需要保留。也进一步说明数据信度较高，问卷内容具有较好的一致性和可靠性。

2. 效度分析

效度即有效性,指测量结果反映想要考察内容的程度,在 0 ~ 1 时,越大表明有效性越高,测量结果越一致。KMO 检验用于研究变量间的偏相关性,当值大于 0.9 时效度很高,在 0.8 ~ 0.9 表示效度较高,在 0.7 ~ 0.8 表示效度一般,在 0.6 ~ 0.7 表示效度尚可接受,小于 0.5 时表示效度不佳。Bartlett 检验可以用来检验是否适合做因子分析,当值小于 0.05 时,适合做因子分析。本次调查问卷的 KMO 和 Bartlett 检验结果如表 11 - 8 所示。

表 11 -8 　　　　　　　　　　**KMO 与 Bartlett 检验**

KMO 取样适切性量数		0.920
巴特利特球形度检验	近似卡方	2705.220
	自由度	231
	显著性	0.000

资料来源:根据调查问卷计算结果。

由表 11 -8 可知,KMO 值为 0.920,表明该问卷中的变量之间的相关性较高,而 Bartlett 检验值为 0.000,小于 0.05,表明非常适合做因子分析。然后运用 SPSS23 做因子分析,结果如表 11 -9 所示。

表 11 -9 　　　　　　　　　　**解释的总方差数** 　　　　　　　单位:%

成分	初始特征值			提取载荷平方和			旋转载荷平方和		
	方差			方差			方差		
	总计	百分比	累积	总计	百分比	累积	总计	百分比	累积
1	7.558	34.355	34.355	7.558	34.355	34.355	2.731	12.412	12.412
2	1.467	6.669	41.024	1.467	6.669	41.024	2.391	10.868	23.281
3	1.343	6.104	47.128	1.343	6.104	47.128	1.962	8.917	32.198
4	1.144	5.200	52.328	1.144	5.200	52.328	1.781	8.094	40.292
5	0.937	4.260	56.588	0.937	4.260	56.588	1.729	7.857	48.150
6	0.861	3.915	60.503	0.861	3.915	60.503	1.510	6.866	55.016
7	0.830	3.773	64.276	0.830	3.773	64.276	1.431	6.506	61.522
8	0.759	3.448	67.724	0.759	2.448	67.724	1.364	6.202	67.724

续表

成分	初始特征值			提取载荷平方和			旋转载荷平方和		
	方差			方差			方差		
	总计	百分比	累积	总计	百分比	累积	总计	百分比	累积
9	0.715	3.249	70.973	0.719	2.147	69.871	1.163	4.323	72.047
10	0.658	2.992	73.965	0.639	2.080	71.951	1.031	3.221	75.268
11	0.650	2.956	76.920	—	—	—	—	—	—
12	0.613	2.785	79.706	—	—	—	—	—	—
13	0.578	2.625	82.331	—	—	—	—	—	—
14	0.533	2.421	84.752	—	—	—	—	—	—
15	0.516	2.345	87.098	—	—	—	—	—	—
16	0.495	2.250	89.347	—	—	—	—	—	—
17	0.466	2.120	91.467	—	—	—	—	—	—
18	0.434	1.971	93.439	—	—	—	—	—	—
19	0.409	1.859	95.298	—	—	—	—	—	—
20	0.371	1.687	96.984	—	—	—	—	—	—
21	0.355	1.615	98.599	—	—	—	—	—	—
22	0.308	1.401	100.000	—	—	—	—	—	—

注：提取方法：主成分分析。
资料来源：根据调查问卷计算结果。

由表 11 - 9 可知，共提取出 10 个因子，累积方差贡献率为 75.268%。表明这 10 个因子具有较好的代表性，与本章建立的问卷维度符合，该问卷具有良好的效度。

第五节　小米公司微博营销对用户参与意愿的影响分析

一、外部变量对用户感知的影响分析

外部变量对用户感知的影响分两部分：一个是自变量，包括"企业品牌形象""信息质量""感知娱乐性""转发评论数"等对因变量"感知有用性"的

影响；另一个是自变量"意见领袖参与度""交互质量"对因变量"感知易用性"的影响。

1. 外部变量对感知有用性的影响

由表 11 - 10 可知，自变量"企业品牌形象""信息质量""感知娱乐性""转发评论数"和因变量"感知有用性"之间的复相关系数 R 为 0.720，判定系数 R^2 为 0.518，这表明该线性模型可解释因变量 51.8% 的变异量，调整后的 R^2 为 0.512。

表 11 - 10　　　　　　　　外部变量对感知有用性影响的模型摘要

模型	R	R^2	调整后 R^2	标准估算的误差
1	0.720	0.518	0.512	0.51898

资料来源：根据调查问卷计算结果。

表 11 - 11 的方差分析给出了显著性检验结果，模型的方差检验 F 值为 94.788，显著性 P 值为 0.000，表示回归模型整体解释变异量都达到显著水平。

表 11 - 11　　　　　　　外部变量对感知有用性影响的方差分析统计

ANOVA[a]					
模型		平方和	自由度	均方	F	显著性
1	回归	102.120	4	25.530	94.788	0.000[b]
	残差	95.076	353	0.269	—	
	总计	197.196	357	—	—	

注：a 为因变量：感知有用。b 为预测变量：（常量），转发评论，品牌形象，信息质量，感知娱乐。
资料来源：根据调查问卷计算结果。

从表 11 - 12 中，可以得出回归方程：

感知有用性 = 0.601 + 0.142 × 品牌形象 + 0.335 × 信息质量 + 0.240 × 感知娱乐性 + 0.139 × 转发评论数

从回归方程来看，信息质量对于感知有用性最为重要，其次是感知娱乐性，再次是品牌形象和转发评论数。由此可知，假设 H1、假设 H2、假设 H3、假设 H4 均通过检验。因此，企业微博想要用户提高用户感知有用性，首先要提高微博发布信息质量，及时发布微博信息，保证发布的信息要真实、可靠。要让用户感到愉快，同时，企业微博也要注重打造企业品牌形象，通过一定手段控制微博的转发评论。

表 11 – 12　　　　外部变量对感知有用性影响的回归系数统计

系数ᵃ

模型		未标准化系数		标准化系数	t	显著性
		B	标准误差	Beta		
1	（常量）	0.601	0.167	—	3.611	0.000
	品牌形象	0.142	0.043	0.158	3.332	0.001
	信息质量	0.335	0.054	0.320	6.246	0.000
	感知娱乐	0.240	0.049	0.253	4.876	0.000
	转发评论	0.139	0.041	0.154	3.382	0.001

注：a 为因变量：感知有用。
资料来源：根据调查问卷计算结果。

2. 外部变量对感知易用性的影响

由表 11 – 13 可知，自变量"意见领袖参与度""交互质量"和因变量"感知易用性"之间的复相关系数 R 为 0.590，判定系数 R^2 为 0.348，表示该线性模型可解释因变量 34.8% 的变异量，调整后的 R^2 为 0.344。

表 11 – 13　　　　外部变量对感知易用性影响的模型摘要

模型	R	R^2	调整后 R^2	标准估算的误差
2	0.590ᵃ	0.348	0.344	0.64247

资料来源：根据调查问卷计算结果。

表 11 – 14 的方差分析给出了显著性检验结果，模型的方差检验 F 值为 94.729，显著性 P 值为 0.000，表示回归模型整体解释变异量都达到显著水平。

表 11 – 14　　　　外部变量对感知易用性影响的方差分析统计

ANOVAᵃ

模型		平方和	自由度	均方	F	显著性
2	回归	78.203	2	39.102	94.729	0.000ᵇ
	残差	146.535	355	0.413	—	—
	总计	224.738	357	—	—	—

注：a 为因变量：感知易用。b 为预测变量：（常量），交互质量，意见领袖。
资料来源：根据调查问卷计算结果。

从表 11 - 15 中，可以得出回归方程：

感知易用性 = 1.187 + 0.327 × 意见领袖参与度 + 0.354 × 交互质量

从回归方程来看，交互质量对于感知易用性重要一些，然后是意见领袖参与度。由此可知，假设 H5 和假设 H6 通过检验。因此，企业微博想要用户提高用户感知易用性，要提高微博的交互质量、主动与用户交流、积极回答用户的疑问，从而获得用户的好感。当然意见领袖的参与也至关重要，通过意见领袖参与，使用户更积极主动了解，从而带动用户的参与。

表 11 - 15　　　　　　外部变量对感知易用性影响的回归系数统计

系数[a]						
模型		未标准化系数		标准化系数	t	显著性
		B	标准误差	$Beta$		
2	（常量）	1.187	0.188	—	6.302	0.000
	意见领袖	0.327	0.050	0.333	6.518	0.000
	交互质量	0.354	0.053	0.338	6.620	0.000

注：a 为因变量：感知易用。
资料来源：调查问卷计算结果。

二、用户感知之间的影响分析

用户感知之间的影响是指感知易用性对感知有用性的影响。

由表 11 - 16 可知，自变量"感知易用性"和因变量"感知有用性"之间的复相关系数 R 为 0.514，判定系数 R^2 为 0.265，表示该线性模型可解释因变量 26.5% 的变异量，调整后的 R^2 为 0.262。

表 11 - 16　　　　　　感知易用性对感知有用性影响的模型摘要

模型	R	R^2	调整后 R^2	标准估算的误差
3	0.514	0.265	0.262	0.63826

资料来源：根据调查问卷计算结果。

表 11 - 17 的方差分析给出了显著性检验结果，模型的方差检验 F 值为

128.067，显著性 P 值为 0.000，表示回归模型整体解释变异量都达到显著水平。

表 11 – 17　　　　　感知易用性对感知有用性影响的方差分析统计

ANOVAᵃ					
模型		平方和	自由度	均方	F	显著性
3	回归	52.171	1	52.171	128.067	0.000ᵇ
	残差	145.025	356	0.407	—	—
	总计	197.196	357	—	—	—

注：a 为因变量：感知有用。b 为预测变量：（常量），感知易用。
资料来源：根据调查问卷计算结果。

从表 11 – 18 中，可以出回归方程：

感知有用性 = 1.975 + 0.482 感知易用性

从回归方程来看，感知易用性正向影响感知有用性，假设 H7 通过检验。

表 11 – 18　　　　　感知易用性对感知有用性影响的回归系数统计

系数ᵃ						
模型		未标准化系数		标准化系数	t	显著性
		B	标准误差	*Beta*		
3	（常量）	1.975	0.162	—	12.164	0.000
	感知易用	0.482	0.043	0.514	11.317	0.000

注：a 为因变量：感知有用。
资料来源：根据调查问卷计算结果。

三、用户感知对行为意愿的影响分析

由表 11 – 19 可知，自变量"感知易用性""感知有用性""感知风险"和因变量"行为意向"之间的复相关系数 R 为 0.645，判定系数 R^2 为 0.417，表示该线性模型可解释因变量 41.7% 的变异量，调整后的 R^2 为 0.412。

表 11 – 19　　　　　用户感知行为对行为意愿影响的模型摘要

模型	R	R^2	调整后 R^2	标准估算的误差
4	0.645	0.417	0.412	0.61788

资料来源：根据调查问卷计算结果。

表 11 – 20 的方差分析给出了显著性检验结果，模型的方差检验 F 值为 84.235，显著性 P 值为 0.000，表示回归模型整体解释变异量都达到显著水平。

表 11 – 20　　　　　　　用户感知行为对行为意愿影响的方差分析统计

ANOVA[a]					
模型	平方和	自由度	均方	F	显著性
4　回归	96.476	3	32.159	84.235	0.000[b]
残差	135.147	354	0.382	—	—
总计	231.623	357	—	—	—

注：a 为因变量：行为意向。b 为预测变量：（常量），感知风险，感知有用，感知易用。
资料来源：根据调查问卷计算结果。

从表 11 – 21 中可以得出回归方程：

行为意向 = 0.643 + 0.450 × 感知有用性 + 0.287 × 感知易用性 − 0.198 × 感知风险

从回归方程来看，感知有用性对行为意向更为重要，感知易用性也有一定影响，感知风险对使用行为不存在正向影响。由此可见，假设 H8、假设 H9、假设 H10 均通过检验。因此，企业微博想要用户参与微博营销活动，就要提高感知有用性和感知易用性，同时降低感知风险。

表 11 – 21　　　　　　　用户感知行为对行为意愿影响的回归系数统计

系数[a]					
模型	未标准化系数		标准化系数	t	显著性
	B	标准误差	$Beta$		
4　（常量）	0.643	0.199	—	3.226	0.001
感知有用	0.450	0.051	0.415	8.757	0.000
感知易用	0.287	0.049	0.282	5.897	0.000
感知风险	− 0.198	0.033	0.124	2.996	0.003

注：a 为因变量：行为意向。
资料来源：根据调查问卷计算结果。

第六节　小米公司微博营销提高用户参与意愿的建议

一、提高微博信息质量

结合本研究结果可知，微博的信息质量对用户参与意愿有显著的正向影响。企业微博信息体现企业的价值观和企业品牌形象，对用户参与微博营销活动产生正面的影响。因此，提高微博信息质量变得尤为重要。从以下两个方面入手：第一，企业及时、积极地发布原创微博，并且信息真实、可靠，使用户感受到信任；第二，提高微博的趣味性，可利用小视频、宣传海报等增加趣味性，吸引用户关注。

二、发挥意见领袖影响力带动用户积极性

雷军是小米公司的创始人，是小米公司产品品牌形象的代言人，作为小米公司微博的意见领袖，以其独特的个人魅力吸引更多的用户关注和参与。本书的研究结果表明，微博意见领袖的参与度对用户参与行为影响深远。因此，小米公司要充分发挥雷军的影响力和号召力。

三、提高微博交互质量赢得用户信赖

良好的互动使用户更好地了解企业的信息，进而更好地满足用户对信息的需求。小米需要加强与用户的互动交流，解答用户疑问，增强用户对微博信息的理解，进而影响用户关注和参与微博营销活动。在与用户互动过程中，企业迅速回答会使用户感受到被关注，从而加强对企业的信任，培养用户粘性，使其积极参与微博营销活动。

四、提高活动真实性以降低感知风险

小米公司要降低用户的感知风险，消除用户的疑虑。要提高活动的真实性，从而取得用户信任，吸引更多的用户参与。小米作为一个知名品牌，要对微博营销活动负责，这样才有助于维护已有的品牌形象。

第七节　本章总结

　　研究发现，影响微博营销用户参与意愿的 6 个因素，分别是企业品牌形象、信息质量、感知娱乐性、转发评论数、意见领袖参与度和交互质量。这 6 个外部变量分别通过感知有用性和感知易用性影响用户的参与意愿。其中，信息质量、意见领袖参与度和交互质量最为重要。小米公司要想通过微博营销提高用户的参与意愿，从微博信息质量和交互质量方面考虑，提高用户参与积极性。

　　随着微博持续发展，其功能越来越多，微博营销的作用越来越明显，需要不断地研究与完善营销策略，进而获得更好的营销效果。希望以后的研究可以从更多的角度提取企业微博营销的影响因素，而且不仅需要研究用户参与意愿，还需要对企业品牌资产或者互动质量方面进行更加深入的研究，为企业微博营销提供更加完善的对策建议。

第十二章 微淘网内容营销对电商用户粘性的影响

第一节 引　言

随着互联网的发展，信息爆炸式地增长，很多电商平台面临着流量瓶颈困境，新流量减少，总流量趋于饱和。而在流量碎片化的冲击下，用户的购物模式也发生了变化，从过去的搜索式购物变为内容式购物。因此，电商企业纷纷将产品与社交平台结合起来进行内容营销，吸引用户关注、创造品牌忠诚，形成用户粘性。而移动终端的快速发展使电子商务的客户群"向移动网络移民"的趋势已经不可阻挡。数据显示，从 2010 年底到 2012 年底，登陆手机淘宝网的累计访问用户由 1000 万户增至 3 亿多户，即在短短两年的时间里移动淘宝网用户量增长了整 30 倍。面对越来越多的微营销，淘宝网于 2013 年 4 月发布当时最重要的新产品——微淘网。

智研咨询发布的《2020～2026 年中国网购产业运营现状及发展前景分析报告》的数据显示，2015～2020 年 8 月手机淘宝网活跃用户数总体呈上升趋势，2020 年 8 月手机淘宝网活跃用户数为 76149.7 万人，较 2020 年 1 月增加 5521.7 万人。移动市场已经进入抢占细分市场的阶段，而微淘网通过真实用户推荐、商家优质导购、客户信息及时沟通，把各方充分互动起来，真正做到熟人推荐、优质推荐，可以在移动市场上继续占据有力的购物地位。[①]

---

① 李忠美. 手机淘宝网变形微淘网后商家运营策略研究 [J]. 电子商务，2013 (9)：3 - 4.

第二节　文献综述

一、内容营销研究

1. 内容营销的概念

乔·普利兹和诺埃尔·巴雷特（2008）认为，内容营销是商家通过听取用户需求、采纳用户建议，与用户建立相互依存关系，寻求用户信任和共同利益。[①] A. 汉德利（A. Handley, 2010）等将内容营销定义为以各种方式创建和传播教育性、引人注目的内容，达到吸引或留住用户的目的。[②] 我国学者于伯然（2011）认为，内容营销是商家通过媒体内容做营销推广，通过向用户提供信息，减少厌恶感，使其容易主动接受有价值的信息。[③] 吕同申（2014）提出内容营销是通过以消费者喜欢的方式向其传达有价值的产品信息，以此使消费者更加喜欢该产品、潜在消费者对该产品产生浓厚兴趣。张美娟、刘芳明（2017）称内容营销的精髓在于培养、建立与消费者间长期的良好关系，通过向消费者传递有价值的信息，使消费者产生浓厚的兴趣。赵相忠、张梦（2019）认为，内容营销属于自发性传播的营销策略，通过向消费者传达与企业品牌产品相关的有价值、吸引人的信息，促使消费者长期关注该品牌，令其产生购买行为。[④]

2. 内容营销的实证研究

乔·普利兹和诺埃尔·巴雷特（2009）提出内容营销的 BEST 规则，即内容营销策略应具有行为性（behavior）、必要性（essential）、战略性（strategic）和针对性（targeted）。孙天旭（2016）构建内容营销对用户购买意愿影响的模型，并证明信息、娱乐、情感型内容是影响用户购买的主要因素，品牌认同在模型中起中介作用。[⑤] 蔡玲（2016）对品牌自媒体内容营销如何影响用户品牌态度进行实证研究，结合准社会交往理论、信息双重加工理论和图式认知结构模型证明对

① Pulizzi J, Barrett N. Get Customers – How to use content marketing to deliver relevant, valuable, and compelling information that turns Prospects into buyers [M]. Bonita Springs, 2008.

② Ann Handley. Content rules: How to create killer blogs, Podcasts, videos, ebooks, webinars (and more) that engage customers and ignite your business [M]. New Jersey: John Wiley and Sons, 2010.

③ 于伯然. 新十年的品牌传播：内容营销最热门 [J]. 市场观察, 2011, (5): 38.

④ 赵相忠, 张梦. 基于品牌知晓度的内容营销与品牌忠诚研究 [J]. 商业研究, 2019 (1): 10 – 17.

⑤ 孙天旭. 内容营销对消费者购买意愿的影响研究 [D]. 哈尔滨：哈尔滨工业大学, 2016.

话、讲故事、顾客互动参与对用户品牌人格感知和品牌态度都具有显著正向影响。[①] 赵相忠、张梦（2019）根据信息双重加工理论和 SOR 理论建立内容营销、品牌认同、品牌知晓度和品牌忠诚间关系的理论模型，发现内容营销对品牌认同有积极的正向作用，品牌认同对品牌忠诚有积极的正向作用，品牌知晓度在内容营销和品牌认同间发挥正向调节作用。[②]

综上所述，笔者认为，内容营销是创造和传播有价值、相关且连续的内容，吸引并留住定义清晰的用户，最终达到盈利的一种策略性营销手段。该定义强调内容不仅要有娱乐性、资讯性或启发性等价值，还要与产品有关且有连续性。电商企业基于微淘网发布的内容主要由商家创作并发布企业原创内容，研究不同内容类型对用户粘性的影响，但其他媒体类型，如网络口碑、病毒传播等（汉纳，2011），因为不可控性，不在本研究范围内。

二、用户粘性研究

1. 用户粘性的概念

杜伟军（2009）认为，用户粘性是用户对网站表现的三大特征，即反复使用性、忠诚性和依赖性。忠诚性是用户粘性的一个表现，网站用户粘性通过用户回头率、深度阅读程度、互动程度等体现。[③] 张云霞（2015）认为，用户粘性是一种持续使用网站的意向，由个人意向产生的对网站重复访问的行为，是一种心理依赖和个人偏好。[④] 刘九洲（2018）认为，用户粘性是一段时间内重复购买特定产品或服务的一种表现，是衡量用户对产品依赖程度的指标。[⑤]

2. 用户粘性的实证研究

王海萍（2009）从用户认知角度，将用户粘性作为吸引与留住用户的核心要素，探讨短期粘性与长期粘性的形成机理，并分析在首次体验与多次体验情况下用户的心理与行为，为吸引与留住用户的理论和实践提供借鉴。[⑥] 赵青（2012）分析了用户粘性的形成机理，证实用户粘性受主观和客观多种因素的影响，通过构建上网渴求、情绪安慰、时间拖延和生活影响等 4 个维度的网络用户粘性测评

---

①　蔡玲. 品牌自媒体内容营销对消费者品牌态度的影响研究［D］. 长沙：湖南大学，2016.

②　赵相忠，张梦. 基于品牌知晓度的内容营销与品牌忠诚研究［J］. 商业研究，2019（1）：10 – 17.

③　杜伟军. 基于用户粘性度的 B2C 电子商务营销战略［D］. 上海：复旦大学，2009.

④　张云霞，李信，陈毅文. 在线客户粘性研究综述［J］. 人类工效学，2015（4）：77 – 82.

⑤　刘九洲. 聚合资讯类 APP 用户粘性分析［J］. 新闻界，2018（1）：65.

⑥　王海萍. 在线消费者粘性研究［D］. 青岛：山东大学，2009.

指标体系，进行用户粘性行为测评研究，进一步完善用户粘性的研究。[①] 熊巍等人（2015）以移动社交微信为例，研究发现心流体验正向影响用户粘性。[②] 闫晶（2016）在微信营销的用户粘性研究中，以拓展的信息系统持续使用模型为理论构建用户粘性影响因素模型，发现微信用户信任、感知平台质量、整体满意影响持续使用意愿和用户粘性，其中心流体验对整体满意有影响，主观规范对持续使用意愿有显著影响。[③]

综上所述，用户粘性是从用户视角对粘性的定义，是消费者的一种行为方式，是其自身依赖商家的行为意愿。

第三节　微淘网内容营销与用户粘性的关系模型及假设

当前电商的线上新流量减少，总流量趋于饱和的状态，微淘网在淘宝网中的作用非常重要。阿里巴巴集团致力于将微淘网打造成和微信一样的平台，并且出现在手机淘宝网底部导航上，明显的位置可为微淘网带去大量的移动流量。

一、内容营销类型的划分

1. 使用与满足理论作为基础理论

美国传播学者 E. 卡茨（E. Katz, 1959）提出了传播学经典理论——使用与满足理论（uses and gratifications，U&G）。在这之前，人们认为，用户只能被动接收信息。而卡茨的 U&G 理论认为，由于个体特征和社会环境的影响，不同的人会选择不一样的媒体，从而满足自己的需求，在需求得到满足后会更愿意使用该媒体，如果需求没有得到满足，就会放弃。自此，它被看作规范理论以研究用户使用媒体的动机。通常用户使用媒体的动机包括信息、自我和互动三个方面。

2. 营销内容的类型划分

本书根据 U&G 理论并结合微淘网的特点，将内容营销分为四种类型。

（1）商品类内容。主要是产品上新和活动预告，商家发布此类功能性价值的消息让用户注意到自身产品，并进行了解和参与，打造品牌熟悉度。

---

① 赵青，张利，薛君. 网络用户粘性行为形成机理及实证分析 [J]. 情报理论与实践，2012（10）：26.

② 熊巍，王舒盼，潘琼. 微信移动社交用户心流体验对用户粘性的影响研究 [J]. 新闻界，2015（7）：13.

③ 闫晶. 企业微信营销用户粘性影响因素研究 [D]. 长春，吉林大学，2016.

（2）资讯类内容。主要是可读性文章，趣味图片和品牌行业资讯，商家发布此类娱乐性价值的消息主要是为了吸引用户注意，通过风趣、幽默、搞笑的方式让用户牢牢记住。

（3）互动类内容。主要是话题互动，盖楼抽奖，商家发布此类消息是为了跟用户有良好的互动，满足用户对社交关系的需要，即用户与圈子之间的互动，以及用户与商家的互动。

（4）导购类内容。主要是产品推荐、产品教程、产品评测等，商家发布此类消息是为了让用户有自主选择的权利，在推荐中完成购物。

二、用户参与中间变量的引入

本研究关注商家基于社交性电商平台微淘网的内容营销策略，不但因为社交媒体是人们日常生活不可或缺的部分，更重要的是社交媒体的特性有助于增强用户与商家的互动关系，从而鼓励更多用户参与到与商家的互动体验中，进而促进用户粘性产生。因此，本章引入用户参与，使内容营销通过用户参与影响用户粘性，并且采用学术界普遍接受的 N. 布罗迪（N. Brodie，2011）和 J. 霍利贝克（J. Hollebeek，2014）提出的观点，用户参与是一个多维度概念，包括情感、行为以及认知的参与等。具体而言，用户参与可以分为获取商家知识、获取情感信任和参与行为这三条路径，分别从认知、态度和行为三方面影响电商用户粘性。

（1）商家知识，是认知维度的参与，通常指与商家有关的关注、了解以及兴趣，是认知加工的过程。

（2）情感信任，是情感维度的参与，一般指由商家引发的潜意识情感活动，包括归属感和信仰等。

（3）参与行为，是行为维度的参与，一般指与商家相关的互动行为，如点赞、评论、转发等。

三、构建内容营销与用户粘性关系的理论模型

在流量碎片化的冲击下，用户的购物模式变为筛选式，电商很难提高用户的忠诚度，微淘网平台将电商与用户聚集在一起，商家希望通过微淘网平台与用户形成相互依存的关系。因此，商家通过有趣的方式发布与企业相关的且对用户有用的内容，吸引用户关注，从而创造品牌忠诚，形成用户粘性。

1. 刺激 – 机体 – 反应（S – O – R）理论

刺激 – 机体 – 反应（stimulus-organism-response，S – O – R）理论模型包含三

个变量：刺激、机体和反应，解释了环境特征的刺激对用户情感的反应以及用户随后行为的预测影响，这个模型把用户对信息的处理过程解释为：从物理刺激开始，用户在接收外部的物理刺激后，用神经系统进行加工做出相应反应的决策，如图 12-1 所示。S-O-R 理论模型认为，外部环境的刺激会对用户的神经产生影响，最终影响用户的决策。

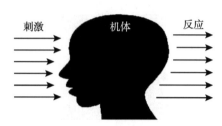

图 12-1　S-O-R 理论

资料来源：美国心理学家伍德·沃斯（Wood Worth）提出的行为表示式"S-O-R"。

2. 建立关系概念模型

根据心理学上 S-O-R 理论框架，解释有机体通过情感和认知的中介状态和过程调节刺激与反应之间的关系。借鉴社交媒体的相关研究，本研究中内容营销各种类型的价值提供刺激，使得用户作为有机体经历认知、情感、行为方面等用户参与状态变化，从而产生对内容营销的反馈结果，即用户粘性的变化。因此，构建内容营销与用户粘性关系的概念模型，如图 12-2 所示。

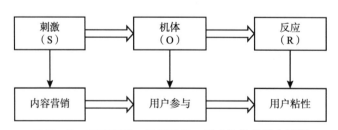

图 12-2　内容营销－用户参与－用户粘性的概念模型

资料来源：笔者整理。

四、基于 S-O-R 模型提出研究假设

1. 内容营销对用户参与影响的假设

王楚怡（2016）证实，企业内容营销有助于引导用户积极地参与内容创作，

表明内容营销与用户参与存在显著正向关系。在微淘网社交性平台，内容营销使用户在社交过程中了解商家，通过有趣味、有价值的内容传播引导用户参与。由此可见，内容营销可以更好地引导用户参与。

（1）内容营销对商家知识的影响。赖元薇认为，商家在社交性平台通过有价值的内容营销能够让用户了解相关品牌和产品。因此，提出以下假设。

H1：内容营销对了解商家知识有正向影响。

H1a：商品类内容对了解商家知识有正向影响。

H1b：资讯类内容对了解商家知识有正向影响。

H1c：互动类内容对了解商家知识有正向影响。

H1d：导购类内容对了解商家知识有正向影响。

（2）内容营销对情感信任的影响。情感信任是指信任的态度，由用户参与商家内容营销活动所产生，有助于内容的传播和扩散。商家发布的内容有助于用户在情感上对商家产生信任。因此，提出以下假设。

H2：内容营销对情感信任有正向影响。

H2a：商品类内容对情感信任有正向影响。

H2b：资讯类内容对情感信任有正向影响。

H2c：互动类内容对情感信任有正向影响。

H2d：导购类内容对情感信任有正向影响。

（3）内容营销对参与行为的影响。赖元薇认为，商家发布对用户有吸引力的内容有助于用户产生点赞、分享和转发等行为。因此，提出以下假设。

H3：内容营销对参与行为有正向影响。

H3a：商品类内容对参与行为有正向影响。

H3b：资讯类内容对参与行为有正向影响。

H3c：互动类内容对参与行为有正向影响。

H3d：导购类内容对参与行为有正向影响。

2. 用户参与对用户粘性影响的假设

在当前多渠道网络环境下，用户可以通过简单操作实现同质产品的转换，电商企业如果不采取措施会面临用户流失的风险。尹艳指出重视用户，通过用户思维吸引用户能很好地增强用户粘性，形成一大批"死忠粉"，用户在社交性平台积极参与商家的营销有助于用户粘性的形成。因此，可以推出用户参与对用户粘性具有显著影响，做出以下假设。

H4：用户参与对用户粘性有正向影响。

H4a：商品知识对用户粘性有正向影响。

H4b：情感信任对用户粘性有正向影响。

H4c：参与行为对用户粘性有正向影响。

根据以上假设，构建研究假设理论框架，如图12-3所示。

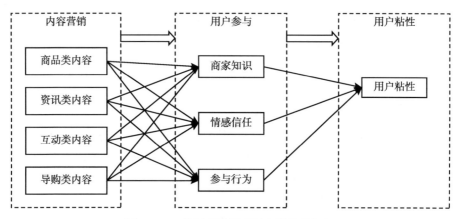

图 12 - 3   依据理论模型提出的假设框架

资料来源：笔者整理。

第四节   问卷设计与若干数据分析

一、问卷的设计

本研究利用调查问卷收集数据。在设计问卷时，主要依据研究主题、模型中变量和相关假设以及微淘网平台内容营销特点的基础上设计24个问题项。采用量表形式，1~5分别代表"很不同意""不同意""基本同意""同意""非常同意"。问卷共包含三部分：一是问卷标题和导语：介绍此次调查目的和原因；二是个人基本情况：对调查对象身份、性别、职业、年龄、淘宝网时间、薪资情况等进行统计，并筛选出符合研究目的调查对象以提高调查的可信度；三是问卷的主体部分：本部分对相关变量设计问题项进行测量，为防止调查对象在填问卷时因题目过多产生厌烦心理而影响问卷的准确性，每个变量下每个方面设计2~3个题目，共24题，调查问卷的实施对象是"三只松鼠"的微淘网。

首先是自变量内容营销的问卷设计，对四种类型都针对性地提出问题，如

表 12 - 1 所示。

表 12 - 1　　　　　　　　　　自变量内容营销相关问题

相关变量	相关类型	相关问题
内容营销	商品类内容	"三只松鼠"在微淘网有新品上新时，您会有兴趣了解吗
		"三只松鼠"在微淘网发布商品活动促销预告时，您会有兴趣关注吗
	资讯类内容	您会浏览"三只松鼠"在微淘网发布的关于零嘴的前沿信息吗
		您会查看"三只松鼠"在微淘网发布的趣味内容吗
		您会查看"三只松鼠"在微淘网发布的行业资讯吗
	互动类内容	"三只松鼠"在微淘网发布话题时，您会进行互动吗
		"三只松鼠"在微淘网进行盖楼抽奖时，您会积极参加吗
	导购类内容	您会浏览"三只松鼠"在微淘网发布的给吃货推荐零嘴的内容吗
		您会浏览"三只松鼠"在微淘网发布的如何做美食的教程吗
		您会浏览"三只松鼠"在微淘网发布的零嘴评价吗

资料来源：笔者整理。

其次是中间变量用户参与的问卷设计，对三个维度提出 2 ~ 3 个问题，如表 12 - 2 所示。

表 12 - 2　　　　　　　　　　中间变量用户参与相关问题

相关变量	相关类型	相关问题
用户参与	商家知识	您比其他人更了解"三只松鼠"吗
		您对"三只松鼠"颇有心得体验吗
	情感信任	"三只松鼠"的产品符合您的期望吗
		"三只松鼠"的产品令您满意吗
		您对和"三只松鼠"讨论关于零嘴方面的问题很有信心吗
		"三只松鼠"对您展示了温暖和关心的态度吗
	参与行为	您会给"三只松鼠"在微淘网发布的内容点赞吗
		您会评论"三只松鼠"在微淘网发布的内容吗
		您会转发"三只松鼠"在微淘网发布的内容吗
		您会购买"三只松鼠"的产品吗

资料来源：笔者整理。

最后是因变量用户粘性的问卷设计，对相关问题进行测量，如表 12 - 3 所示。

表 12 - 3　　　　　　　　　　因变量用户粘性相关问题

相关变量	相关问题
用户粘性	每次登录微淘网时，您都会去浏览"三只松鼠"的消息吗
	您会坚定地选择"三只松鼠"的产品，不会考虑其他商家吗
	您会将"三只松鼠"的产品推荐给其他人吗
	您会持续购买"三只松鼠"的产品吗

资料来源：笔者整理。

二、问卷实施

本次问卷通过网络渠道进行大规模发放，在获取一定数量问卷后统一回收统计。首先，利用问卷星，设计问卷并生成问卷填写的链接地址，以方便调查者填写问卷。其次通过问卷星中互填功能，通过微信、QQ 向好友、在校学生、企业职员等发放链接地址。

共回收 532 份问卷，从中进行了筛选，将答题时间少于 50 秒和总分值为满分的问卷进行剔除，筛出可靠性较高的问卷，最后共 522 份，问卷的可用率较高。

三、基础数据分析

1. 描述性统计分析

本次问卷收集有效问卷 522 份。其中，从性别来看，女性被访者所占比例稍大，占 53.64%，男女比例相关不是很大；从被访者年龄分布来看，主要集中于 18 ~ 30 岁，其中 18 ~ 25 岁占 34.87%；从职业来看，大多是企业职员和在校学生，其中企业职员占 51.15%。统计数据见表 12 - 4。

表 12 - 4　　　　　　　　　　调查对象基本资料统计

基本资料		样本数（个）	百分比（%）
性别	男	242	46.36
	女	280	53.64

续表

基本资料		样本数（个）	百分比（%）
年龄	18 岁以下	96	18.39
	18～25 岁	182	34.87
	26～30 岁	104	19.92
	31～40 岁	45	8.62
	41～50 岁	55	10.54
	50 岁以上	40	7.66
职业	在校学生	167	31.99
	政府或事业单位职员	24	4.6
	自由职业者	41	7.85
	企业职工	267	51.15
	私营业主	23	4.41
教育程度	高中或中专及以下	259	49.62
	大专	113	21.65
	本科	131	25.1
	研究生及以上	19	3.64
月收入	2000 元及以下	154	29.5
	2000～2999 元	116	22.22
	3000～3999 元	132	25.29
	4000～5999 元	56	10.73
	6000 元及以上	64	12.26
使用淘宝网时间	1 年以内	177	33.91
	1～2 年	161	30.84
	2～4 年	86	16.48
	4 年以上	98	18.77

资料来源：根据调查问卷计算。

2. 信效度检验

（1）信度分析。信度用于考核问卷的质量。克隆巴赫信度系数（Cronbach α 系数值）是最直接的评价指标，信度系数越高说明测验结果越一致。大于 0.8 表明信度非常好；大于 0.7 表明可以接受；大于 0.6 则该问卷需要进行修改，但仍

具有价值；如果小于 0.6 表明问卷需要重新设计。本次问卷的克隆巴赫系数如表
12－5 所示。

表 12－5　　　　　　　　　　　　　　信度检验

研究变量		测量题项个数	Cronbach α 系数	
内容营销	商品类内容	2	0.702	0.831
	资讯类内容	3	0.718	
	互动类内容	2	0.707	
	导购类内容	3	0.752	
用户参与	商家知识	2	0.732	0.796
	情感信任	4	0.731	
	参与行为	4	0.713	
用户粘性		4	0.73	

资料来源：根据调查问卷计算。

由此可见，本研究中各变量的信度均大于 0.7，通过了克隆巴赫系数检验，
信度良好。信度系数总值为 0.933，大于 0.9，因而说明研究数据信度质量很高，
可用于进一步分析。

（2）效度分析。效度即有效性，当 KMO 值大于 0.9 时表示效度很高，在
0.8 ~ 0.9 表示效度较高，0.7 ~ 0.8 表示效度一般，0.6 ~ 0.7 表示效度尚可接受，
小于 0.5 时表示效度不佳。如表 12－6 所示。

表 12－6　　　　　　　　　　　KMO 与 Bartlett 检验

KMO 取样适切性量数		0.931
巴特利特球形度检验	近似卡方	2266.453
	自由度	276
	显著性	0.000

资料来源：根据调查问卷计算。

从表 12－6 可知，KMO 值为 0.931，大于 0.6，表明数据具有较高的效度，
可以做因子分析。因子分析见表 12－7，可以看出问卷中各变量的相关因子设置
比较合理，可以对数据做进一步研究。

表 12 – 7　　　　　　　　　　　　　因子分析

序号	因子载荷系数								共同度
	因子 1	因子 2	因子 3	因子 4	因子 5	因子 6	因子 7	因子 8	
1	0.252	0.181	0.412	0.119	0.204	0.331	0.027	0.126	0.664
2	0.246	0.253	0.715	0.039	0.127	0.121	0.221	0.013	0.716
3	0.249	0.202	0.304	0.143	0.081	0.431	– 0.082	0.155	0.71
4	0.301	0.332	0.146	0.122	0.034	0.549	0.121	– 0.147	0.646
5	0.394	0.251	0.27	0.121	0.002	0.509	– 0.107	0.053	0.668
6	0.359	0.207	– 0.066	0.018	0.033	0.235	– 0.055	0.44	0.74
7	0.34	0.178	0.139	0.011	– 0.034	0.104	0.154	0.776	0.806
8	0.235	0.765	0.166	0.06	0.203	0.014	0.14	0.167	0.761
9	0.26	0.436	0.127	0.093	0.086	0.088	0.387	0.102	0.78
10	0.22	0.572	0.337	0.332	– 0.117	0.077	0.221	0.253	0.732
11	0.209	0.167	0.155	0.544	– 0.027	0.313	0.19	0.014	0.692
12	0.323	0.084	0.331	0.585	– 0.019	0.099	0.134	0.027	0.593
13	0.223	0.147	0.181	0.147	0.793	– 0.1	– 0.031	– 0.152	0.789
14	– 0.076	0.006	0.012	0.205	0.703	0.312	0.21	0.172	0.713
15	0.288	– 0.021	0.139	0.311	0.472	0.12	0.306	0.054	0.711
16	0.351	0.131	– 0.006	0.329	0.48	0.13	0.054	0.139	0.684
17	0.648	0.266	0.178	0.196	0.173	0.007	0.069	0.015	0.595
18	0.753	0.173	0.273	0.124	0.061	– 0.056	0.093	0.053	0.704
19	0.717	0.226	0.056	0.057	0.097	0.258	0.136	0.095	0.674
20	0.414	0.007	0.175	0.609	0.34	– 0.003	– 0.171	0.307	0.804
21	0.241	0.154	0.277	0.123	0.105	– 0.078	0.685	0.14	0.68
22	0.163	0.011	0.186	0.004	0.061	0.309	0.685	0.07	0.706
23	0.198	0.322	0.143	0.337	0.158	0.132	0.483	– 0.141	0.802
24	0.32	– 0.003	0.363	0.313	0.387	0.13	0.484	0.145	0.637

资料来源：根据调查问卷计算。

第五节　假 设 检 验

一、相关性检验

利用 Pearson 相关分析方法对内容营销（商品类内容、资讯类内容、互动类内容、导购类内容）、用户参与（商家知识、情感信任、参与行为）和用户粘性之间的相关程度进行检验，具体见表 12-8。

表 12-8　　　　　　　　　　　相关性分析

项目	AVG	SD	用户粘性	参与行为	情感信任	商家知识	导购类	互动类	资讯类	商品类
用户粘性	3.17	0.76	1	—	—	—	—	—	—	—
参与行为	3.16	0.8	0.772**	1	—	—	—	—	—	—
情感信任	3.35	0.65	0.636**	0.573**	1	—	—	—	—	—
商家知识	3.06	0.87	0.645**	0.662**	0.478**	1	—	—	—	—
导购类内容	3.24	0.83	0.622**	0.618**	0.447**	0.543**	1	—	—	—
互动类内容	3.06	0.95	0.555**	0.625**	0.340**	0.551**	0.503**	1	—	—
资讯类内容	3.2	0.87	0.668**	0.649**	0.429**	0.630**	0.659**	0.555**	1	—
商品类内容	3.41	0.9	0.621**	0.578**	0.470**	0.549**	0.568**	0.424**	0.630**	1

注：* 为 $P<0.05$，** 为 $P<0.01$，AVG 表示平均值，SD 表示标准差。
资料来源：根据调查问卷计算。

从表 12-8 可知，用户粘性与参与行为、情感信任、商家知识、导购类、互动类、资讯类、商品类等内容之间均呈现出显著性，相关系数值分别是 0.772、0.636、0.645、0.622、0.555、0.668、0.621，并且相关系数值均大于 0，表明用户粘性与参与行为、情感信任、商家知识、导购类内容、互动类内容、资讯类内容、商品类内容 7 项之间有着正相关关系。

二、内容营销对用户参与影响回归分析

通过以上分析可知，问卷具有良好的信效度。下面将进行多元回归分析。
1. 内容营销对商家知识影响回归分析
对内容营销对商家知识进行多元回归分析得到以下结果，如表 12-9。

表 12 – 9　　　　　　　　　　内容营销对商家知识回归分析

项目	非标准化系数		标准化系数	t	P	VIF	R^2	调整 R^2	F
	B	标准误	Beta						
常数	0.388	0.206	—	1.883	0.061	—	0.49	0.48	46.904**
导购类	0.12	0.076	0.114	1.592	0.113	1.978			
互动类	0.227	0.058	0.247	3.916	0.000**	1.523			
资讯类	0.298	0.079	0.295	3.784	0.000**	2.332	—	—	—
商品类	0.187	0.066	0.193	2.827	0.005**	1.786			

注：因变量：商家知识。* 为 $P < 0.05$，** 为 $P < 0.01$。
资料来源：根据调查问卷计算。

从表 12 – 9 可知，模型 R^2 为 0.490，表明内容营销各类型可以解释商家知识的 49.0% 变化原因。对模型进行 F 检验时发现模型通过 F 检验（$F = 46.904$，$P < 0.05$），即说明 4 个内容类型中至少一项会对商家知识产生影响关系，另外，针对模型的多重共线性进行检验发现，模型中 VIF 值全部均小于 5，表明不存在共线性问题，模型较好。最终具体分析可知：导购类内容的回归系数值为 0.120，P 值为 0.113，大于 0.05，表明导购类内容对商家知识产生影响不显著。互动类内容的回归系数值为 0.227，P 值为 0.000，小于 0.01，表明互动类内容对商家知识产生显著的正向影响关系。商品类内容的回归系数值为 0.187，P 值为 0.005，小于 0.01，表明商品类内容对商家知识产生显著的正向影响关系。资讯类内容的回归系数值为 0.298，P 值为 0.000，小于 0.01，表明资讯类内容对商家知识产生显著的正向影响关系。

总结分析可知：互动类内容、商品类内容、资讯类内容对商家知识产生显著的正向影响关系。导购类内容对商家知识产生影响不显著。由此得出假设检验的结果，如表 12 – 10 所示。

表 12 – 10　　　　　　内容营销对商家知识影响的假设检验

假设内容	结论
H1：内容营销对商家知识有显著的正向影响	部分成立
H1a：商品类内容对商家知识有显著的正向影响	成立

假设内容	结论
H1b：资讯类内容对商家知识有显著的正向影响	成立
H1c：互动类内容对商家知识有显著的正向影响	成立
H1d：导购类内容对商家知识有显著的正向影响	不成立

资料来源：根据调查问卷计算。

模型公式为：商家知识 = 0.388 + 0.120 × 导购类内容 + 0.227 × 互动类内容 + 0.187 × 商品类内容 + 0.298 × 资讯类内容

2. 内容营销对情感信任回归分析

对内容营销对情感信任进行多元回归分析得到以下结果，见表 12 – 11。

表 12 – 11 　　　　　　　　　内容营销对情感信任回归分析

项目	非标准化系数		标准化系数	t	P	VIF	R^2	调整 R^2	F
	B	标准误	Beta						
常数	1.81	0.183	—	9.914	0.000**	—	0.279	0.264	18.840**
导购类	0.154	0.067	0.197	2.3	0.023*	1.978			
互动类	0.053	0.051	0.078	1.038	0.3	1.523			
商品类	0.196	0.059	0.272	3.345	0.001**	1.786			
资讯类	0.064	0.07	0.085	0.917	0.36	2.332			

注：因变量：情感信任。* 为 $P < 0.05$，** 为 $P < 0.01$。
资料来源：根据调查问卷计算。

从表 12 – 11 可知，模型 R^2 为 0.279，表明 4 种内容类型可以解释情感信任的 27.9% 变化原因。对模型进行 F 检验时发现模型通过 F 检验（$F = 18.840$，$P < 0.05$），即说明 4 种内容类型中至少一项会对情感信任产生影响关系。另外，针对模型的多重共线性进行检验发现，模型中 VIF 值全部均小于 5，表明不存在共线性问题，模型较好。最终具体分析可知：导购类内容的回归系数值为 0.154，P 值为 0.023，小于 0.05，表明导购类内容会对情感信任产生显著的正向影响关系。互动类内容的回归系数值为 0.053，P 值为 0.300，大于 0.05，对内容营销对商家知识进行多元回归分析得到以下结果，见表 12 – 9。互动类内容对情感信

任产生影响不显著。商品类内容的回归系数值为 0.196，P 值为 0.001，小于 0.01。商品类内容会对情感信任产生显著的正向影响关系。资讯类内容的回归系数值为 0.064，P 值为 0.360，大于 0.05，表明资讯类内容对情感信任产生影响不显著。总结分析可知：导购类内容、商品类内容会对情感信任产生显著的正向影响关系。但互动类内容、资讯类内容对情感信任产生影响不显著。由此得出假设检验的结果，如表 12 – 12 所示。

表 12 – 12   内容营销对情感信任影响的假设检验

假设内容	结论
H2：内容营销对情感信任有显著的正向影响	部分成立
H2a：商品类内容对情感信任有显著的正向影响	成立
H2b：资讯类内容对情感信任有显著的正向影响	成立
H2c：互动类内容对情感信任有显著的正向影响	不成立
H2d：导购类内容对情感信任有显著的正向影响	不成立

资料来源：根据调查问卷计算。

模型公式为：情感信任 = 1.810 + 0.154 × 导购类内容 + 0.053 × 互动类内容 + 0.196 × 商品类内容 + 0.064 × 资讯类内容

3. 内容营销对参与行为回归分析

对内容营销对参与行为进行多元回归分析得到以下结果，如表 12 – 13 所示。

表 12 – 13   内容营销对参与行为回归分析

项目	非标准化系数		标准化系数	t	P	VIF	R^2	调整 R^2	F
	B	标准误	Beta						
常数	0.487	0.171	—	2.841	0.005 **	—			
导购类	0.199	0.063	0.207	3.167	0.002 **	1.978			
互动类	0.269	0.048	0.321	5.582	0.000 **	1.523	0.577	0.568	66.528 **
商品类	0.167	0.055	0.189	3.031	0.003 **	1.786			
资讯类	0.198	0.066	0.215	3.024	0.003 **	2.332			

注：因变量：参与行为。* 为 $P < 0.05$，** 为 $P < 0.01$。
资料来源：根据调查问卷计算。

从表 12 - 13 可知，模型 R^2 为 0.577，表明 4 种内容类型可以解释参与行为的 57.7% 变化原因。对模型进行 F 检验时发现模型通过 F 检验（$F = 66.528$，$P < 0.05$），也即说明 4 种内容类型中至少一项会对参与行为产生影响关系，另外，针对模型的多重共线性进行检验发现，模型中 VIF 值全部均小于 5，表明不存在共线性问题，模型较好。最终具体分析可知：导购类内容的回归系数值为 0.199，P 值为 0.002，小于 0.01，表明导购类内容会对参与行为产生显著的正向影响关系。互动类内容的回归系数值为 0.269，P 值为 0.000，小于 0.01，表明互动类内容会对参与行为产生显著的正向影响关系。商品类内容的回归系数值为 0.167，P 值为 0.003，小于 0.01，表明商品类内容会对参与行为产生显著的正向影响关系。资讯类内容的回归系数值为 0.198，P 值为 0.003，小于 0.01，表明资讯类内容会对参与行为产生显著的正向影响关系。

总结分析可知：导购类内容、互动类内容、商品类内容、资讯类内容全部均会对参与行为产生显著的正向影响关系。由此得出假设检验的结果，如表 12 - 14 所示。

表 12 - 14　　　　　　　　　内容营销对参与行为影响的假设检验

假设内容	结论
H3：内容营销对参与行为有显著的正向影响	成立
H3a：商品类内容对参与行为有显著的正向影响	成立
H3b：资讯类内容对参与行为有显著的正向影响	成立
H3c：互动类内容对参与行为有显著的正向影响	成立
H3d：导购类内容对参与行为有显著的正向影响	成立

资料来源：根据调查问卷计算。

模型公式为：参与行为 = 0.487 + 0.199 × 导购类内容 + 0.269 × 互动类内容 + 0.167 × 商品类内容 + 0.198 × 资讯类内容

三、用户参与对用户粘性影响回归分析

用户参与对用户粘性进行多元回归分析得到以下结果，见表 12 - 15。

表 12 – 15　　　　　　　　　　　用户参与对用户粘性回归分析

项目	非标准化系数		标准化系数	t	P	VIF	R^2	调整 R^2	F
	B	标准误	$Beta$						
常数	0.172	0.167	–	1.029	0.305	–			
参与行为	0.469	0.056	0.496	8.385	0.000 **	2.096	0.673	0.668	134.520 **
情感信任	0.302	0.059	0.26	5.154	0.000 **	1.527			
商家知识	0.167	0.048	0.193	3.497	0.001 **	1.826			

注：因变量：用户粘性。* 为 $P < 0.05$，** 为 $P < 0.01$。
资料来源：根据调查问卷计算。

从表 12 – 15 可知，模型 R^2 为 0.673，表明参与行为，情感信任，商家知识可以解释用户粘性的 67.3% 变化原因。对模型进行 F 检验时发现模型通过 F 检验（$F = 134.520$，$P < 0.05$），也即说明参与行为，情感信任，商家知识中至少一项会对用户粘性产生影响关系。另外，针对模型的多重共线性进行检验发现，模型中 VIF 值全部均小于 5，表明不存在着共线性问题，模型较好。最终具体分析可知：参与行为的回归系数值为 0.469，P 值为 0.000，小于 0.01，表明参与行为会对用户粘性产生显著的正向影响关系。情感信任的回归系数值为 0.302，P 值为 0.000，小于 0.01，表明情感信任会对用户粘性产生显著的正向影响关系。商家知识的回归系数值为 0.167，P 值为 0.001，小于 0.01，表明商家知识会对用户粘性产生显著的正向影响关系。

总结分析可知：参与行为、情感信任、商家知识全部对用户粘性产生显著的正向影响关系。由此得出假设检验的结果，如表 12 – 16 所示。

表 12 – 16　　　　　　　　用户参与对用户粘性影响的假设检验

假设内容	结论
H4：用户参与对用户粘性有显著的正向影响	成立
H4a：商家知识对用户粘性有显著的正向影响	成立
H4b：情感信任对用户粘性有显著的正向影响	成立
H4c：参与行为对用户粘性有显著的正向影响	成立

资料来源：根据调查问卷计算。

模型公式为：用户粘性 = 0.172 + 0.469 × 参与行为 + 0.302 × 情感信任 + 0.167 × 商家知识

综上所述，可以看出构建内容营销与用户粘性关系的理论模型比较合理，相关假设也得到部分验证，微淘网平台的内容营销能对电商用户粘性产生显著影响。由此可以得出模型路径，见图 12 - 4。

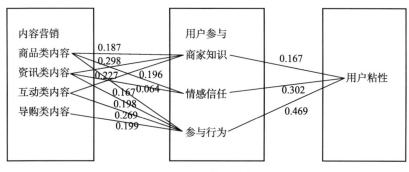

图 12 - 4　模型路径

资料来源：根据调查问卷计算。

由图 12 - 4 模型路径可知以下三点。

（1）微淘网平台作为商家社交性平台，在平台发布的内容能引导用户参与，从而形成用户粘性。用户参与在本章构建的模型中起部分中介的作用。

（2）在研究假设中，只有假设 H1d、假设 H2c、假设 H2d 这三个假设没有得到验证，其余假设均获得验证。据此可以认为，微淘网平台内容营销对用户粘性产生较显著影响。

（3）整体模型公式：用户粘性 = 0.630 + 0.215 × 商品类内容 + 0.230 × 资讯类内容 + 0.185 × 导购类内容 + 0.157 × 互动类内容。由此可以看出，商品类内容和资讯类内容更容易吸引用户参与，进而形成用户粘性。

第六节　本 章 总 结

通过研究结果分析发现，微淘网的内容营销要兼顾信息内容的相关性和信息传播方式的恰当性。首先，内容营销所传播的信息要有价值，选题要与品牌、生活密切结合。企业要清楚地认识产品与消费者有内在联系，抓住消费者的心理做有针对性的营销，给消费者一种强烈的归属感。其次，要选择消费者乐于接受的方式传播信息。可以将品牌信息与当下流行元素融合在一起，以取得事半功倍的效果。对于品牌知名度相对较低的企业，应更加注重营销方式的选择，注重内容营销选题与消费者的契合度。在微淘网社交性平台上进行内容营销时，商家发布商品类内容和资讯类内容，要以趣味性的风格进行新品上新和活动预告，尽可能多发布与商品有关的趣味性文章、行业资讯等。

第十三章　基于大数据的手机用户评论情感倾向

第一节　绪　　论

一、研究背景、目的及意义

1. 研究背景及目的

互联网技术的飞速发展带动了社交平台和电商平台的蓬勃发展，通过网络进行交流并在网络中发表评价已经成为当前一大发展趋势。这些用户生成内容（user generated content，UGC）的形式包括但不限于用户对于商品的评价、对于时事及任务的观点及看法，充分反映了用户的喜好、褒贬情绪。[①] 因此，对电商平台上用户行为分析成为企业进行消费者情感倾向研究的关键内容之一。用户评论数据作为电子商务平台上少有的、公开透明的可以被获得的用户行为数据，是进行用户行为分析及情感倾向研究的一个重要切入点。

2. 研究意义

进入 Web2.0 时代，互联网用户可以自由地创造、传播和分享互联网信息，用户的参与度更高、积极性更高。因此，互联网上留下了海量的网络言论。对于呈指数速度增长的用户评论数据，传统的情感分析方法已经无法对海量的用户评论数据进行全面有效的分析。[②] 通过建立科学、合理的分析模型与方法，对评论数据中所蕴含的用户情感倾向进行分析，研究其中的特点和规律极具学术研究的前景。

（1）通过对大规模评论数据的收集与处理，分析用户评论数据的规律，以及

[①]　刘勇，任晓伟. 一种基于深度学习的电商平台用户评论情感分类方法［J］. 青岛科技大学学报（自然科学版），2020，41（6）：99–106.

[②]　李怀玉. 基于大数据的用户评论情感分析［D］. 北京：华北电力大学（北京），2018.

从大规模评论数据中提取用户的动机、心态、偏好、观点等行为要素，从而建立相关的情感倾向模型。

（2）研究结论既可以帮助企业了解自身产品的用户口碑，从而为产品再设计提供建议，也可以帮助他们及时地了解消费者的情感倾向，了解竞争产品的优劣，从而有更充足地准备去争夺市场份额。

二、文献综述

1. 大数据分析用户评论

徐倩（2016）认为，用户在电商平台上发表的产品在线评论与其他网络文本有显著差别，内容的表达方式不同。[①] 王长征、何钐等（2015）认为，用户评论是消费者购买体验感知的主动反馈，尤其追加评论是在用户经过一段时间产品体验后，再次发表的评论内容，对消费者和企业都是重要情报。[②] 周珍妮、黄晓斌（2012）认为，用户评论最能体现用户的情感倾向，是企业最能轻易获取的情报信息。[③] 与传统情报不同的是，网络用户评论具有透明性、开放性、互动性等特点，成为企业了解用户的重要渠道。施国良、程楠楠（2011）认为，可以通过网络用户评论对竞争对手情况进行深入了解，也可以了解用户对产品的关注点，提高对用户心理的把握。[④] 也可以引导自身产品的网络舆情，从而分析并获得竞争优势。李苗苗（2013）认为，用户评论有助于企业全面了解自身产品的优缺点，进一步了解用户需求，以便更好地把握市场。[⑤] 吉顺和权周毅（2015）认为，在大数据时代，既可以利用用户评论建立良好的网络舆论，打造出口碑营销的能力，也可以了解自身产品优劣势、企业竞争行情与市场定位，故而用户评论已经成为不可忽视的情报。[⑥] 李情玉（2018）针对海量的用户评论进行情感分析，提出基于卷积神经网络的用户评论情感分析模型，并构建基于 OCC 情感模型的情感模型，实现对用户评论的情感分析。

[①] 徐倩. 基于特征的商品在线评论情感倾向性分析 [D]. 上海：上海师范大学，2016.

[②] 王长征，何钐，王魁. 网络口碑中追加评论的有用性感知研究 [J]. 管理科学，2015，28（3）：102 – 114.

[③] 周珍妮，黄晓斌. 网络用户评论在企业竞争情报研究中的应用 [J]. 情报理论与实践，2012（5）：15 – 20.

[④] 施国良，程楠楠. Web 环境下产品评论挖掘在企业竞争情报中的应用 [J]. 情报杂志，2011（11）：10 – 14.

[⑤] 李苗苗. 微博用户评论在企业竞争情报中的应用 [J]. 管理科学，2013（13）：10 – 20.

[⑥] 吉顺权，周毅. 产品用户评论在企业竞争情报中的应用 [J]. 基于产品特征的关联规则数据挖掘，2015，35（6）：1 – 7.

2. 情感倾向研究

情感分析也称作情感分类或观点挖掘，目的是对已知的文本片段（词汇、短语或文档）的情感倾向进行判断。① 情感倾向是主体以主观角度对某个客体内在评价的一种倾向，通过两个指标来衡量——情感倾向方向和情感倾向度。陈义（2018）通过文本挖掘网购用户评论，他认为，情感倾向方向是指主体的评价在正负情感间的偏向性。② 例如"完美"和"好"同为夸赞产品性能词，情感倾向偏向于正面；而"不行"与"不好"是贬义词，情感倾向就偏向于负面。情感倾向度是指主体评价在情感上的强弱程度，例如"手机外观还不错"与"手机外观非常漂亮"，情感倾向方向均为正面，但非常漂亮比还不错具有更强烈的正向情感。别亚林（2018）认为，情感倾向分析首先要判断文本的基本态度，即文本表达的观点是正向还是负向。情感分析应用非常广泛，可以进行用户人群分析、产品再设计、舆情引导等，而情感分析的主要工作包括数据收集与处理、属性变量提取、情感倾向区分等。③

第二节　基于大数据的手机用户评论情感建模

一、用户评论情感倾向理论基础

根据文献研究，本章对用户评论定义为：受众可以通过互联网获得的消费者以文字形式对产品使用感受的表述。用户评论要素主要有以下四点。

（1）数量，即用户对产品评论的数量多少。包括正向评论数量、负向评论数量、中性评论数量以及获得的好评率。

（2）评分，即消费者直接对已购商品所给出的等级评分类的直观数据。由于不同电商平台具有不同的特色，评分标准也不尽相同。例如本章基于京东商城收集的用户评论有 1～5 星的等级评分（1 星表示最差，5 星表示最好）。

（3）内容，即具体的用户评论内容。包括评论的长度与评论的文字内容，可以通过不同的语境了解到评论的情感倾向。

（4）偏向，即对产品传达出不同的情感倾向。分为正向情感倾向、负向情感

---

① 徐凯．基于产品特征的用户评论情感倾向分析研究［D］. 合肥：合肥工业大学，2015.

② 陈义．文本挖掘在网购用户评论中的应用研究［D］. 杭州：浙江工商大学，2018.

③ 别亚林．基于产品属性的在线评论情感分析［D］. 武汉：中南民族大学，2018.

倾向和中立情感倾向。在一定程度上，情感倾向与评分这两个因素是相关联的，通常情况下，正向情感倾向往往有高评分；反之，负向情感倾向经常对应低评分。

二、用户评论与情感倾向模型

1. 用户评论情感倾向处理与分析过程

用户表达的产品评论一般包含两个重要的组成部分：用户评论的对象和针对该对象所表达的情感倾向。用户评论的对象可以是一个实体，也可以是这个实体的某个属性。本章着重研究小米手机是一个实体，它包含很多属性，如手机的质量、价格及性能等。对于属性变量的提取主要来源于两大途径：一是行业对某一产品有约定俗成的规范；二是通过对用户评论进行数据分析得出的产品属性；前者是行业规范，后者是消费者比较关注的方面，具有一定的灵活性，相对而言更具有分析与商业价值。本章利用用户评论中常出现的属性词结合行业规范加以归类、总结。

以小米公司旗下的手机产品为例，将产品属性分为九大类。着重研究各属性对情感倾向产生的影响。分析在正向情感倾向和负向情感倾向两种情况下各属性变量所占的比重，如图 13 – 1 所示。

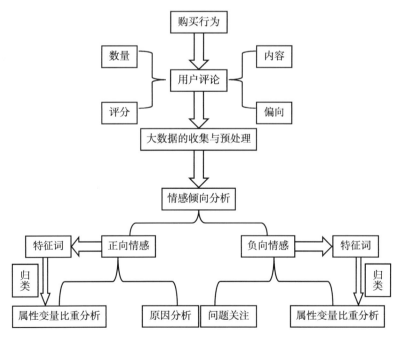

图 13 – 1　手机用户评论情感分析模型

资料来源：笔者整理。

2. 情感模型中各属性变量

由于不同的产品属性变量不同，属性特征词也会不一样。因此，针对不同的产品需要建立独特的特征词库，再对文本进行情感倾向分析。根据属性特征词词频分析结果，并结合手机产品行业内的标准以及参考行业内专家的主观分析，将手机产品的属性变量分为九大类。属性特征词库见表 13 – 1。

表 13 – 1　　　　　　　　　　　　属性变量特征词库

序号	属性变量	属性词库
1	价格	性价比、价格、中高档、低档
2	质量	康宁大猩猩、边框、金属、玻璃、耐摔、缝隙、品控、前置、厚度、划痕、工艺、手感、细节、重量、做工
3	性能	安卓版本、处理器、触屏、反应速度、技术、开机、灵敏度、速度、听筒、通话、游戏运行、Wi-Fi、miui 系统、显示屏、信号、性能、运行
4	外观	包装、手机壳、尺寸、大小、外观、颜值、样式
5	服务	发货、包装、服务态度、客服、礼物、售后、送货速度、态度、维修、物流速度
6	配置	充电器、耳机、配置、内存、软件、数据线、赠品、硬件、指纹识别、面部识别、nfc、散热、虹膜识别、钢化膜、usb、配件
7	电池	没电、待机、充电、电池容量、耗电、续航
8	拍照	AI、图片、照片、超广角、分辨率、亮度、屏幕、色彩、夜景、像素、画质、清晰
9	音质	双扬声器、高音、音量、低音、音质、语音

资料来源：笔者整理。

第三节　小米手机用户评论情感倾向分析

一、手机评论数据的搜集与预处理

根据前面的描述，在评论时用户不仅对产品总体印象进行评价，很多时候还会针对产品的某个属性进行评价。通过爬虫软件对京东商城上小米公司的产品小米 9 用户评论数据进行采集。然后，通过"爬虫"和 Excel 的文本筛选等相关功能，进行数据清洗，再对用户评论进行相关统计，得到结果如表 13 – 2 所示。

表 13 - 2　　　　　　　　　　　　小米用户情感态度分类

情感倾向	频数（个）	频率（%）
正向	16282	95.4
中立	362	2.1
负向	419	2.5

资料来源：根据 htts：//item. jd. com/100003434260. html 整理。

从表 13 - 2 中可以看出，在总计 17063 条用户评论中，正向情感倾向的用户评论频率达到 95.4%，而负向情感倾向只有 419 条，只占总体评论的 2.5%。而中立评论有 362 条，达到了总评论的 2.1%。由于时间、人力等成本因素受限，再加上对于数据处理方式的限制，显然无法针对这 17063 条评论全部进行详细研究，故将对这些评论采取抽样调查法，选取部分真实可靠的数据进行后续研究。通过去除无效评论，获得样本数据集 2000 条，其中正向情感评论 1300 条，负向情感评论 700 条。并且对这些正向情感评论和负向情感评论进行单独分析，分析影响情感倾向的产品属性变量比重。

二、正向情绪下词频分析及各属性变量比重

通过对 1300 条评论数据进行词频分析，可以了解到用户评论中主要谈论的对象，即用户关注的产品属性变量。利用软件对正向情感词进行处理分类和筛选。由于正向情感词频较为集中，故筛选出频数排在前 28 的字词。正向情感词频分析结果如表 13 - 3 所示。

表 13 - 3　　　　　　　　　　　　情感词频分析

字词	频数（个）	字词	频数（个）	字词	频数（个）	字词	频数（个）
服务	61	性能	128	AI	241	外观	523
语音	64	物流快	129	运行快	245	处理器	548
散热	65	nfc	133	摄影	295	充电快	603
内存	67	夜景	171	系统	312	拍照	612
屏占比	121	音质	183	屏幕	323	—	—
配置	121	颜值	184	miui	334	—	—
超广角	123	手机薄	185	手感好	367	—	—
解锁快	127	流畅	196	性价比	426	—	—

资料来源：京东商城 httPs：//item. jd. com/100003434260. html。

将这些词频根据表 13 - 3 属性变量特征词库表归类为九大属性，归类结果具体如表 13 - 4 所示。

表 13 - 4　　　　　　　　　　　　　特征词归类

属性变量	特征词	频数（个）	特征词	频数（个）
服务	服务、物流快	190	充电快	603
音质	语音、音质	247	颜值、外观、屏占比	828
配置	配置、散热、内存、nfc、解锁快	319	拍照、AI、摄影、屏幕、超广角、夜景	1765
价格	性价比	426	性能、流畅运行快、系统、miui、处理器	1957
质量	手机薄、手感好	552	—	—

资料来源：笔者整理。

对属性分类结果，利用 Excel 制作成饼图，对小米 9 用户评论分析结果发现，影响用户产生正向情感倾向的各属性变量，其中以性能和拍照等属性影响比重最大，而外观、电池、质量、价格、配置、音质及服务依次递减。具体比重如图 13 - 2所示。

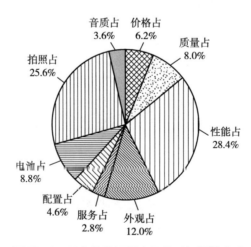

图 13 - 2　正向情绪下用户评论手机属性比重

资料来源：笔者整理。

从图 13 - 2 中不难发现，小米 9 手机确实在主打方面获得一定的成功。但在价格方面却失去了性价比之王的称号。将具体的词频分析和属性变量与饼图结合，不难发现京东商城小米服务饱受诟病，显然，在一定程度上，有着饥饿营销的影响。

三、负向情绪下词频分析及各属性变量比重

通过词频分析可以了解消费者在评论中评价的对象，即具体是产品哪一方面的属性。本书将 700 条负向评论数据进行词频分析，筛选出频数排在前 50 位的名词性词语。其中负向情感词频分析部分结果如表 13 - 5 所示。

表 13 - 5　　　　　　　　　　　　情感词频分析

字词	频数（个）	字词	频数（个）	字词	频数（个）	字词	频数（个）
屏幕	97	发热	36	断流	24	摄像头	15
耗电	91	问题	34	nfc	22	退换机	12
没货	84	语音	32	电流	18	听筒	11
信号差	76	触摸	45	无耳机	18	广告	11
电池	63	重启	29	差价	17	应用	9
物流	49	黑屏	27	音量	17	声音	8
闪屏	49	体验差	27	京东	17	转换头	8
发烫	47	退货	26	外观	16	灰尘	8
指纹	47	品控差	25	耍猴	16	味道	7
死机	48	充电	25	系统	14	定位	7
发货慢	41	闪退	24	服务	14	软件	5
卡顿	39	通话	23	充电线	13	—	—
垃圾	36	相机	23	反应慢	13	—	—

资料来源：根据 http://item.jd.com/100003434260.html 整理。

通过上述相同的方法，将字词归类。根据 Excel 对小米 9 手机的用户评论分析的结果发现，影响用户产生负向情感倾向的各属性变量，其中以质量和电池影响比重最大，具体比重如图 13 - 3 所示。

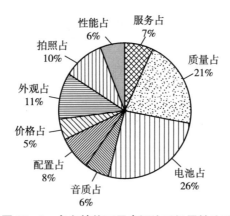

图 13 - 3 负向情绪下用户评论手机属性比重

资料来源：笔者整理。

由图 13 - 3 可以看到，在负向情绪下用户评论手机属性变量比重中小米手机和电池和质量分别占 26% 和 21% ，因此，产品质量还有待加强。其中质量问题中，摄像头突出和外壳间存在缝隙的问题是影响负向情绪属性变量最主要的两个因素。其电池容量小带来的续航问题，也使小米 9 在一定程度上不受待见。

第四节　小米手机用户人群基本特征及情感倾向分类

一、小米手机用户基本特征分析

本章收集来源于京东商城的小米手机用户人群图，结合所研究的影响手机用户属性比重分析，对小米用户进一步分析。小米用户年龄群如图 13 - 4 所示。

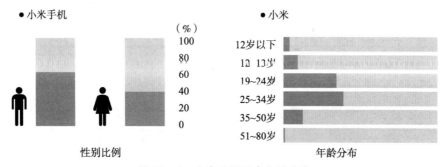

图 13 - 4 小米手机用户人群分类

资料来源：根据 http：//image. baidu. com/search/detailct = 503316480&z = 小米用户人群分类整理。

通过对图 13 - 4 研究发现，小米手机用户的消费人群主要是青年人，收入不高的群体。就京东商城用户而言，购买小米手机的用户更加注重手机的运行速度、优秀的拍照功能以及高性价比。

二、小米用户情感倾向分类

将上文中正向情感倾向属性所占百分比和负向情感倾向属性所占百分比结合起来制作成图 13 - 5。

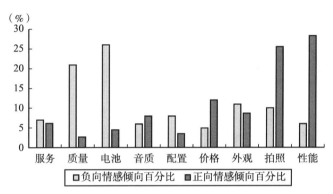

图 13 - 5　手机正负属性对比

资料来源：笔者整理。

通过结合图 13 - 5 小米手机用户人群分类，对手机特征的情感倾向分析结果可以看出，小米手机在质量和电池的负向情感倾向较为明显，而在拍照和性能方面正向情感倾向亦相当明显。通过数据图发现，小米手机的用户多为年轻男女，对于男性来说更加注重手机的性能，对于女性来说更在意手机的拍照性能。在电池方面，小米 9 手机存在续航能力差的问题。提及价格的用户中有不少用户给出负评，并非认为，手机性价比不高，而是对需要抢购乃至加价购买颇为不满。恰恰相反小米 9 手机的性价比还是不错的，顶尖的旗舰配置也令人心动。

第五节　小米手机用户评论情感倾向的应用

一、在产品设计领域应用

随着市场竞争日趋激烈，消费者对产品的选择性大大地提高，产品竞争力的提高依赖于用户对产品的满意程度，只有不断地根据消费者需求设计和生产他们所需要的产品，才会让他们为产品的销量买单。因此，通过文本情感倾向分析，及时了解消费者对产品的观点，设计能够满足其需求，是产品完善和改进的关键，也是企业生存的法则。

1. 情感倾向分析对产品设计的意义

在互联网日益发展的今天，用户对产品的评论不能及时、准确地获取的情况得到明显改善，新产品的开发往往是建立在大量数据分析基础上的。如果盲目开发产品，只会导致浪费大量的人力、物力。胡安琪（2018）认为，用户评论是用户对产品整体做出的评价，整个评价既可能包含积极方面，也可能含有消极方面。可以从积极和消极两个方面对产品做出了解，以便产品的改进。因此，根据用户评论的情感倾向分析对原产品进行再设计和改进，才能开发出受市场欢迎的新产品。

2. 情感倾向分析对小米设计上的启示

一款成功的产品取决于是否有一定基数的用户愿意购买，并且在购买后使用体验是否满意，因此，用户的意见是产品再设计过程的宝贵财富，对产品的改进必须从消费者需求角度出发。在本章中，引起小米手机用户负面情绪影响因素比重较大的是电池，其实不难发现小米9手机为追求轻薄在一定程度上牺牲了电池容量，同时也导致了小米9手机相比竞争对手在续航方面处于劣势状态。摄像头突出，也导致用户对小米手机品控问题产生一定的质疑。故对小米手机而言进一步加强品控是新产品研发必须要关注的方面。

二、在社交网络领域的应用

互联网迅速发展孕育了很多社交网络公司，如新浪微博、知乎网等平台，很多网民通过这些社交平台传递信息。网络平台的传播具有受众面广、传播速度快等优势，用户评论情感倾向在社交领域的应用亦颇为广泛。

1. 构建社交网络平台，增加数据变现能力

构建用户评论情感倾向展示平台，能够增加数据的变现能力。对于用户评论情感倾向分析结果，不仅可以作为产品再设计方向的科学依据，还可以将分析结果在平台上进行适当展示，帮助潜在用户较为轻松地获取评论中所需要的信息，消费者可以通过情感倾向分析结果减少决策所花费的成本，在一定程度上改善购买决策过程。同时企业也可以了解用户对产品各属性的情感态度。

2. 利用社交平台提高小米产品曝光度

据研究表明，近30年新技术和新产品的数量远远超过去两千年的总和。

在数量庞大的产品中，要进一步了解消费者普遍的诉求和产品的关注点，才能形成自己的独特优势，并加以宣传推广。吕冬煌和党齐民（2005）认为，可以通过文本挖掘构建一个情报系统，由于现代商业对客户意见的重视程度越来越高，用户评论已被企业当成重要的情报来源。结合上文的小米手机消费人群分类，可以发现男性青年对手机的性能关注力度最大，拍照性能其次，那么在推广小米手机时可以以骁龙855顶尖处理器和4800万像素三摄作为推广点。

三、在网络舆情领域的应用

移动电商的飞速发展，使得越来越多的网民在互联网上购买物品，发生购买行为后，习惯在网上分享使用产品时的体验，又由于互联网具有快速传播的优点，这些用户评论能够轻易地被潜在消费者获取，对产品形成进一步的了解。这些用户评论承载用户对产品的主观态度、情感等，会对浏览评论的潜在消费者产生影响，这就是网络舆情直接反映。

1. 网络舆情对购买决策的影响

作为新的情报源，产品用户评论中包含丰富多样的产品信息和用户使用感受，帮助企业从用户视角了解产品的优劣势，进而提高产品性能，获得竞争优势。用户在网络上购买产品或服务时会尽可能地寻找更多方式、从不同方面了解产品，多方位提高购买决策的正确性，在这些方式中，不仅仅是商家提供的产品信息，还有大量的用户评论也是消费者的关注点。用户评论在消费者的购买决策过程中起着非常重要的作用，尤其是在网络购物时，对于价值较大的商品，消费者非常关注用户评论信息，尤其是产品的差评方面，期待在产品的好评中寻找到自己所渴望得到的产品。当消费者看到负面信息时，会在一定程度上降低购买的可能性。而一个积极的网络舆论会大大加强消费者购买的可能性；而且产品用户评论有助于认识产品属性变量的影响，为产品再设计提供情报支撑。

2. 情感倾向分析在小米舆论上的具体应用

对小米手机用户评论情感分析帮助企业有效地了解网络舆情，从而引导网络舆论的走向，使之对产品销售产生积极影响。以小米9手机为例，不少用户评论对小米手机的饥饿式营销颇为不满。在初期小米9手机缺少竞争对手的情况下，加价购买小米9手机对大多数用户是可以接受的，然而伴随竞争对手的产品陆续登场，如vivo手机的iqoo手机以及魅族16S手机等3000元同等价位机型。尤其在魅族16s手机和一加7手机的登场后，小米9手机突然一夜之间变成现货满地，甚至很多第三方平台出现了降价300元销售，即使京东小米自营店也出现购机赠送无线充等变相降价方式，一时间引得用户产生不少负面评论，对小米手机品牌产生了一定冲击。通过对用户评论的情感倾向分析可以及时了解网络舆论变化，知道对产品舆论不利的方面，如针对用户越来越不满饥饿式营销时，选择适当的时机进行一定量地放货，减少负面舆论。

第六节　本 章 总 结

一、结论

在 Web 2.0 时代，企业无论以实体店形式还是电子商务形式出售产品，大多数用户都会根据产品的使用过程，在网上发表对产品使用感受、体验、经历，这就形成大量的用户评论。通过对用户评论建立情感倾向分析模型进行研究，分析结果不仅能够给潜在消费者提供参考，减少购买决策成本，还会发现很多用户对产品某些属性提出的改进意见以及对未来产品的期望，可以作为企业产品设计方向的数据依据，使企业更全面地了解用户对产品各属性的综合评价，也可以通过大量的用户好评建立良好的网络舆论。

二、展望

本章只利用京东商城披露的公开信息进行计算与研究，除研究的产品属性变量外，一定还存在着其他属性对用户的实际体验产生影响。另外，由于时间和人力成本受限，无法对所有的用户评论全面收集并进行研究计算，只能选取部分评论作为研究对象；更有一部分用户直接是对产品进行好评或者差评，并没有对产品进行详细评论，无法了解产生正向或负向情感的原因。在今后该问题研究中，将选择更加先进的数据收集方法和更加严谨的数据处理方法，从而对更全面的数据进行分析，以便得到更加科学的研究结果。在对手机用户产品属性分类过程中，存在一定的主观性，在今后的研究中，希望可以通过引进更加科学的分类方法和计算方法进行分类与计算，以期望能够得到全面的分析结果。

参 考 文 献

［1］赵鑫．浅析新媒体环境下国产化妆品品牌的传播策略——以"完美日记"品牌为例［J］．视听，2020（6）：193－194．

［2］李贝涵．直播"种草"带货现象背后的产生原因——基于态度理论［J］．现代商业，2020（27）：3－6．

［3］张琳．新媒体环境下的品牌传播研究［D］．重庆：重庆工商大学，2010．

［4］熊彩．"场景"在移动互联时代品牌传播中的应用研究［D］．苏州：苏州大学，2018．

［5］陈浦秋杭．社交媒体时代下的品牌传播策略研究［J］．传媒观察，2019（12）：90－94．

［6］徐磊．论文旅品牌传播策略的优化路径——以西安大唐不夜城为例［J］．人文天下，2020（22）：49－55．

［7］陈优嫚．从新媒体环境下母婴KOL涌现看传统母婴媒体如何创新升级［J］．新闻研究导刊，2018，9（20）：226－227．

［8］陈茜．KOL的"带货新浪潮"［J］．商学院，2019（9）：90－92．

［9］刘峻廷．KOL营销的传播效果分析——以美妆行业为例［J］．新闻研究导刊，2020（21）：94－95．

［10］史婷婷．KOL营销模式对消费者购买决策的影响——基于AISAS理论［J］．市场周刊，2021，34（3）：97－99．

［11］任青青．基于5W模式对网剧中创意中插广告的传播策略研究［D］．开封：河南大学，2019．

［12］陈悦君．基于5W理论模式的"双妹"品牌传播策略研究［D］．厦门：华侨大学，2020．

［13］武怡华．5W视角下时政新闻《V观》栏目的创新表达［J］．传媒，2021（3）：68－70．

[14] 郑文妍，彭海妍，蓝丽芬，苏晓芬．浅析美妆 KOL 对女性大学生消费行为的影响——以培正学院为例 [J]．现代营销（下旬刊），2020（7）：80 - 81.

[15] 王越东，何漫．社交媒体时代的品牌传播策略研究 [J]．今传媒，2021，29（3）：132 - 134.

[16] 赵浩兴．菲利普·科特勒营销管理理论演进脉络及其发展探讨——菲利普·科特勒《营销管理》（中文版）各个版本的比较研究 [J]．管理世界，2011（6）：176 - 177.

[17] 李颖涵．基于 AARRR 模型的 Airbnb 用户增长策略研究 [D]．北京邮电大学，2018.

[18] 邓洁．浅谈 B2C 电子商务精准营销模式中大数据技术的应用 [J]．轻工科技，2019，35（9）：76 - 77.

[19] 尹启华，邓然．精准营销研究现状 [J]．经济研究导刊，2010（9）：158 - 159.

[20] 熊晓玲．产业链视角下的短视频内容营销价值研究 [D]．西安：西北大学，2017.

[21] 周劲波，位何君．基于 AARRR 模型的用户增长策略研究——以拼多多为例 [J]．山西经济管理干部学院学报，2020，28（1）：11 - 16.

[22] 方颖婷．建设银行景德镇市分行精准营销策略研究 [D]．上海：华东交通大学，2020.

[23] 黄逸珺，杜梦甜，傅玉婷．基于用户感知的个性化推荐系统效果研究——以淘宝网电商平台为例 [J]．北京邮电大学学报（社会科学版），2018，20（5）：24 - 31.

[24] 牛月月．基于 AARRR 模型分析与研究微信读书用户增长 [J]．太原城市职业技术学院学报，2020（8）：189 - 191.

[25] 陈光辉，冯雪程，干莎，李立威．基于 AARRR 模型的瑞幸咖啡营销策略分析 [J]．电子商务，2020（4）：61 - 62.

[26] 余佩玲．情境理论视角下消费者冲动性购买行为分析——以淘宝网直播为例 [J]．经济研究导刊，2021（6）：35 - 37.

[27] 万孚阳．浅析"优惠券"对消费行为的影响 [J]．现代商业，2019（6）：5 - 6.

[28] 王晟添．买家秀——广告的"二次传播" [J]．新闻知识，2015（12）：85 - 87.

［29］尹洁．共生理论视域下马拉松赛事与城市品牌营销的共生发展研究［D］．济南：山东大学，2019．

［30］马迎志．基于共生理论的我国马拉松赛事与举办城市双向选择研究［D］．北京：体育成人教育学刊，2016，32（6）：59－63．

［31］乔峰．共生理论视角下竞技体育与大众体育协同发展研究［J］．南京体育学院学报，2017，31（1）：80－83．

［32］肖宇翔．从共生理论管窥美国学校体育与竞技体育的关系［J］．南京体育学院学报，2017，31（2）：107－110．

［33］陈秋，戴卓．食品行业联名营销策略分析［J］．市场周刊，2021，4（4）：93－95．

［34］李艾远．服装品牌联名营销策略的探讨［J］．商业观察，2020（1）：176．

［35］白艳慧，王宏付．服装名牌联名营销策略分析［J］．服装学报，2019，4（4）：366－371．

［36］姚佳．时装品牌联名营销研究［D］．长春：吉林大学，2018．

［37］韩云，古怡．对品牌联名的策略研究——以乐町与大白兔的品牌联名为例［J］．现代营销（下旬刊），2021（2）：44－45．

［38］袁纯清．共生理论及其对小型经济的应用研究［J］．改革，1998（2）：101－105．

［39］刘伟．基于共生理论的地方政府与驻地高校关系研究［D］．济南：山东农业大学，2020．

［40］许睿．基于共生理论的城市社区治理能力提升研究［D］．南京：江苏大学，2019．

［41］王靖怡．基于共生理论视角的地铁站与城市综合体中介空间设计研究［D］．厦门：厦门大学，2018．

［42］李琳瑶．遵义市体育社会组织与城镇居民共生发展研究［D］．成都：成都体育学院，2018．

［43］杨飞．luckin coffee：新零售咖啡，用"无限场景"打败空间溢价［J］．成功营销，2018（Z1）．

［44］唐蕴欣．互联网咖啡"搅局者"还是"破局者"？［J］．企业管理，2018（12）．

［45］耿婷婷．新零售模式下市场的"搅局者"——瑞幸咖啡［J］．全国流

通经济，2019（27）.

［46］罗煜卿，胡泽.浅谈社交媒体情境下的裂变营销模式［J］.消费导刊，2018（17）：65.

［47］余晓毅.互联网时代下新零售模式研究——以瑞幸咖啡为例［J］.现代营销（下旬刊），2018（7）.

［48］肖明超.社交媒体引发营销裂变［N］.中国图书商报，2011 - 12 - 23（X02）.

［49］庞园园.社交裂变电商营销新模式［J］.金融博览（财富），2019（1）：78 - 79.

［50］李倩雯，张冰冰.新零售背景下咖啡品牌的营销之道——以 luckin coffee 为例［J］.商场现代化，2018（17）.

［51］陈铮铮，卢黎莉.COSTA 咖啡在中国的体验营销研究［J］.中国集体经济，2018（23）.

［52］曹庆楼，毛宁静，王廷勇.5W 视角下农业生态品牌传播策略研究［J］.农业科技管理，2020（1）.

［53］邓北辰.瑞幸咖啡基于 SICAS 模型的社会化媒体营销策略研究［D］.北京：北京交通大学，2019.

［54］顾春晓.瑞幸咖啡：线上线下多渠道融合玩转营销新模式［J］.声屏世界·广告人，2018（10）：153 - 154.

［55］蒋昀洁.自媒体时代消费购买决策模式变迁及企业营销应对［J］.商业时代，2014（35）：56 - 58.

［56］第一财经商业数据中心.2018 中国咖啡行业洞察：市场消费趋势及品类研究［R］.2018.

［57］任舯.瑞幸咖啡前期投入超 10 亿元如何营造吸引人的品牌文化［N］.解放日报，2018 - 5 - 23（5）.

［58］［德］H. R. 姚斯，R. C. 霍拉勃.接受美学与接受理论［M］.沈阳：辽宁人民出版社，1987.

［59］［德］W. 伊塞尔.本书的召唤结构［M］.武汉：湖北人民出版社，1970.

［60］朱立元，李钧.二十世纪西方文论选［M］.北京：高等教育出版社，2002.

［61］朱立元.接受美学［M］.上海：上海人民出版社，1989.

［62］汪保忠．接受理论与当代语文阅读教学研究［D］．贵阳：贵州师范大学，2005.

［63］张思齐．中国接受美学导论［M］．成都：巴蜀书社，1989.

［64］赵亚珉．接受反应文论中的读者概念解析［N］．河南师范大学学报，2003（5）：121－123.

［65］孙国华．基于文学接受理论的古诗人生意蕴生成策略［J］．现代语文，2013（10）：67－69.

［66］吴晔．对当下媒体"软文的思考"［J］．新闻战线，2008（2）：71－72.

［67］贾昌荣．软文传播——汽车营销"硬武器"［J］．国际公关，2006（5）：92－93.

［68］所志国．电商品牌软文营销的策划和执行［J］．信息与电脑，2011（2）：37－40.

［69］谢爱平．软文营销：企业网络营销的又一利器［J］．电子商务，2011（3）：46－47.

［70］龙霞．软文营销：打造营销软实力［J］．商情，2013（19）：56.

［71］李娜．E时代，如何做好软文营销［J］．电子商务，2013（11）：30－31.

［72］李又安，郭奇．新媒体的价值重塑与运营模式创新［J］．出版广角，2017（23）：13－15.

［73］姚文放．重审接受美学：生产性批评范式凝练［J］．社会生产战线，2020（5）：156－157.

［74］武文珍，陈启杰．价值共创理论形成路径探析与未来研究展望［J］．外国经济与管理，2012，34（6）：66－73，81.

［75］周文辉，曹裕，周依芳．共识、共生与共赢：价值共创的过程模型［J］．科研理，2015，36（8）：129－135.

［76］如何利用小众KOL"以小博大"？［J］．成功营销，2017（Z5）：36－37.

［77］周骏．社会化营销，这一本就够了［M］．北京：电子工业出版社，2016：1－10.

［78］周瑞华．从巴黎欧莱雅到阿迪达斯，它们如何利用"小众KOL"？［J］．成功营销，2017（Z5）：40－41.

［79］周瑞华．小众KOL崛起，小即是美［J］．成功营销，2017（Z5）：

38 – 39.

　　［80］微播易. 社媒营销白皮书［R］. 广州：中国电子商务研究中心，2017.

　　［81］杜兰英，钱玲. 基于价值共创的商业模式创新研究［J］. 科技进步与对策，2014，31（23）：14 – 16.

　　［82］左丹. 网络环境下基于服务生态视角的价值共创研究——以小米为案例［J］. 中国人力资源开发，2017（3）：128 – 134.

　　［83］陈群. 基于顾客忠诚服务的营销策略分析［J］. 科教文汇，2009（8）：223.

　　［84］茅彦青. 电子商务环境下快递企业的顾客忠诚度研究［D］. 南京：南京邮电大学，2013.

　　［85］单辉勇. 顾客价值分析及其创新策略［D］. 哈尔滨：哈尔滨工业大学，2003.

　　［86］李凯，邓智文，严建援. 搜索引擎营销研究综述及展望［J］. 外国经济与管理，2014，36（10）：13 – 21.

　　［87］喻颖，王成国，邓仲元等. 面向人才招聘的搜索引擎优化技术研究［J］. 计算机技术与发展，2014（8）：35 – 38.

　　［88］站长百科. 关键词的研究［EB/OL］. http：//www. zzbaike. com/wiki/% E.

　　［89］上海网站 SEO 优化的网页策略分析［EB/OL］. http：//www. huochePiao. com/114info/infodetail. asP？id = 9640172，2016 – 5 – 13.

　　［90］邓小飞，朱妮. 基于长尾关键词的搜索引擎优化技术研究［J］. 中国电子商务，2014（9）：34.

　　［91］一套撰写原创文章的技巧［EB/OL］. http：//www. moke8. com/article – 13809 – 1. html，2016 – 4 – 19.

　　［92］刘友玲. 基于引擎搜索规则优化企业网站的技术［D］. 武汉：华中科技大学，2007.

　　［93］蓝色海岸. 死链接"回魂"大法「J」. 电脑爱好者，2007（10）.

　　［94］焦丽，路波. 搜索引擎优化策略研究［J］. 生产力研究，2010（7）：118 – 119.

　　［95］北京大学，百度——中文搜索的老大［J］. 电子商务，2008（1）：9.

　　［96］付荣艳. "校校通"工程中农村校园网应用绩效对比分析研究［D］. 石家庄：河北师范大学，2014.

［97］何苑，郝梦岩．搜索引擎优化策略研究［J］．计算机与数字工程，2009，37（7）：60－63．

［98］林元国，许振和．基于长尾关键词的 SEO 策略［J］．计算机系统应用，2014（1）：210－213．

［99］季芳．中小企业实施搜索引擎营销策略分析［J］．湖北经济学院学报，2009，7（2）：91－96．

［100］［美］德尔·柯林斯．互动仪式链［M］．林聚任，王鹏，宋丽君，译，北京：商务印书馆，2012：3－5．

［101］苌庆辉．德育互动的重构：互动仪式链理论对大学德育的启示［J］．现代教育科学，2011（7）：5－7．

［102］黄莹，王茂林．符号资本与情感能量：互动仪式链视角下网络直播互动分析［J］．传媒，2017（8）：80－83．

［103］王晗．"夸夸群"互动仪式链中的情感呈现研究［D］．长沙：湖南师范大学，2020．

［104］赵青，张利，薛君．网络用户粘性行为形成机理及实证分析［J］．情报理论与实践，2012，35（10）：25－29．

［105］宋晓利，侯振兴．餐饮类生活平台用户粘性影响因素研究——以"饿了么"为例［J］．河南工业大学学报（社会科学版），2020，36（6）：36－43，62．

［106］黄靖婷．美食类短视频用户粘性的影响因素研究［D］．武汉：武汉大学，2020．

［107］周军杰．社会化商务背景下的用户粘性：用户互动的间接影响及调节作用［J］．管理评论，2015，27（7）：127－136．

［108］郭景萍．情感社会分层：另类社会结构探析［J］．广东社会科学，2012（1）：217－224．

［109］王建军．基于过程的用户满意互动机理分析［J］．青海社会科学，2002（1）：33－36．

［110］刘欣然．虚拟的在场：网络虚拟社群引导策略探析［J］．黑龙江生态工程职业学院学报，2017，30（5）：41－43．

［111］周利敏，谢小平．集体情感表达机制的建构及其途径［J］．求实，2005（7）：83－85．

［112］郭景萍．库利：符号互动论视野中的情感研究［J］．求索，2004

（4）：162 – 163.

[113] 干枘鑫. 互动仪式链视域下斗鱼《英雄联盟》直播的互动效果研究 [D]. 武汉：武汉体育学院，2020.

[114] 李雨婷. 电商平台社交场景塑造研究 [D]. 南昌：江西师范大学，2018.

[115] 谭羽利. 电商直播中意见领袖对消费者购买意愿的影响研究 [D]. 北京：北京印刷学院，2017.

[116] 吴冰，宫春雨. 基于信息系统成功模型的电商直播研究——以淘宝网电商直播为例 [J]. 商业全球化，2017，5（3）：37 – 45.

[117] 梁芷璇. 电商直播的传播特征、问题及对策研究 [D]. 兰州：兰州财经大学，2019.

[118] 李玉玺，叶莉. 电商直播对消费者购买意愿的影响——基于冰山模型及 SOR 模型的实证分析 [J]. 全国流通经济，2020（12）：5 – 8.

[119] 张雨亭，钱大可，刘羲，姜春杰，楼旖颖. 美妆直播下消费者冲动性购买行为分析 [J]. 合作经济与科技，2018（1）：55 – 57.

[120] 沈燕，赵红梅. 基于情境理论的消费者冲动性购买行为分析——以淘宝网直播秒杀为例 [J]. 经营与管理，2018（8）：124 – 130.

[121] 但鸣啸，武峰. 网络直播营销对购买意愿的影响实证研究 [J]. 管理观察，2018（36）：41 – 44.

[122] 潘煌，张星，高丽. 网络零售中影响消费者购买意愿因素研究——基于信任与感知风险的分析 [J]. 中国工业经济，2010（7）：115 – 124.

[123] 梦非. 社会化商务环境下意见领袖对购买意愿的影响研究 [D]. 南京：南京大学，2012.

[124] 黄晶. 口碑传播网络中意见领袖的特征分析 [D]. 大连：大连理工大学，2013.

[125] 张洪，鲁耀斌，闫艳玲. 社会化购物社区技术特征对购买意向的影响研究 [J]. 科研管理，2017，38（2）：84　92.

[126] 史烽，孟超，李晓锋，蒋建洪. 基于 SOR 模型的网络团购消费者购买意愿研究 [J]. 商业经济研究，2017（20）：53 – 55.

[127] 李琪，李欣，魏修建. 整合 SOR 和承诺信任理论的消费者社区团研究 [J]. 西安交通大学学报（社会科学版），2020，40（2）：25 – 35.

[128] 刘洋，李琪，殷猛. 网络直播购物特征对消费者购买行为影响研究

[J]. 软科学, 2020, 34 (6): 108 – 114.

[129] 王志辉. 网购节日氛围对消费者网购行为影响的实证研究 [J]. 价格理论与实践, 2017 (8): 152 – 155.

[130] 王秀俊, 王文, 孙楠楠. 电商网络直播模式对消费者购买意愿的影响研究——基于认知与情感的中介作用 [J]. 商场现代化, 2019 (15): 13 – 14.

[131] 董方. 基于移动电商直播情境的消费者购买意愿研究 [J]. 营销界, 2019 (25): 137, 162.

[132] 王求真, 姚倩, 叶盈. 网络团购情景下价格折扣与购买人数对消费者冲动购买意愿的影响机制研究 [J]. 管理工程学报, 2014, 28 (4): 37 – 47.

[133] 郑兴. 电商直播互动类型对消费者冲动性购买意愿的影响研究 [D]. 重庆: 重庆工商大学, 2019.

[134] 田秀英. 基于 S – O – R 模型的直播电商消费者冲动购买欲望研究 [D]. 大连: 大连海事大学, 2020.

[135] 张晓青, 张闻语. 基于社会化网络环境下的内容营销策略 [J]. 中小企业管理与科技, 2014 (12): 143 – 144.

[136] 田原, 张庆梅. 移动内容营销传播初探——以企业微信公众订阅号为例 [J]. 东南传播, 2015 (6): 8 – 10.

[137] 崔智颖. 基于内容营销的微信传播效果研究 [J] 新闻研究导刊, 2017 (12): 237.

[138] 陶蕊, 占清云. 大学生手机 APP 用户粘性及影响因素研究 [J] 科技与管理, 2017 (6): 106 – 111.

[139] 周军杰. 商务背景下的用户粘性: 用户互助的间接影响 [J] 管理评论, 2017 (7): 127.

[140] 李宇舟. 企业微信内容营销初探 [J] 新闻传播, 2018 (9): 51 – 52.

[141] 王乐, 王楠. 微信内容营销对企业品牌形象的影响研究 [J] 中国集体经济, 2018 (12): 48 – 49.

[142] 李云夏. 移动购物环境下顾客体验对顾客粘性的影响研究 [J] 中国集体经济, 2017.

[143] 张初兵, 吴波. APP 用户粘性与购买意向: 互动性视角 [J] 旅游学刊, 2017 (6).

[144] 郭旋. 体育资讯 APP 互动性对用户粘性的影响研究——以虎扑体育

为例 [D]. 石家庄: 河北大学, 2018.

[145] 吴敏. 社会化商务环境下网络互动对用户粘性的影响研究——基于体验价值的视角 [D]. 福州: 福州大学, 2017.

[146] 唐玮. 农产品电商平台互动性对用户粘性的影响研究 [D]. 大连: 东北财经大学, 2017.

[147] 吴静. 影响企业微信公众号内容营销的因素研究——以"宜家家居"为例 [D]. 南京: 南京财经大学, 2017.

[148] 车捷. 微信公众号健康传播研究——以"丁香医生"为例 [D]. 乌鲁木齐: 新疆大学, 2017.

[149] 静学莹. 论微博营销对消费者购买行为的影响 [J]. 商场现代化, 2017 (1): 1-3.

[150] 张晞. 微博营销. [J] 管理世界, 2010 (11): 52-55.

[151] 马婕. 企业官方微博运营策略研究 [D]. 武汉: 华中科技大学, 2012.

[152] 秦士莲. 论微博营销特点及其价值 [J]. 连云港职业技术学院学报, 2015 (3): 91.

[153] 郑惠子. 基于微博营销的经济型酒店购买意愿影响因素研究 [J]. 现代商业, 2017, 71.

[154] 李旸. 企业微博营销对消费者购买行为的影响研究 [D]. 北京: 北京邮电大学, 2011.

[155] 董吉钢. 企业微博营销对品牌资产影响实证研究 [D]. 合肥: 安徽大学, 2017.

[156] 周蓓婧, 侯伦. 消费者微博营销参与意愿影响因素分析——基于 TAM 和 IDT 模型 [J]. 管理学家学术版, 2011, 35.

[157] 许彩明, 于晓明. 我国大型体育赛事微博营销公众参与意愿影响因素的研究 [J]. 体育与科学, 2015 (1): 64.

[158] 于伯然. 新十年的品牌传播: 内容营销最热门 [J]. 市场观察, 2011 (5): 38.

[159] 孙庆磊. 首席内容官——揭秘英特尔全球内容营销 [M]. 北京: 中国人民大学出版社, 2016: 3.

[160] 孙天旭. 内容营销对消费者购买意愿的影响研究 [D]. 哈尔滨: 哈尔滨工业大学, 2016.

[161] 蔡玲. 品牌自媒体内容营销对消费者品牌态度的影响研究 [D]. 长沙：湖南大学，2016.

[162] 赵相忠，张梦. 基于品牌知晓度的内容营销与品牌忠诚研究 [J]. 商业研究，2019 (1)：10 – 17.

[163] 杜伟军. 基于用户粘性度的 B2C 电子商务营销战略 [D]. 上海：复旦大学，2009.

[164] 张云霞，李信，陈毅文. 在线客户粘性研究综述 [J]. 人类工效学，2015，4：77 – 82.

[165] 刘九洲. 聚合资讯类 APP 用户粘性分析 [J]. 新闻窗，2018 (1)：65.

[166] 王海萍. 在线消费者粘性研究 [D]. 青岛：山东大学，2009.

[167] 赵青，张利，薛君. 网络用户粘性行为形成机理及实证分析 [J]. 情报理论与实践，2012 (10)：26.

[168] 熊巍，王舒盼，潘琼. 微信移动社交用户心流体验对用户粘性的影响研究 [J]. 新闻界，2015 (7)：13.

[169] 闫晶. 企业微信营销用户粘性影响因素研究 [D]. 长春：吉林大学，2016.

[170] 汪莉霞. 基于改进结构方程模型的平台企业顾客满意度的实证 [J]. 统计与决策，2019，35 (9)：174 – 177.

[171] 王凤莲，谢荣见. 顾客满意度效用决策模型的构建 [J]. 统计与决策，2017 (5)：59 – 63.

[172] 冯坤，杨强，常馨怡，李延来. 基于在线评论和随机占优准则的生鲜电商顾客满意度测评 [J]. 中国管理科学，2021，29 (2)：205 – 216.

[173] 杨浩雄，王雯. 第三方物流企业顾客满意度测评体系研究 [J]. 管理评论，2015 (1)：181 – 193.

[174] 金明华，王爽，孟凡胜. 基于 ECSI 模型的乳品企业顾客满意度测评模型构建——以黑龙江省乳制品企业为例 [J]. 经济师，2017 (4)：50 – 52.

[175] 范广伟，郝金锦. 药品零售服务顾客满意度模型构建与实证研究 [J]. 中国药事，2016 (11)：1074 – 1080.

[176] 侯杰泰，温忠麟，成子娟. 结构方程模型及其应用 [M]. 北京：体育科学出版社，2004.

[177] 薛凤平，王义. 结构方程模型的社区居民政治参与影响因素实证分析 [J]. 济南大学学报 (社会科学版)，2008 (3)：77 – 79.

［178］陈卓亚. 结构方程模型在客户关系管理中的应用［D］. 太原：山西财经大学，2006.

［179］申永丰，陈秀群. 基于 ACSI 的农家书屋村民满意度测评指标体系研究［J］. 中国出版，2017（7）：16－20.

［180］柏青华. 网络借贷行业的风险研究［D］. 北京：中国社会科学院研究生院，2020.

［181］刘超. 休闲服装企业顾客满意度模型的改进及应用研究［D］. 天津：天津财经大学，2011.

［182］徐倩. 基于特征的商品在线评论情感倾向性分析［D］. 上海：上海师范大学，2016.

［183］王长征，何钐，王魁. 网络口碑中追加评论的有用性感知研究［J］. 管理科学，2015. 28（3）：102－114.

［184］周珍妮，黄晓斌. 网络用户评论在企业竞争情报研究中的应用［J］. 情报理论与实践，2012（5）：15－20.

［185］施国良，程楠楠. Web 环境下产品评论挖掘在企业竞争情报中的应用［J］. 情报杂志，2011（11）：10－14.

［186］李苗苗. 微博用户评论在企业竞争情报中的应用［J］. 管理科学，2013（13）：10－20.

［187］吉顺权，周毅. 产品用户评论在企业竞争情报中的应用［J］. 基于产品特征的关联规则数据挖掘，2015，35（6）：1－7.

［188］陈义. 文本挖掘在网购用户评论中的应用研究［D］. 杭州：浙江工商大学，2018.

［189］别亚林. 基于产品属性的在线评论情感分析［D］. 武汉：中南民族大学，2018.

［190］胡安琪. 基于社交媒体用户评论的企业竞争情报分析模型研究［J］. 苏州科技大学图书馆，2018，30（4）：46－51.

［191］毕克新，朱娟，冯英浚. 中小企业产品创新研究现状和发展趋势分析［J］. 科研管理，2016，26（2）：7－15.

［192］吕冬煜，党齐民. 基于文本挖掘的可视化竞争情报提取［J］. 计算机应用与软件，2005，（2）：50－51.

［193］张辉，史乐乐. 价值共创理论视角下的图书馆信息资源建设［J］. 图书管理与实践，2016（6）：50－54.

［194］ Keller Kevin Lane. Conce Ptualizing Measuring, and Managing Customer – Based Brand Equity ［J］. Journal of Marketing, 1993, 57（1）: 1 – 29.

［195］ Xema Pathak, Manisha Pathak – Shelat. Sentiment analysis of virtual brand communities for effective tribal marketing ［J］. Journal of Research in Interactive Marketing, 2017, 11（1）.

［196］ Jiangli Wang. New Practice of Network Ideology Education Based on KOL Model ［J］. Frontiers in Educational Research, 2021, 4（1）.

［197］ Jixin Huang. Translation and Spread of Guizhou Batik From the Perspective of 5W Mode of Communication —A Case Study of Splendid China · Guizhou Batik ［J］. Theory and Practice in Language Studies, 2021, 11（5）.

［198］ Pulizzi J. Content marketing has arrived. Should Publishers be worried ［J］. Folie: The Magazine for Magazine Management, 2011, 40（10）: 43.

［199］ Zhen You, Yain – Whar Si, Defu Zhang, XiangXiang Zeng, StePhen C. H. Leung. A decision-making framework for Precision marketing. ［J］. Expert Systems with App lications, 2015, 42（7）: 3357 – 3367.

［200］ Liao Juan, RuanYunfei. Research on APP Intelligent Promotion Decision Aiding System Based on Python Data Analysis and AARRR Model ［J］. Journal of Physics: Conference Series, 2021, 1856（1）.

［201］ Wenxin Jin, Yusong Cheng. Research on the Development of Teacher-Student Relationship in the Ecological Chain of EntrePreneurship Practice—Based on symbiosis theory ［P］. Proceedings of the 2019 International Conference on Education Science and Economic Development（ICESED 2019）, 2020.

［202］ Blanckett T, Boad B. Co-branding: The Science of Alliance ［J］. New York: Palgrave Macmillan, 1999: 1 – 61.

［203］ Ali Selcuk Can, Yuksel Ekinci, Giampaolo Viglia, Dimitrios Buhalis. Stronger Together? Tourists' Behavioral Responses to Joint Brand Advertising ［J］. Journal of Advertising, 2020: 525 – 539.

［204］ Li Xiao, Liu Cuishan, Wang Guoqing, Bao Zhenxin, Diao Yanfang, Liu Jing. Evaluating the Collaborative Security of Water – Energy – Food in China on the Basis of Symbiotic System Theory ［J］. Water. 2021: 1112.

［205］ Joern Redler. Brand Alliance. Building block for scientific organisations' marketing strategy ［J］. Marketing of Scientific and Research Organizations, 2016;

59 – 94.

［206］ China's Coffee Market Being "Stirred UP" bythe Internet ［J］. Lily Wang. China's Foreign Trade, 2018 (3).

［207］ Gunelius S. 30 – minute social media marketing: Step – by step techniques to spread the word about your business ［M］. New York: Mcgraw Hill, 2011: 3.

［208］ Marketing Sherpa. Social Media Marketing & PR Benchmark Guide ［R］. 2009, 5: 34 – 35.

［209］ A. Kazim Kirtis, Filiz Karahan. To Be or Not to Be in Social Media Arena as the Most Cost – Efficient Marketing Strategy after the Global Recession ［J］. Procedia – Social and Behavioral Sciences, 2011, 24.

［210］ Clyde Brown, Herbert Waltzer, Miriam B. Waltzer. Daring to Be Heard: Advertorials by Organized Interests on the OP – Ed Page of The New York Times, 1985 – 1998 ［J］. Political Communication, 2001, 18 (1).

［211］ Ji Li, Shaoming Zou, Hui Yang. How Does "Storytelling" Influence Consumer Trust in We Media Advertorials? An Investigation in China ［J］. Journal of Global Marketing, 2019, 32 (5).

［212］ Prahalad C K, Ramaswamy V. Co-creation experiences: the next Practice in value creation ［J］. Journal of Interactive Marketing, 2004, 18 (3): 5 – 14.

［213］ Varco S L, Lusch R F. Evolving to a new dominant logic for marketing ［J］. Journal of Marketing, 2004, 68 (1): 1 – 17.

［214］ Ramirez R. Value co – Production: intellectual origins and implications for Practice and research ［J］. Strategic Management Journal, 1999, 20 (1): 49 – 65.

［215］ Zott C, Amit R, Donlevy J. Strategies for value creationin ecommerce beat Practice in Europe ［J］ European Management Journal, 2000, 18 (5): 463 – 475.

［216］ Moon, Junyean, Doren Chadee, and Surinder Tikoo. "Culture, Product type, and Price influences on consumer Purchase intention to buy Personalized Products online." Journal of Business Research, 2008, 61 (1): 31 – 39.

［217］ Assael H, Han Dechang, et al. trans. Consumer Behavior and Marketing Action ［M］. Beijing: China Machine Press, 2000.

［218］ Woodruff R B. Customer value: The next source for competitive advantage ［J］. Journal of the academy of marketing science, 1997, 25 (2): 139 – 153.

［219］ Blumer H. Symbolic interactionism: Perspective and method ［J］. British

Journal of Sociology, 1971.

　[220] Bellocchi A. Interaction Ritua Approaches to Emotion and Cognition in Science Learning Experiences [M]. Springer International Publishing, 2017.

　[221] Tang X X, Pan Y H. Research on E – commerce Live Broadcast Based on Interaction Ritual Chain Theory [J]. Journal of the Korea Convergence Society, 2020, 11 (6): 15 – 21.

　[222] William B. Dodds. In Search of Value: How Price And Store Name Information Influence Buyers' Product PercePtion [J]. Journal of Services Marketing, 1991, 5 (2): 27 – 36.

　[223] A Shukla, N K Sharma, S Swami. Website characteristics, user characteristics and Purchase intention: Mediating role of website satisfaction [J]. international journal of Internet Marketing and Advertising, 2010, 6 (2): 142 – 167.

　[224] Mehrabian A, Russell J A. An approach to environmental psychology [M]. the MIT Press, 1974.

　[225] Gilly M C, Graham J L, Wolfinbarger M F & Yale L J. A dyadic study of interPersonal information search. Journal of the Academy of Marketing Science, 1998, 26 (2), 83 – 100. https: //doi. org/10. 1177/0092070398262001.

　[226] Norbert Rose and Joe Pulizzi. Mananging Content Marketingz: The real-world guide for creating Passionate subscribers to your brand [M]. New York: CMI Books, Division of Z Squared Media, LLC, 2011.

　[227] Pulizzi J, Barrett N. Get content, get customers: turn Prospects into buyers with content marketing [J]. Amacom, 2009.

　[228] Rose R. Managing Content Marketing – The Real – World Guide for Creating Passionate Subscribers to Your Brand [J]. Sinrajmedj Com, 2013, 2 (1): 3 – 19.

　[229] Bernard, J, Jansen, et al. Twitter Power: Tweets as electronic word of mouth [J]. Journal of the American Society for Information Science and Technology, 2009 (11): 2169 – 2188.

　[230] Ehrlich K, Shami N S. Microblogging Inside and Outside the Work Place [C]. International Conference on Weblogs & Social Media. Dblp, 2010: 42 – 49.

　[231] Byung Hee Park, Jung Hoon Ixe, So Yeon Park. A Study on the Factors that Influence SNS Users' Usage of CorPorate SNS Sites Focusing on Twitter [C]. The

11th International Conference of Decision Sciences Institute and The 16th Annual Conference of Asia – Pacific Decision Scien.

［232］Asur S, Huberman B A. Predicting the Future with Social Media ［J］. IEEE, 2010.

［233］Davis Fred D, Perceived Usefulness, Perceived Ease of Use, and User AccePtance of Information Technology. MIS Quart, 1989, 13（3）：318 – 340.

［234］Bauer R A. Consumer behavior as risk taking. In R. S. Hancock（Ed.）, Dynamic marketing for a changing world（389 – 398）. Chicago：American Marketing Association, 1960.

［235］Pulizzi J, Barrett N. Get Customers – How to use content marketing to deliver relevant, valuable, and comPelling information that turns ProsPects into buyers ［M］. Bonita Springs, 2008.

［236］Ann Handley. Content rules：How to create killer blogs, Podcasts, videos, ebooks, webinars（and more）that engage customers and ignite your business ［M］. New Jersey：John Wiley and Sons, 2010.

［237］Trusov M, Bucklin R. E. , Pauwels K. Effects of Word – of – Mouth versus Traditional Marketing：Findings from an Internet Social Networking Site ［J］. Journal of Marketing, 2009, 73（5）：90 – 102.

［238］Saks A M. Antecedents and Consequences of Employee Engagement ［J］. Journal of Managerial Psychology, 2006, 21（7）：600 – 619.

［239］Van Doorn J, Lemon K N, Mittal V, et al. Customer Engagement Behavior：Theoretical Foundations and Research Directions ［J］. Journal of Service Research, 2010, 13（3）：253 – 266.

［240］Churehill, G A, C. SurPrenant. An Investigation into the Determinants of Customer Satisfaction ［J］. Journal of Marketing Research, 1982：491 – 504.

［241］Muth J E. Rational exPeetations and the theory of Price movements ［I］ Eeonometrie, 1961, 29：315 – 335.

［242］Rindermann H, Neubauer A C. Processing Speed, intelligence, creativity, and school Performance：Testing of causal hyPotheses using structural equation models☆ ［J］. Intelligence, 2004, 32（6）：573 – 589.

［243］Anderson J C, Gerbing D W. Structural equation modeling in Practice：A review and recommended two-steP aPProach ［J］. Psychological Bulletin, 1988, 103

(3): 411 – 423.

[244] Nelson, P. Advertising as Information [J]. Journal of Political Economy, 2015, 81 (4): 729 – 754.

[245] Hu M, Liu B. Mining and summarizing customer reviews [C]. Proceedings of the ACM SIGKDD International Conference on Knowledge Discovery and Data Mining, New York: ACM Press, 2014: 168 – 177.

[246] PoPescu A M, Etzioni O. Extracting Product features and oPinions from review [C]. Proceedings of the Human Language Technology Conference and the Conference on EmPirical Methods in Natural Language Processing, Stroudsburg, USA: Association for ComPu-tational Linguistics, 2005: 339 – 346.